Sebastian Kroll, Volker Lankes, Ulrich Simon, Christoph Walter

Mathematik Elektrotechnik

1. Ausbildungsjahr

unter Mitwirkung der Verlagsredaktion

Diesem Buch wurden die bei Manuskriptabschluss vorliegenden neuesten Ausgaben der DIN-Normen, VDI-Richtlinien und sonstigen Bestimmungen zu Grunde gelegt. Verbindlich sind jedoch nur die neuesten Ausgaben der DIN-Normen und VDI-Richtlinien und sonstigen Bestimmungen selbst.

Die DIN-Normen wurden wiedergegeben mit Erlaubnis des DIN Deutsches Institut für Normung e.V. Maßgebend für das Anwenden der Norm ist deren Fassung mit dem neuesten Ausgabedatum, die bei der Beuth-Verlag GmbH, Burggrafenstraße 6, 10787 Berlin, erhältlich ist.

Auf verschiedenen Seiten dieses Buches befinden sich Verweise (Links) auf Internet-Adressen.
Haftungshinweis: Trotz sorgfältiger inhaltlicher Kontrolle wird die Haftung für die Inhalte der externen Seiten ausgeschlossen. Für den Inhalt dieser Seiten sind ausschließlich deren Betreiber verantwortlich. Sollten Sie bei dem angegebenen Inhalt des Anbieters dieser Seite auf kostenpflichtige, illegale oder anstößige Inhalte treffen, so bedauern wir dies ausdrücklich und bitten Sie, uns umgehend per E-Mail unter www.westermann.de davon in Kenntnis zu setzen, damit der Verweis beim Nachdruck gelöscht wird.

Das Werk und seine Teile sind urheberrechtlich geschützt. Jede Nutzung in anderen als den gesetzlich zugelassenen Fällen bedarf der vorherigen schriftlichen Einwilligung des Verlages. Hinweis zu § 52 a UrhG: Weder das Werk noch seine Teile dürfen ohne eine solche Einwilligung gescannt und in ein Netzwerk eingestellt werden. Dies gilt auch für Intranets von Schulen und sonstigen Bildungseinrichtungen.

1. Auflage, 2013
Druck 1, Herstellungsjahr 2013

© Bildungshaus Schulbuchverlage
Westermann Schroedel Diesterweg Schöningh Winklers GmbH,
Braunschweig
www.westermann.de

Redaktion: Armin Kreuzburg
Satz und Layout: Fa. Lithos, Dirk Hinrichs, Wolfenbüttel
Umschlaggestaltung: boje5 Grafik & Werbung, Braunschweig
Druck und Bindung: westermann druck GmbH, Braunschweig

ISBN 978-3-14-**221152**-7

Vorwort

Zum Verständnis und zur Vertiefung der häufig abstrakten elektrotechnischen Fachinhalte ist die Darstellung in mathematischen Zusammenhängen für die Auszubildenden unerlässlich. Eine fachtheoretische Problemstellung erhält erst durch die Beschreibung in einer Formel naturwissenschaftliche Klarheit und wird somit praktisch greifbar. Die Auseinandersetzung mit mathematischen Zusammenhängen stellt deshalb eine bedeutende Ergänzung zur Fachtheorie dar.

Das vorliegende Mathematikbuch ist für angehende Elektroniker aller Fachrichtungen konzipiert und enthält schwerpunktmäßig die Inhalte für das 1. Ausbildungsjahr (BGJ).

Folgende Merkmale wurden bei der Konzeption berücksichtigt:

- Die Teilkapitel sind fachsystematisch strukturiert. Sie enthalten jeweils in einer kurzen Zusammenfassung zu Beginn eines jeden Kapitels die wesentlichen Zusammenhänge der betreffenden Größen und die erforderlichen Berechnungsformeln. Daraufhin wird in einem einführenden Beispiel der Umgang mit den jeweiligen Größen exemplarisch dargestellt.

- Ein Grundlagenkapitel hilft, die unterschiedlichen Eingangsvoraussetzungen der Auszubildenden auszugleichen, indem grundlegende mathematische und physikalische Bereiche angeboten werden.

- Durch eine Vielzahl von Aufgaben mit ansteigendem Schwierigkeitsgrad kann eine Binnendifferenzierung der Schülerinnen und Schüler im Unterricht gewährleistet werden.

- Die Auswahl der Aufgaben ist an den berufspraktischen Erfahrungshorizont der Auszubildenden ausgerichtet.

- Die Reihung der einzelnen Kapitel kann individuell den Bedürfnissen entsprechend variiert werden.

- Um der Forderung nach Einbindung allgemeinbildender Fächer in den Lernfeldunterricht entgegen zu kommen, werden auch Aufgaben in englischer Sprache angeboten.

- Die Beispielaufgaben enthalten neben den Ergebnissen auch den für die Lösung erforderlichen ausführlichen und nachvollziehbaren Rechenweg.

Für Hinweise und Verbesserungsvorschläge sind Autoren und Verlag jederzeit aufgeschlossen und dankbar.

Autoren und Verlag

Braunschweig 2013

1 Grundlagen ... 5

- 1.1 Grundrechenarten ... 5
- 1.2 Rechnen mit Brüchen ... 7
- 1.3 Rechnen mit Gleichungen ... 8
- 1.4 Dreisatz ... 9
- 1.5 Prozentrechnen ... 10
- 1.6 Grafische Darstellung von Funktionen ... 11
- 1.7 Winkelfunktionen ... 13
- 1.8 Winkelmaße ... 15
- 1.9 Satz des Pythagoras ... 16
- 1.9.1 Berechnung rechtwinkliger Dreiecke ... 16
- 1.9.2 Berechnung beliebiger Dreiecke ... 17
- 1.10 Rechnen mit Potenzen und Wurzeln ... 18
- 1.11 Rechnen mit Logarithmen ... 19
- 1.12 Einheitenvorsätze ... 20
- 1.13 Runden auf praktikable Werte ... 21
- 1.14 Kreisumfang ... 22
- 1.15 Flächenberechnung ... 23
- 1.16 Volumenberechnung ... 25
- 1.17 Masse und Dichte ... 26
- 1.18 Gleichförmige geradlinige Bewegung ... 28
- 1.19 Kreisförmige Bewegung ... 29
- 1.20 Rechnen mit Kräften ... 30
- 1.21 Rechnen mit Drehmomenten ... 31
- 1.22 Mechanische Arbeit und Leistung ... 32
- 1.23 Temperaturmaßstäbe ... 33

2 Elektrotechnische Grundlagen ... 34

- 2.1 Ladung, Spannung, Stromstärke ... 34
- 2.1.1 Ladung ... 34
- 2.1.2 Spannung ... 34
- 2.1.3 Stromstärke ... 35
- 2.2 Stromdichte ... 36
- 2.3 Elektrischer Widerstand ... 37
- 2.3.1 Widerstand und Leitwert ... 37
- 2.3.2 Kennzeichnung von Widerständen ... 37
- 2.4 Ohmsches Gesetz ... 39
- 2.5 Leiterwiderstand ... 41
- 2.6 Temperaturabhängigkeit von Widerständen ... 43
- 2.7 Nichtlineare Widerstände ... 44
- 2.8 Reihenschaltung von Widerständen ... 47
- 2.8.1 Rechnerische Lösung ... 47
- 2.8.2 Grafische Lösung ... 49
- 2.8.3 Messbereichserweiterung ... 50
- 2.9 Parallelschaltung von Widerständen ... 51
- 2.9.1 Rechnerische Lösung ... 51
- 2.9.2 Grafische Lösung ... 52
- 2.9.3 Messbereichserweiterung ... 53
- 2.10 Gemischte Schaltungen ... 54
- 2.11 Spannungsteiler ... 58
- 2.12 Brückenschaltungen ... 60
- 2.13 Elektrische Leistung ... 62
- 2.14 Elektrische Arbeit und Energie ... 64
- 2.15 Wirkungsgrad ... 65
- 2.16 Wärmemenge ... 66

3 Spannungs- und Stromquellen ... 67

- 3.1 Innenwiderstand und Kennlinien ... 67
- 3.1.1 Innenwiderstand ... 67
- 3.1.2 Kennlinien ... 68
- 3.2 Reihen- und Parallelschaltung ... 69
- 3.2.1 Reihenschaltung ... 69
- 3.2.2 Parallelschaltung ... 70
- 3.3 Anpassung ... 71
- 3.4 Photovoltaik ... 72
- 3.4.1 Solarzelle und Solarmodul ... 72
- 3.4.2 Photovoltaikanlagen ... 73

4 Elektrisches und magnetisches Feld ... 74

- 4.1 Elektrische Feldstärke ... 74
- 4.2 Ladung und Kapazität von Kondensatoren ... 75
- 4.3 Schaltung von Kondensatoren ... 77
- 4.4 Schaltvorgänge bei Kondensatoren ... 78
- 4.5 Magnetische Feldgrößen ... 80
- 4.6 Kraftwirkung im Magnetfeld ... 82
- 4.7 Magnetische Induktion ... 84
- 4.8 Induktivität ... 85
- 4.9 Schaltungen von Induktivitäten ... 86
- 4.10 Schaltvorgänge bei Induktivitäten ... 87

5 Grundlagen der Wechselstromtechnik ... 89

- 5.1 Kennwerte sinusförmiger Wechselgrößen ... 89
- 5.2 Kreisfrequenz und Momentanwert sinusförmiger Wechselgrößen ... 90

6 Informationstechnik ... 91

- 6.1 Zahlensysteme ... 91
- 6.1.1 Aufbau von Zahlen ... 91
- 6.1.2 Umwandlung von Zahlen ... 92
- 6.1.3 Rechnen mt Dualzahlen ... 93
- 6.2 Logikschaltungen ... 94
- 6.2.1 Logische Grundfunktionen ... 94
- 6.2.2 Normalformen ... 95
- 6.2.3 Rechenregeln ... 96
- 6.2.4 NAND- und NOR-Funktionen ... 97
- 6.3 Speicherkapazitäten ... 98

1 Grundlagen

1.1 Grundrechenarten

Addition (Plusrechnen)

Als Addition bezeichnet man das Zusammenzählen zweier oder mehrerer Zahlen (Summanden). Das Ergebnis einer Addition wird Summe genannt. Dabei gelten folgende Rechengesetze:

Kommutativgesetz (Vertauschungsgesetz):
$x + y = y + x$

Assoziativgesetz (Verbindungsgesetz):
$x + (y + z) = (x + y) + z$

Neutrales Element der Addition ist die Null.
$x + 0 = x$

1. Summand + 2. Summand = Summe

Beispiel:
3 + 5 = 8

Subtraktion (Minusrechnen)

Bei einer Subtraktion werden eine oder mehrere Zahlen (Subtrahenden) von einer anderen Zahl (Minuend) abgezogen. Das Ergebnis ist die Differenz.

Subtrahend und Minuend dürfen **nicht vertauscht** werden:
$x - y \neq y - x$

Ein Minuszeichen vor einer Klammer kehrt die Vorzeichen in der Klammer beim Auflösen um:
$x - (y + z) = x - y - z$ $x - (y - z) = x - y + z$

Minuend − Subtrahend = Differenz

Beispiel:
7 − 3 = 4

Multiplikation (Malnehmen)

Addiert man einen Summanden mehrmals zu sich selbst, lässt sich das als Multiplikation darstellen. Das Ergebnis heißt Produkt. In gemischten Aufgaben hat die Multiplikation **Vorrang vor Addition und Subtraktion** („**Punkt vor Strich**"-Regel).

Assoziativgesetz:
$x \cdot (y \cdot z) = (x \cdot y) \cdot z$

Distributivgesetz:
$x \cdot (y + z) = x \cdot y + x \cdot z$

Kommutativgesetz:
$x \cdot y = y \cdot x$

Vorzeichenregeln:
$(+x) \cdot (+y) = +x \cdot y$
$(+x) \cdot (-y) = -x \cdot y$
$(-x) \cdot (-y) = +x \cdot y$

Neutrales Element der Multiplikation ist die Eins:
$x \cdot 1 = x$

1. Faktor · 2. Faktor = Produkt

Beispiel:
3 · 2 = 6

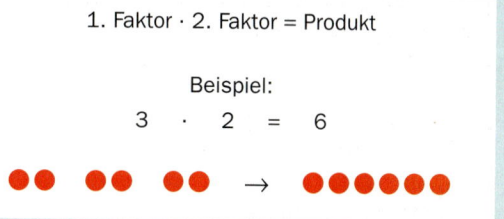

Division (Teilen)

Die Division ist die Umkehrung der Multiplikation. Eine Zahl (Dividend) wird in eine bestimmte Anzahl (Divisor) gleich großer Elemente (Quotient) geteilt. Es gilt die „**Punkt vor Strich**"-Regel.

In der technischen Mathematik verwendet man häufig die **Bruchschreibweise**:
$x : y = \dfrac{x}{y}$ $x : y = x \cdot \dfrac{1}{y}$

Eine **Division durch Null** ist nicht erlaubt.
$x : 0 =$ nicht definiert

Neutrales Element der Division ist die Eins:
$x : 1 = x$

Dividend : Divisor = Quotient

Beispiel:
8 : 4 = 2

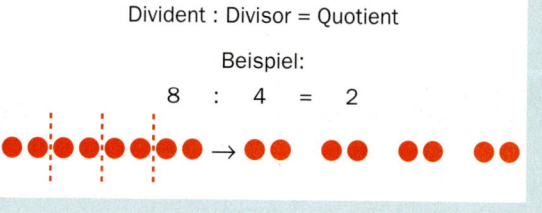

Zahlen

Hauptgrundlage für naturwissenschaftliches Rechnen ist die Menge der **reellen Zahlen**. Sie werden, wie im Bild dargestellt, eingeteilt.

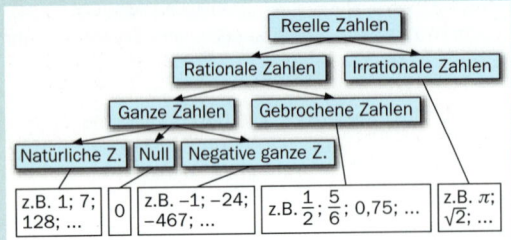

Rechnen mit Klammern

Klammern gruppieren die Bestandteile einer Rechnung. Sie werden vorrangig bearbeitet.

Auflösen: Klammern in Additionen und Subtraktionen können unter Beachtung des Vorzeichens weggelassen werden:

$$x + (y + z) = x + y + z \qquad x - (y + z) = x - y - z$$

Ausmultiplizieren: Steht ein Faktor vor einer Klammer, wird jedes Element in der Klammer mit ihm multipliziert (Multiplikationszeichen entfällt meist):

$$x(y + z) = xy + xz \qquad -x(y + z) = -xy - xz$$

Zwei Klammern werden miteinander multipliziert, indem jedes Element der ersten Klammer mit jedem Element der zweiten Klammer multipliziert wird:

$$(w + x)(y + z) = wy + wz + xy + xz$$

Ausklammern: Faktoren, die in allen Elementen einer Summe oder Differenz enthalten sind, können ausgeklammert werden:

$$2x + 4y - 8z = 2(x + 2y - 4z)$$

Beispiel

Berechnen Sie die folgenden Terme:

a) $64 - (8 - 14 + 2) - 3 \cdot 2 =$ (Punkt vor Strich)
   $64 - (8 - 14 + 2) - 6 =$ (Klammer berechnen)
   $64 - (-4) - 6 =$ (Klammer auflösen)
   $64 + 4 - 6 = \underline{\underline{62}}$

b) $3(12 - a) - 2(2 + 9) =$ (Klammer berechnen)
   $3(12 - a) - 2(11) =$ (Ausmultiplizieren)
   $36 - 3a - 22 = \underline{\underline{14 - 3a}}$

c) $214 - [7 + 3(45 - 38)] =$ (Klammer berechnen)
   $214 - [7 + 3(7)] =$ (Ausmultiplizieren)
   $214 - [7 + 21] =$ (Klammer auflösen)
   $214 - [28] = \underline{\underline{186}}$

Aufgaben

1. Berechnen Sie die Summen und Differenzen:
a) $11 + 8 + 4 + 16 - 19 + 56 - 18$
b) $(3 + 13) - (12 + 0 + 8) + (67 - 56)$
c) $33 - 0 - (22 + 7 + 12) + (45 - 4)$
d) $-17 - (5 - 21) - 37 - (128 - 140)$
e) $31{,}2 - \{65 - [25{,}5 - (220 - 9{,}2) - (12 + 15)] + 32{,}7\}$

2. Calculate the products and quotients:
a) $31 \cdot 43 \cdot 2 \cdot 3$ \qquad b) $2794 \cdot 32{,}56 \cdot 0{,}01$
c) $[(3 - 8) \cdot (-4)] \cdot [3(-8)] \cdot [-(0{,}6 \cdot 0{,}4)]$
d) $[76 \cdot (-2) \cdot 1{,}5] : [(222 : 111) \cdot (8 \cdot 2)]$
e) $64000 : \{[(32000 : 64) : (875 : 7)] : 2\}$

3. Vereinfachen Sie so weit wie möglich:
a) $16(a + b) + 5(a - b) + 2a - 9b$
b) $6 - (3m - 6n) + (9 - 3n)$
c) $50xy - 25\,yz + 120vz - 60vyz$
d) $24(1{,}5k + l) + 4(0{,}5k + 1{,}5l)$
e) $5x(4y - 3z + 5v) - 2[u(y + 2z + v)]$

4. Berechnen Sie die folgenden Aufgaben:
a) $15x \cdot 7y + 4x \cdot 21\,y$ \qquad b) $(37a - 12b)(22 - 8c)$
c) $4710 + 387{,}5 + (123 + 664) \cdot 2{,}7$
d) $4710 + (387{,}5 + 123 + 664) \cdot 2{,}7$
e) $809{,}6 : 8{,}8 - 919 + 564{,}7$
f) $[(23x - 21)(88x - 34 - 5) + 291x + 193] : 1012$

5. Zur Herstellung eines Lastschützes am Fließband sind 34 Arbeitsschritte nötig. Die Taktung des Fließbandes beträgt 17,1 s. Stellen Sie die Terme zur Lösung folgender Aufgaben auf und berechnen Sie:
a) Wie lange dauert die Produktion eines Schützes?
b) Wie viele Schütze werden pro 8-Stunden-Schicht gefertigt? Wie viele im Dreischicht-Betrieb pro Woche?
c) Wie viele Produktionslinien sind mindestens nötig, um eine Jahresproduktion von zehn Millionen Schützen zu erreichen?

6. Die Gesamtlänge einer 12-flammigen Weihnachtsbaumbeleuchtung beträgt 4,80 m. Berechnen Sie den gleichmäßigen Abstand zwischen den Lämpchen, wenn die Zu- und Rückleitung je 91 cm lang sind und jedes Lämpchen 1 cm breit ist.

7. Ein Auszubildender verdient monatlich 735,00 €. Ein Fünftel davon spart er, um sich ein neues Smartphone (559,90 €), eine Freisprecheinrichtung (42,90 €) und zwei Wechselcover (je 22,69 €) zu kaufen. Sein derzeitiger Kontostand beträgt 105,27 €. Stellen Sie die Rechnung auf und ermitteln Sie, wie viele Monate lang er sparen muss, wenn er sein Konto nicht überziehen will.

1.2 Rechnen mit Brüchen

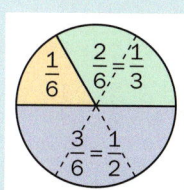

Wird ein Ganzes in sechs gleiche Stücke geteilt, so nennt man jedes Bruchstück „ein Sechstel".

$1 : 6 = \frac{1}{6}$ Bruch = $\frac{\text{Zähler}}{\text{Nenner}}$

Zwei Sechstel ergeben zusammen ein Teilstück, das einem Drittel des Ganzen entspricht. Der Zähler bestimmt also die Anzahl der Teilstücke, der Nenner gibt an, wie viele Teilstücke ein Ganzes ergeben.

Beim Rechnen mit Brüchen gelten folgende Regeln:

Erweitern und Kürzen: Zähler und Nenner werden mit dem gleichen Faktor multipliziert oder durch den gleichen Divisor geteilt. Dabei ändert sich der Wert des Bruches nicht.

$$\frac{3}{4} = \frac{5 \cdot 3}{5 \cdot 4} = \frac{15}{20} \qquad \frac{9}{15} = \frac{9 : 3}{15 : 3} = \frac{3}{5}$$

Multiplizieren: Zwei Brüche werden multipliziert, indem man jeweils die Zähler und die Nenner miteinander multipliziert.

$$\frac{2}{3} \cdot \frac{3}{5} = \frac{2 \cdot 3}{3 \cdot 5} = \frac{6}{15} \qquad \frac{5}{7} \cdot \frac{3}{20} = \frac{5 \cdot 3}{7 \cdot 20} = \frac{15}{140}$$

Dividieren: Man dividiert durch einen Bruch, indem man mit dem Kehrbruch multipliziert.

$$\frac{3}{4} : \frac{1}{2} = \frac{3}{4} \cdot \frac{2}{1} = \frac{6}{4} \qquad \frac{5}{6} : \frac{2}{3} = \frac{5}{6} \cdot \frac{3}{2} = \frac{15}{12}$$

Unterscheidung von:

Echte Brüche (Zähler kleiner als Nenner):

$$\frac{1}{6}, \frac{1}{12}, \frac{5}{7}, \frac{3}{4}, \frac{23}{30}$$

Unechte Brüche (Zähler größer als Nenner):

$$\frac{3}{2}, \frac{8}{4}, \frac{8}{7}, \frac{9}{4}, \frac{20}{19}$$

Gemischte Zahlen (ganze Zahl mit Bruch):

$$2\frac{3}{4} = 2 + \frac{3}{4}$$

Dezimalzahl (berechneter Bruch):

$$\frac{1}{8} = 0{,}125$$

Hauptnenner: Um Brüche gleichnamig zu machen, erweitert man sie auf einen gemeinsamen Nenner, den Hauptnenner (HN).

$$\frac{2}{3}; \frac{3}{4} \rightarrow \text{HN: } 3 \cdot 4 = 12$$

$$\frac{2}{3} \cdot \frac{4}{4} = \frac{8}{12}; \quad \frac{3}{4} \cdot \frac{3}{3} = \frac{9}{12}$$

Addieren und Subtrahieren: Brüche werden addiert und subtrahiert, indem man sie gleichnamig macht und dann die Zähler addiert oder subtrahiert.

$$\frac{1}{3} + \frac{3}{8} \rightarrow \text{HN: } 3 \cdot 8 = 24$$

$$\frac{1}{3} + \frac{3}{8} = \frac{1 \cdot 8}{3 \cdot 8} + \frac{3 \cdot 3}{8 \cdot 3} = \frac{8}{24} + \frac{9}{24} = \frac{8+9}{24} = \frac{17}{24}$$

Aufgaben

1. Wandeln Sie um:

Bruch		$\frac{5}{3}$			$\frac{145}{27}$	$\frac{44}{6}$	$\frac{67}{24}$	
Gemischte Zahl			$2\frac{2}{35}$	$1\frac{11}{3}$	$3\frac{5}{22}$			$7\frac{15}{73}$

2. Wandeln Sie um:

Bruch		$\frac{4}{3}$	$\frac{3}{4}$		$\frac{13}{5}$	$4\frac{4}{6}$
Dezimalzahl	0,5			3,5		0,95

3. Kürzen Sie und bilden Sie gemischte Zahlen:

a) $\frac{8}{3}, \frac{3}{2}, \frac{44}{8}, \frac{21}{3}, \frac{130}{15}$ b) $\frac{13}{4}, \frac{63}{14}, \frac{240}{6}, \frac{13}{7}, \frac{27}{3}$

4. Berechnen und kürzen Sie:

a) $\frac{8}{3} \cdot \frac{2}{6}$ b) $\frac{5}{128} \cdot \frac{128}{5}$ c) $\frac{81}{4x} \cdot \frac{16x^2}{18} \cdot \frac{35}{5x}$

5. Vervollständigen Sie die Gleichungen:

a) $\frac{1}{4} = \frac{\blacksquare}{8}$ b) $\frac{5}{6} = \frac{\blacksquare}{36}$ c) $\frac{72}{4} = \frac{\blacksquare}{2}$ d) $\frac{9}{27} = \frac{3}{\blacksquare}$

6. Ermitteln Sie den Hauptnenner aus folgenden Brüchen:

a) $\frac{3}{4}, \frac{1}{5}, \frac{3}{8}$ b) $\frac{1}{6}, \frac{7}{12}, \frac{5}{36}$ c) $\frac{1}{2}, \frac{1}{3}, \frac{1}{4}, \frac{1}{5}$ d) $\frac{3}{5}, \frac{2}{7}, \frac{8}{11}$

7. Machen Sie die Brüche gleichnamig. Berechnen und kürzen Sie:

a) $\frac{4}{3} + \frac{2}{5}$ b) $\frac{7}{12} + \frac{8}{3} - \frac{1}{6} - \frac{1}{4}$ c) $3\frac{1}{4} - 1\frac{6}{7} - 1\frac{5}{48}$

d) $\frac{3}{x} - \frac{2}{y}$ e) $\frac{1}{2} - \frac{1}{4} - \frac{1}{8} - \frac{1}{16}$ f) $\frac{3(3-1)}{2(4+5)} + \frac{6-5}{2+7}$

8. Im Lager finden sich mehrere angebrochene 50-m-Bunde mit NYM-Installationsleitung. Zwei Bunde sind zu zwei Dritteln verbraucht, einer zur Hälfte, bei drei weiteren fehlt ein Viertel und ein Bund besteht noch aus 32 der ursprünglich 50 Windungen. Berechnen Sie mit Hilfe der Regeln des Bruchrechnens die Gesamtlänge aller Reste.

1.3 Rechnen mit Gleichungen

Eine Gleichung besteht aus zwei Termen, die mit einem Gleichheitszeichen verbunden sind.

$$\underbrace{2x + 2}_{\text{1. Term}} = \underbrace{4}_{\text{2. Term}}$$

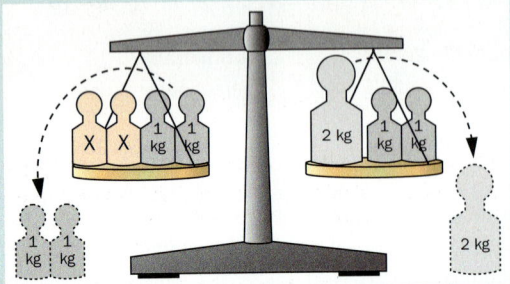

Umformungsmöglichkeiten

Addition:
$x - 2 = 5 \mid (+ 2)$
$x = 7$

Subtraktion:
$x + 8 = 16 \mid (- 8)$
$x = 8$

Multiplikation:
$\frac{1}{2}x = 6 \mid (\cdot 2)$
$x = 12$

Division:
$8x = 32 \mid (: 8)$
$x = 4$

Potenzieren:
$\sqrt{x} = 4 \mid (^2)$
$x = 16$

Radizieren:
$x^2 = 4 \mid (\sqrt{\ })$
$x = 2$

Beispiel

Lösen Sie die folgenden Gleichungen nach x auf.
Geg.: a) $2x - 5 = 25$; b) $\frac{3}{4}x - 8 = 16$
Ges.: x

a) $2x - 5 = 25 \mid (+ 5)$
$2x = 30 \mid (: 2)$
$\underline{\underline{x = 15}}$

b) $\frac{3}{4}x - 8 = 16 \mid (+ 8)$
$\frac{3}{4}x = 24 \mid (\cdot 4)$
$3x = 96 \mid (: 3)$
$\underline{\underline{x = 32}}$

Aufgaben

1. Finden Sie für die folgenden Gleichungen eine Lösung durch Addition oder Subtraktion.

a) $x + 16 = 35$ b) $x + 53 = 61$ c) $x + 183 = 241$
d) $x - 3 = 9$ e) $x - 17 = -16$ f) $x - 164 = 101$
g) $x - 2\frac{1}{2} = 2\frac{1}{2}$ h) $x - \frac{8}{3} = 4$ i) $x + \frac{5}{6} = \frac{13}{12}$

2. Bestimmen Sie den Wert von x.

a) $8x = 16$ b) $\frac{1}{6}x = 25$ c) $\frac{2}{3}x = 16$
d) $5x + 17 = 67$ e) $\frac{7}{8}x - 32 = 52$ f) $\frac{5}{6}x - \frac{1}{4} = \frac{5}{4}$

3. Find a solution for the following equations.

a) $\frac{2x + 4}{5x - 17} = 4$ b) $\frac{1}{x} - \frac{1}{7} = 7$ c) $\frac{25}{4c - 15} = 25$

4. Lösen Sie die folgenden Terme nach x auf.

a) $x^2 + 47 = 72$ b) $\frac{4x^2 + 32}{4} = 24$
c) $\frac{(3x + 19)^2}{4} = 3x + 19$ d) $\frac{135}{7x^2 - 263} = 3$
e) $\sqrt{x - 64} = 5$ f) $\sqrt{12x + 21} = 9$
g) $\sqrt{\frac{1}{2}x - 4} = 8$ h) $\frac{\sqrt{5x^2 + 37}}{45} = 56$

5. Gegeben sind die folgenden Berechnungsformeln geometrischer Figuren. Stellen Sie die folgenden Formeln auf die **fett** gedruckten Größen um.

a) $A = a \cdot \boldsymbol{b}$ b) $d = \sqrt{a^2 + \boldsymbol{b}^2}$
c) $A = \frac{\pi \cdot \boldsymbol{d}^2}{4}$ d) $U = \pi \cdot 2\boldsymbol{r}$
e) $U = 2(\boldsymbol{a} + b)$ f) $U = 2(a + \sqrt{\boldsymbol{l}^2 + h^2})$
g) $A_M = \pi \cdot d \cdot \boldsymbol{h}$ h) $V = \frac{\pi \cdot d^2}{4} \cdot \boldsymbol{h}$

6. Gegeben sind die folgenden Formeln zur Berechnung gleichförmiger Bewegungen. Formen Sie die Gleichungen auf die hervorgehobenen Größen um.

a) $s = v \cdot \boldsymbol{t}$ b) $s = \frac{\boldsymbol{a} \cdot t^2}{2}$
c) $v = a \cdot \boldsymbol{t} + v_0$ d) $s = v_a \cdot t - \left(\frac{\boldsymbol{a} \cdot t^2}{2}\right)$

7. Stellen Sie die Formeln nach den gekennzeichneten Größen um.

a) $n_f = \frac{f}{\boldsymbol{p}}$ b) $n_s = n_f - \boldsymbol{n}$
c) $P = \sqrt{3} \cdot U \cdot I \cdot \boldsymbol{\cos \varphi}$ d) $s_\% = \frac{n_f - \boldsymbol{n}}{n_f} \cdot 100\ \%$

8. Lösen Sie die Formeln auf die markierten Größen auf.

a) $U = R \cdot \boldsymbol{I}$ b) $P = U \cdot \boldsymbol{I}$
c) $P = \boldsymbol{I}^2 \cdot R$ d) $P = \frac{\boldsymbol{U}^2}{R}$
e) $\frac{U_2}{U} = \frac{R_2}{\boldsymbol{R_1} + R_2}$ f) $\frac{U_2}{U} = \frac{R_2 \cdot R_L}{\boldsymbol{R_1}(R_2 + R_L) + R_2 \cdot R_L}$
g) $I = \frac{U_0}{R_i + \boldsymbol{R_L}}$ h) $P_L = \frac{\boldsymbol{U_0}^2}{4\,R_L}$

1.4 Dreisatz

Der Dreisatz stellt das Verhältnis von linear abhängigen Größen dar.

Fünf Steckdosen kosten zum Beispiel 23,55 €. Wie viel kosten zwei Steckdosen.

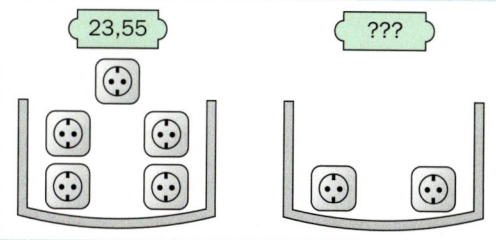

Der Dreisatz lässt sich mit den folgenden Schritten lösen:

1. Aufstellen der Zuordnung mit den bekannten Größen. $23{,}55\ \text{€} = 5$
2. Aufstellen der Zuordnung mit der unbekannten Größe. $x = 2$
3. Kreuzweises multiplizieren. $x \cdot 5 = 2 \cdot 23{,}55\ \text{€}$
4. Nach der unbekannten Größe auflösen. $x = \dfrac{2 \cdot 23{,}55\ \text{€}}{5}$

Beispiel

Ein 100-m-Bund der Mantelleitung NYM-J 3x1,5 mm² kostet 72,89 €. Bei einem Kundenauftrag wurden insgesamt 85 m Leitung installiert. Wie hoch ist der Preis für die verarbeitete Leitung?

Geg.: $l_1 = 100\ \text{m}$; $l_2 = 85\ \text{m}$; $k_1 = 72{,}89\ \text{€}$
Ges.: k_2

$k_1 \mathrel{\triangleq} l_1 \qquad k_2 \mathrel{\triangleq} l_2$
$k_2 \cdot l_1 = k_1 \cdot l_2$
$k_2 = \dfrac{k_1 \cdot l_2}{l_1} \qquad k_2 = \dfrac{72{,}89\ \text{€} \cdot 85\ \text{m}}{100\ \text{m}} \qquad \underline{\underline{k_2 = 61{,}96\ \text{€}}}$

Abb. 1: Niederspannungssteckklemmen

Aufgaben

1. Für ein Erdkabel vom Typ NYY-J 5x4 mm² soll die Kupfermasse bestimmt werden. 1000 m enthalten laut Cu-Tabelle 192 kg Kupfer. Bei einem Auftrag sollen 365 m verlegt werden. Ermitteln Sie die Kupfermasse des verwendeten Kabels.

2. Die Verkaufseinheit von Niederspannungssteckklemmen (Abb. 1) beinhaltet 50 Stück zu einem Preis von 11,98 €. Für die Installation eines Einfamilienhauses mit elektrischen Rollläden wurden 74 Klemmen verwendet. Welcher Preis ergibt sich für die benötigte Stückzahl?

3. Einem 25-kg-Gipssack müssen laut Herstellerangabe 19,2 l Wasser zugefügt werden. Wie viel Wasser wird für 200 g Gips benötigt?

4. Ein Handwerksbetrieb berechnet seinen Kunden für eine Gesellenstunde 45,83 €. Der Geselle hat für einen Auftrag 40 Minuten benötigt. Welcher Betrag wird dem Kunden in Rechnung gestellt?

5. Die Verpackungseinheit für UP-Geräteanschlussdosen beinhaltet 500 Stück. Der Einkaufspreis beträgt 58,90 €. Berechnen Sie den Preis für 235 Gerätedosen.

6. An apprentice gets a fixed salary of 842 € a month (30 days). He is planning a last-minute holiday for 5 days. How much money can he spend during his holidays?

7. Eine Gießharzmuffe soll mit Zweikomponentenkunstharz vergossen werden. Auf 1000 g Harz kommen 20 g Härter. Wie viel Härter wird für 350 g benötigt?

8. Der Tank eines Kundendienstfahrzeugs fasst 55 Liter. Die Reichweite liegt bei 750 Kilometern. Wie viel Kraftstoff verbraucht das Fahrzeug auf 100 Kilometer?

9. Die Investitionskosten einer 5-kW-Photovoltaikanlage liegen bei 24300 €. Die Nutzungsdauer der Anlage beträgt 20 Jahre. Wie hoch ist der monatliche Investitionsbetrag bezogen auf die gesamte Nutzungsdauer?

10. Ein Firmenfahrzeug wurde mit 62 Litern betankt. Der Bordcomputer zeigt an, dass der Durchschnittsverbrauch seit dem letzten Tankstopp bei 8,2 l/100 km lag. Welche Wegstrecke kann mit der Tankfüllung zurückgelegt werden?

11. Ein Flüssigkeitsbehälter mit einem Fassungsvermögen von 1000 Litern wird von einem analogen Füllstandssensor überwacht. Der Analogwert liegt zwischen 0 mA (leer) und 20 mA (voll). Wie groß ist die Stromstärke, wenn der Behälter mit 300 Litern gefüllt ist?

1.5 Prozentrechnen

Die Prozentrechnung macht Größenverhältnisse anschaulicher und vergleichbar, indem sie eine Größe ins Verhältnis zu einem Grundwert (100) setzt.

$$P = \frac{G \cdot p}{100\,\%}$$

G: Grundwert
P: Prozentwert
p: Prozentsatz

Prozent (%) bedeutet: $1\,\% = \frac{1}{100}$

Promille (‰) bedeutet: $1\,‰ = \frac{1}{1000}$

Beispiel
Der Toleranzbereich eines 4,7-kΩ-Widerstandes wird mit ±10 % angegeben. Bestimmen Sie den minimalen und den maximalen Widerstandswert.

Geg.: $R = 4{,}7\,k\Omega$; $p = 10\,\%$
Ges.: R_{Min}; R_{Max}

$\Delta R = \pm \dfrac{G \cdot p}{100\,\%}$

$\Delta R = \pm \dfrac{4{,}7\,k\Omega \cdot 10\,\%}{100\,\%}$

$\Delta R = 0{,}47\,k\Omega$

$R_{Min} = 4{,}7\,k\Omega - 0{,}47\,k\Omega$ $R_{Max} = 4{,}7\,k\Omega + 0{,}47\,k\Omega$
$R_{Min} = 4{,}23\,k\Omega$ $R_{Max} = 5{,}17\,k\Omega$

Aufgaben

1. Bei den letzten Tarifverhandlungen wurde beschlossen, die tarifliche Ausbildungsvergütung für Auszubildende aus der Elektroindustrie um 3,7 % zu erhöhen. Die derzeitige Gehaltszahlung liegt bei 824 €. Ermitteln Sie den zukünftigen Vergütungssatz.

2. Ein 180-Ω-Widerstand aus der E24-Reihe hat eine Toleranz von ±5 % bezogen auf den Grundwert. Berechnen Sie
a) den Toleranzbereich in Ω,
b) den minimalen Widerstandswert und
c) den maximalen Widerstandswert.

3. Bei einem drehzahlvariablen Elektromotor wird die Umdrehungsfrequenz von 3000 min^{-1} auf 800 min^{-1} reduziert. Bestimmen Sie den Prozentsatz p, um den die Umdrehungsfrequenz reduziert wird.

4. Ein Elektrounternehmen gewährt seinen Kunden bei einem Zahlungseingang innerhalb einer Woche 2 % Skonto. Welche Summe kann ein Kunde sparen, wenn die Rechnungssumme 1613,57 € beträgt?

5. The distribution network operator charges 21.14 Cent/kWh for a kilowatt-hour. They are planning a price rise of 5.7 %. Calculate the new price.

6. In einem kunststoffverarbeitenden Betrieb werden berührungslose Näherungsschalter zum Erkennen von PVC-Werkstücken eingesetzt. Der Bemessungsschaltabstand des Sensors beträgt 12 mm. Aus dem Datenblatt geht hervor, dass der Schaltbereich durch PVC auf 60 % reduziert wird. Welche maximale Distanz kann der Sensor sicher überwachen?

7. Ein Handwerksbetrieb kalkuliert den Stundensatz eines Gesellen anhand nachfolgender Tabelle.

Kostenart	Kosten
Durchschnittslohn für die Lohngruppe	12,70 €
Lohnnebenkosten	15,80 €
Gewinn	
Lohnverrechnungssatz (netto)	37,50 €
Lohnverrechnungssatz inkl. 19 %	

a) Wie groß ist der prozentuale Gewinn des Unternehmens, bezogen auf den Grundwert aus Durchschnittslohn und Lohnnebenkosten?
b) Welcher Betrag wird einem Kunden bei einer Umsatzsteuer in Höhe von 19 % verrechnet?
c) Welche Summe muss der Kunde überweisen, wenn bei sofortiger Zahlung 2 % Skonto eingeräumt werden?

8. Abb. 1 zeigt den Energieverbrauch und die Kosten einer elektrischen Anlage mit Schwachlastregelung für ein Kalenderjahr.
a) Welchen Anteil hat der Niedertarifverbrauch bezogen auf den Gesamtverbrauch in Prozent?
b) Welchen Prozentsatz hat die Grundgebühr bezogen auf die Gesamtkosten?

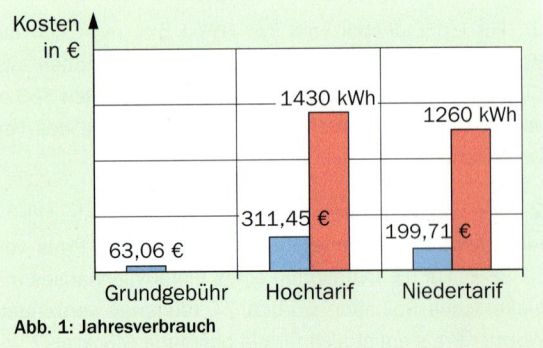

Abb. 1: Jahresverbrauch

1.6 Grafische Darstellung von Funktionen

Eine Funktion beschreibt den mathematischen Zusammenhang zwischen zwei Größen.

$y = f(x)$ — y ist eine Funktion von x

Die grafische Darstellung einer Funktion (engl. Graph) wird in einem Koordinatensystem abgebildet. Jedem x-Wert ist über die Funktion genau ein y-Wert zugeordnet. Einzelne Punkte sind über ihre x- und y-Koordinaten definiert.

$P(x|y)$ — Punkt P mit x- und y-Koordinate

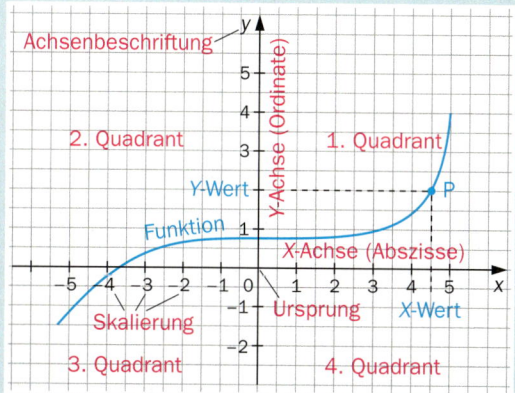

Ausgewählte Funktionen:

Lineare Funktion

$y = m \cdot x + c$

Beispiele:
— $y = 2 \cdot x$
— $y = 2 \cdot x + 2$
— $y = \frac{1}{2} \cdot x$

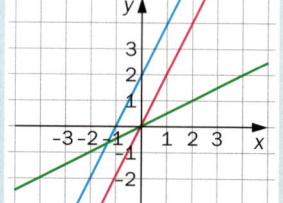

Quadratfunktion (Parabel)

$y = ax^2 + bx + c$

Beispiele:
— $y = x^2$
— $y = \frac{1}{2} \cdot x^2$
— $y = x^2 + 1$

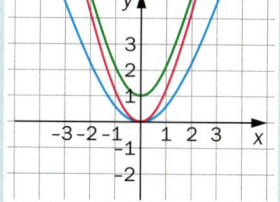

Kehrwertfunktion (Hyperbel)

$y = m \cdot \frac{1}{x} + c$

Beispiele:
— $y = \frac{1}{x}$
— $y = \frac{1}{4 \cdot x}$
— $y = -\frac{1}{x}$

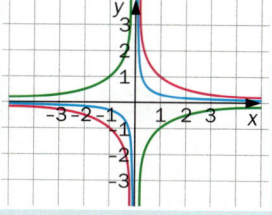

Beispiel

Erstellen Sie eine Wertetabelle (Bereich: –4…4) und zeichnen Sie die Graphen zu folgenden Funktionen:

a) $f(x) = \frac{1}{4}x + 1$; b) $f(x) = \frac{1}{8}x^2 - 2$; c) $f(x) = \frac{4}{x} + 1,5$

Exemplarische Berechnung für den Wert $x = 2$:

a)
$y_a = \frac{1}{4}x + 1$
$y_a = \frac{1}{4}(2) + 1$
$y_a = \frac{1}{2} + 1$
$\underline{y_a = 1,5}$

b)
$y_b = \frac{1}{8}x^2 - 2$
$y_b = \frac{1}{8} \cdot 2^2 - 2$
$y_b = \frac{1}{8} \cdot 4 - 2$
$y_b = \frac{1}{2} - 2$
$\underline{y_b = -1,5}$

c)
$y_c = \frac{4}{x} + 1,5$
$y_c = \frac{4}{2} + 1,5$
$y_c = 2 + 1,5$
$\underline{y_c = 3,5}$

Wertetabelle:

x	–4	–3	–2	–1	0	1	2	3	4
a)	0	0,25	0,5	0,75	1	1,25	1,5	1,75	2
b)	0	–0,875	–1,5	–1,875	–2	–1,875	–1,5	–0,875	0
c)	0,5	0,167	–0,5	–2,5	1,5	5,5	3,5	2,833	2,5

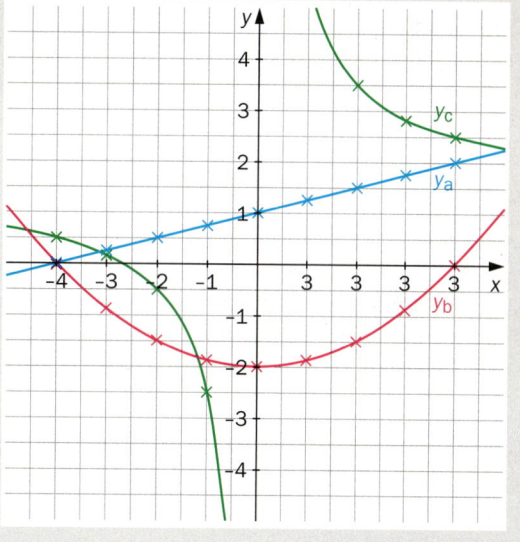

Aufgaben

1. Erstellen Sie ein Koordinatensystem und tragen Sie folgende Punkte ein:

P (1|1); Q (2|3); R (–2|2); S (0|0); T (3|–1); U (–4|2)

2. Zeichnen Sie in einem Koordinatensystem eine Gerade durch die Punkte A (–3|–1) und B (1|1). An welchen Punkten schneidet der Graph die beiden Koordinatenachsen?

3. Erstellen Sie eine Wertetabelle für den Bereich $x = -5$ bis $x = 5$ und zeichnen Sie die Graphen zu folgenden linearen Funktionen:

a) $f(x) = 1{,}5x + 2$;   b) $f(x) = \frac{1}{8}x - 2$;   c) $f(x) = -x + 1$

4. Erstellen Sie für die Funktion $I = \frac{U}{R}$ den Graphen im Wertebereich $U = 0$ V bis 24 V für folgende Werte:

a) $R_a = 3{,}3\ \Omega$ b) $R_b = 4{,}7\ \Omega$ c) $R_c = 6{,}8\ \Omega$

5. Calculate a table of values from $x = -5$ to $x = 5$ and draw the graphs of the following functions:

a) $f(x) = \frac{2}{x}$;   b) $f(x) = \frac{1}{2x} - 1$;   c) $f(x) = -\frac{1}{x} + 1{,}5$

6. Die Fläche A eines Kreises hängt über die Funktion $A = \pi \cdot r^2$ vom Kreisradius r ab. Ermitteln Sie aus dem zugehörigen Graphen (Abb. 1):

a) Die Flächeninhalte von Kreisen mit den Radien 1½ cm, 2½ cm und 3 cm.

b) Die Radien von Kreisen mit den Flächeninhalten 10 cm², 15 cm² und 44 cm².

c) Überprüfen Sie die abgelesenen Werte durch Berechnung.

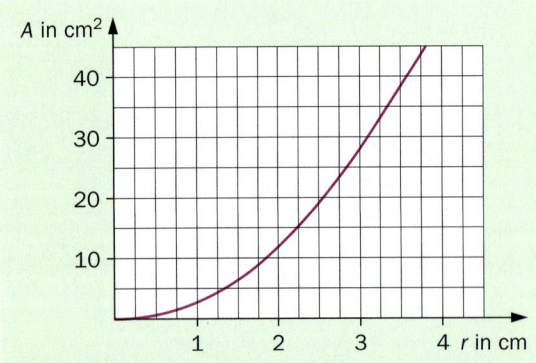
Abb. 1: Zusammenhang zwischen Radius und Kreisfläche

7. Die elektrische Leistung P kann als hyperbelförmiger Graph in einem I-U-Diagramm dargestellt werden. Ermitteln Sie die fehlenden Werte in der folgenden Tabelle mit Hilfe der Graphen in Abb. 2.

	U in V	I in A bei		
		P = 1 W	P = 2 W	P = 5 W
a)	1			
b)				1
c)	2			
d)			0,8	
e)		0,25		

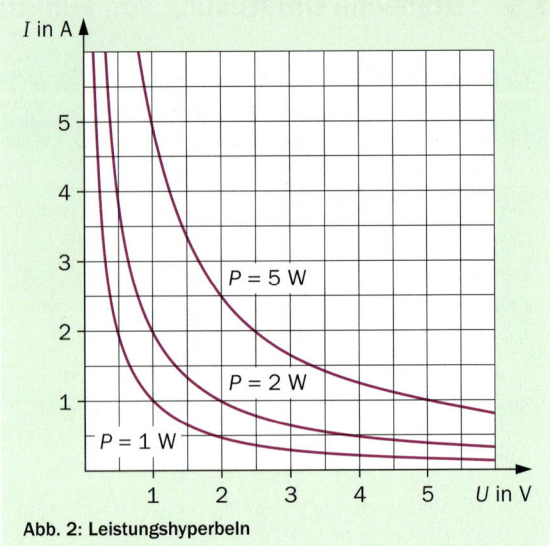
Abb. 2: Leistungshyperbeln

8. Die Stromdichte J in einem Leiter ist abhängig von der Stromstärke I und dem Leiterquerschnitt q. Stellen Sie die Funktion $J = \frac{I}{q}$ bei einer konstanten Stromstärke von 16 A für den Bereich $q = 0$ mm² … 16 mm² grafisch dar. Erstellen Sie als Lösung eine Wertetabelle mit einer Schrittweite von 2 mm².

9. Auf dem Bildschirm eines Oszilloskops (Abb. 3) wird eine sinusförmige Wechselspannung dargestellt. Folgende Einstellungen wurden vorgenommen: Spannung U (vertikal): 5 V pro Teilungsschritt, Zeit t (horizontal): 2 ms pro Teilung.

a) Wie hoch ist die Spannung an den Scheitelpunkten?

b) Welche Zeit liegt zwischen zwei Nulldurchgängen?

c) Welchen Momentanwert besitzt die Spannung zum Zeitpunkt $t = 4{,}8$ ms, vom Ursprung aus betrachtet?

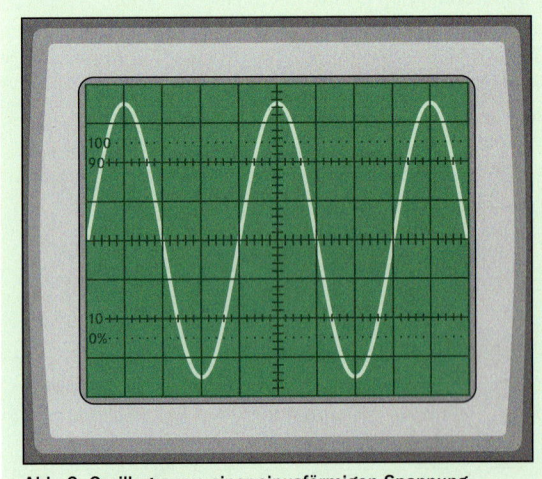
Abb. 3: Oszillogramm einer sinusförmigen Spannung

1.7 Winkelfunktionen

Mit Hilfe der Winkelfunktionen werden die Zusammenhänge zwischen den Winkeln und den Seiten eines rechtwinkligen Dreiecks dargestellt. Die Winkelfunktionen werden auch als trigonometrische Funktionen bezeichnet.

a: Gegenkathete zum Winkel α
b: Ankathete zum Winkel α
c: Hypotenuse

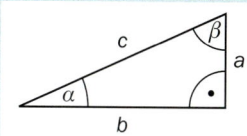

Die **Hypotenuse** ist die längste Seite im rechtwinkligen Dreieck und liegt gegenüber dem rechten Winkel.

Die **Gegenkathete** ist die Seite, die gegenüber dem verwendeten Winkel liegt.

Die **Ankathete** ist die Seite, die am verwendeten Winkel anliegt.

$$\sin\alpha = \frac{\text{Gegenkathete}}{\text{Hypotenuse}} \qquad \sin\alpha = \frac{a}{c}$$

$$\cos\alpha = \frac{\text{Ankathete}}{\text{Hypotenuse}} \qquad \cos\alpha = \frac{b}{c}$$

$$\tan\alpha = \frac{\text{Gegenkathete}}{\text{Ankathete}} \qquad \tan\alpha = \frac{a}{b}$$

Um aus den Seitenverhältnissen die Winkel zu berechnen, werden die Umkehrfunktionen benötigt. Sie werden als Arkusfunktionen bezeichnet.

$$\alpha = \arcsin\frac{\text{Gegenkathete}}{\text{Hypotenuse}} \qquad \alpha = \arcsin\frac{a}{c}$$

$$\alpha = \arccos\frac{\text{Ankathete}}{\text{Hypotenuse}} \qquad \alpha = \arccos\frac{b}{c}$$

$$\alpha = \arctan\frac{\text{Gegenkathete}}{\text{Ankathete}} \qquad \alpha = \arctan\frac{a}{b}$$

Die Arkusfunktionen können auch als asin, acos und atan geschrieben werden. Diese Bezeichnungen finden sich häufig auf dem Taschenrechner. Eine weitere Tastenbezeichnung ist $\sin^{-1}$, $\cos^{-1}$ und $\tan^{-1}$.

Die Summe aller Winkel in einem Dreieck beträgt 180°. Daraus ergibt sich für das rechtwinklige Dreieck die folgende Gleichung.

$$\alpha + \beta + 90° = 180° \qquad \alpha + \beta = 90°$$

Beispiel

Berechnen Sie die fehlenden Seitenlängen und Winkel des nebenstehenden Dreiecks.

Geg.: $b = 2$ m; $c = 7$ m
Ges.: a) α; b) a; c) β

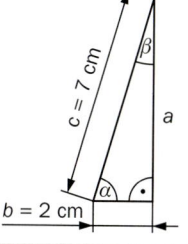

a)
$\cos\alpha = \frac{b}{c}$
$\alpha = \text{acos}\frac{b}{c}$
$\alpha = \text{acos}\frac{2\text{ m}}{7\text{ m}}$
$\alpha = 73{,}4°$

b)
$\sin\alpha = \frac{a}{c}$
$a = c \cdot \sin\alpha$
$a = 7\text{ m} \cdot \sin 73{,}4°$
$a = 7\text{ m} \cdot 0{,}958$
$a = 6{,}7\text{ m}$

c)
$\alpha + \beta = 90°$
$\beta = 90° - \alpha$
$\beta = 90° - 73{,}4°$
$\beta = 16{,}6°$

Aufgaben

1. Die Hypotenuse in einem rechtwinkligen Dreieck beträgt 25 cm. Der Winkel α ist 22°. Berechnen Sie
a) die Länge der Ankathete,
b) die Länge der Gegenkathete und
c) den Winkel β.

2. The hypotenuse of a right-angled triangle is 5 cm in length. The adjacent leg has a length of 3.5 cm.
a) Calculate the length of the opposite leg.
b) Calculate the angle α.

3. Berechnen Sie die fehlenden Seiten und Winkel der Dreiecke aus Abb. 4.

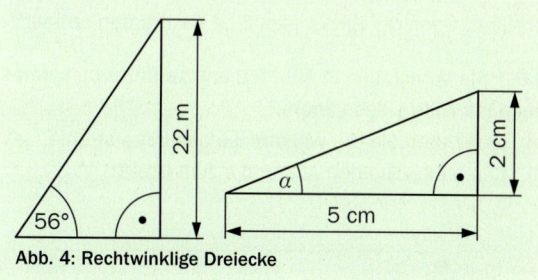
Abb. 4: Rechtwinklige Dreiecke

4. Berechnen Sie die fehlenden Werte in der Tabelle.

	a)	b)	c)	d)	e)
Hypotenuse	10 m				10 m
Gegenkathete		2,5 cm	1 dm		15 dm
Ankathete			50 cm	2,2 m	
Winkel α	75°	25°		45°	

5. Ein 250 m langer trapezförmiger Damm wird angelegt. Der Damm hat am Fuß eine Breite von 15 m und an der Dammkrone eine Breite von 6 m. Der Hangwinkel beträgt 41°. Berechnen Sie
a) die Höhe des Dammes und
b) das Volumen des Dammes.

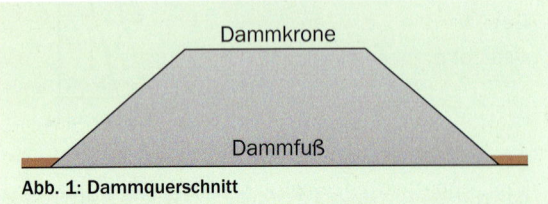
Abb. 1: Dammquerschnitt

6. Ein Fahnenmast ist 5 m hoch. Sein Schatten hat eine Länge von 2,55 m. Unter welchem Winkel treffen die Sonnenstrahlen auf den Erdboden?

7. Ein Flugzeug fliegt in 9 km Höhe genau über einen Beobachter hinweg. Innerhalb einer Minute legt es eine Strecke von 14 km zurück.
a) Berechnen Sie die Entfernung zwischen Beobachter und Flugzeug nach dieser Minute.
b) In welchem Winkel muss der Beobachter das Flugzeug nun anpeilen?

8. Ein Beobachter steht 80 m von einem Freileitungsmast entfernt (auf gleicher Höhe). Er blickt in einem Winkel von 40,5° auf die Mastspitze. Seine Augen befinden sich 1,70 m über dem Erdboden. Berechnen Sie die Höhe des Freileitungsmastes.

9. Ein Besucher beobachtet mit einem Fernrohr ein vorbeifahrendes Boot. Der Besucher befindet sich in 26 m Höhe auf einer Leuchtturmplattform. Das Fernrohr befindet sich 1,6 m über der Plattform. Wie weit ist das Boot entfernt, wenn der Blickwinkel 6,5° nach unten beträgt?

10. Die Vorrichtung in Abb. 2 dient zur Entfernungsmessung mit Hilfe eines Lasers.
a) Berechnen Sie die Wegstrecke des Laserstrahls.
b) Berechnen Sie den Abstand a zum Objekt.

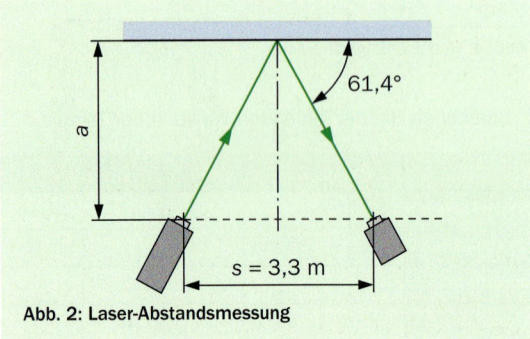
Abb. 2: Laser-Abstandsmessung

11. Steigungen von Straßen werden in Prozent angegeben. Eine Straße mit der in dem nebenstehenden Bild dargestellten Steigung überwindet auf 100 m horizontaler Länge eine Höhe von 12 m. Berechnen Sie für eine 1550 m lange Straße dieser Steigung

a) den Winkel α der Steigung und
b) die überwundene Höhe.

12. Eine Straße hat einen Steigungswinkel $\alpha = 10°$. Berechnen Sie die Steigung der Straße in Prozent.

13. Eine 2 m tiefe Baugrube soll am Boden die Maße 10 m x 15 m haben. Um ein Abrutschen der Seiten zu verhindern ist ein Böschungswinkel einzuhalten. Hierdurch vergrößert sich die Grube nach oben. Ermitteln Sie für die folgenden Böden die obere Baugrubenabmessung.
a) Böschungswinkel: 80° (felsiger Boden)
b) Böschungswinkel: 60° (halbfester Boden)
c) Böschungswinkel: 45° (sandiger Boden)

14. Über den nebenstehenden Messaufbau soll die Breite eines Flusses bestimmt werden. Hierzu werden die beiden Messpunkte M1 und M2 festgelegt. Vom Messpunkt M2 erfolgt nun eine Winkelmessung zu den Punkten A und B. Es wurden die Winkel $\alpha_1 = 32°$ und $\alpha_2 = 57,4°$ gemessen. Berechnen Sie die Breite des Flusses.

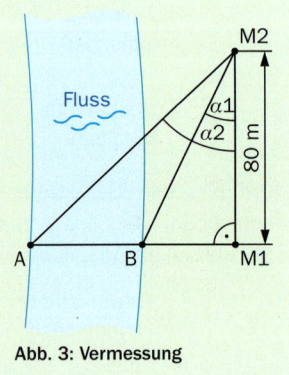
Abb. 3: Vermessung

15. Die in Abb. 4 dargestellte Brücke überspannt ein Tal. Berechnen Sie mit Hilfe der in der Zeichnung angegebenen Daten die Tiefe des Tals am Punkt A.

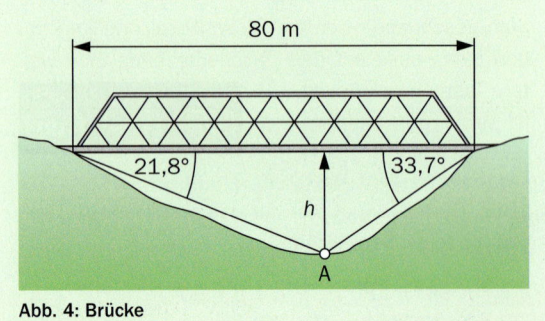
Abb. 4: Brücke

1.8 Winkelmaße

Die gebräuchlichsten Winkelmaße zur Angabe einer Winkelweite sind Gradmaß und Bogenmaß.

Gradmaß („Degree")   **Bogenmaß** („Radiant")

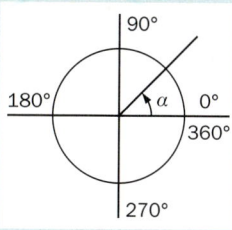 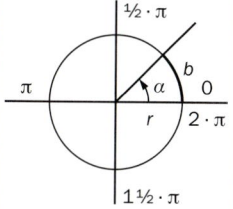

Im Gradmaß wird ein Vollwinkel in 360 Grad (360°) unterteilt.

1° = 60' (Minuten)
1' = 60" (Sekunden)

Umrechnung zwischen Grad- und Bogenmaß:

$$\alpha_{deg} = \frac{\alpha_{rad}}{2\pi} \cdot 360°$$

Die Maßzahl eines Vollwinkels im Bogenmaß beträgt 2π. Diese Einteilung besitzt kein Einheitenzeichen. Der Winkel stellt das Verhältnis zwischen der Länge b des Kreisbogens zum Radius r dar.

$$\alpha_{rad} = \frac{b}{r}$$

Beispiel

Wandeln Sie den Winkel α_{deg} vom Gradmaß ins Bogenmaß um.

Geg.: $\alpha_{deg} = 25°$ Ges.: α_{rad}

$\alpha_{rad} = \frac{\alpha_{deg}}{360°} \cdot 2\pi$; $\alpha_{rad} = \frac{72°}{360°} \cdot 2\pi$

$\alpha_{rad} = 0,2 \cdot 2\pi$

$\underline{\alpha_{rad} = 0,4\pi}$

Wandeln Sie den Winkel $\alpha_{rad} = 1,7\pi$ vom Bogenmaß ins Gradmaß um.

Geg.: $\alpha_{rad} = 1,7\pi$ Ges.: α_{deg}

$\alpha_{deg} = \frac{\alpha_{rad}}{2\pi} \cdot 360°$; $\alpha_{deg} = \frac{1,7\pi}{2\pi} \cdot 360°$

$\alpha_{deg} = 0,85 \cdot 360°$

$\underline{\alpha_{deg} = 306°}$

Aufgaben

1. Ermitteln Sie den Winkel α zwischen den drei Statorwicklungen eines Drehstrommotors (Abb. 5)
a) im Gradmaß und
b) im Bogenmaß.

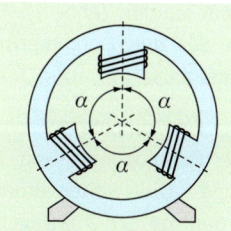
Abb. 5: Statorwicklungen

2. Berechnen Sie die fehlenden Werte in der Tabelle. Der Winkel ist im Bogenmaß anzugeben.

	a)	b)	c)	d)	e)
Winkel	2π		$½\pi$		π
Radius	1	7		15	320
Bogenlänge		11	220	35,34	

3. Calculate the missing values of the table. Use the degree and the radiant system for every angle.

	a)	b)	c)	d)	e)
Gradmaß	1°				720°
Bogenmaß		π	0,7854	1,6π	

	f)	g)	h)	i)	k)
Gradmaß	33°	125°			3°40'
Bogenmaß			22	16π	

4. Berechnen Sie die Winkel im Gradmaß, die der Stunden-, der Minuten- und der Sekundenzeiger einer Analoguhr während des Verlaufs einer Viertelstunde zurücklegen.

5. In einem Flachbettscanner wird ein Schrittmotor mit einem Schrittwinkel $\varphi = 1,8°$ als Antrieb der Abtasteinheit (Abb. 6) verwendet. Er bewegt die Einheit mit jeder ganzen Umdrehung 3 mm weit.

a) Bestimmen Sie die Schrittzahl pro Umdrehung.
b) Welchen Weg legt die Einheit pro Schritt zurück?

Abb. 6: Abtasteinheit in einem Flachbettscanner

6. Ein Lautstärkeregler (Abb. 7) kann um 315° zwischen den Stufen 0 und 8 verstellt werden. Ermitteln Sie den Winkel im Gradmaß, der zwischen Stellung 2 und Stellung 5 liegt.

Abb. 7: Lautstärkeregler

7. Die Welle eines Elektromotors besitzt eine Drehzahl von $n = 375$ min^{-1}. Geben Sie den Winkel im Gradmaß an, um den sich die Welle pro Millisekunde bewegt.

1.9 Satz des Pythagoras

1.9.1 Berechnung rechtwinkliger Dreiecke

Der Satz des Pythagoras besagt, dass das Quadrat der Hypotenuse gleich der Summe der Quadrate der beiden Katheten ist.

$$c^2 = a^2 + b^2$$

$$c = \sqrt{a^2 + b^2}$$

c: Hypotenuse
a, b: Kathete

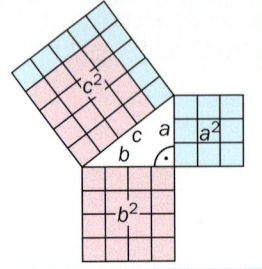

Beispiel

Ein Computerbildschirm hat eine 56 cm lange Bilddiagonale. Die Bildschirmhöhe beträgt 27,5 cm. Berechnen Sie die Breite des Bildschirms.

Geg.: $c = 56$ cm; $a = 27,5$ cm
Ges.: b

$c^2 = (56 \text{ cm})^2$ $\quad a^2 = (27,5 \text{ cm})^2$
$c^2 = 3136 \text{ cm}^2$ $\quad a^2 = 756,25 \text{ cm}^2$

$c^2 = a^2 + b^2 \quad | - a^2$
$b^2 = c^2 - a^2 \quad | \sqrt{}$
$b = \sqrt{c^2 - a^2}$
$b = \sqrt{3136 \text{ cm}^2 - 756,25 \text{ cm}^2}$
$b = \sqrt{2379,75 \text{ cm}^2}$
$b = 48,78$ cm

Aufgaben

1. Berechnen Sie die Länge der Hypotenuse des nebenstehenden Dreiecks (Maße in mm).

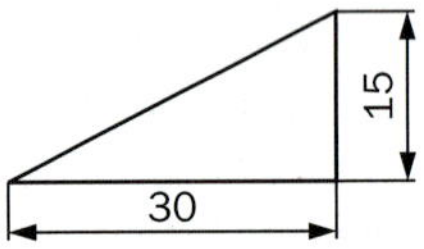

2. Berechnen Sie die fehlende Seitenlänge des nebenstehenden Dreiecks (Maße in mm).

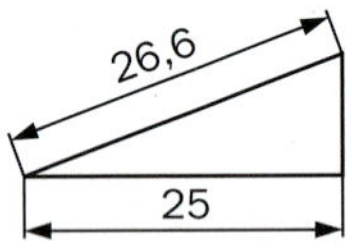

🇬🇧 **3.** A basketball court is 28 meters in length and 15 meters in width. Determine the length of the diagonal line.

4. Eine quadratische Bodenfliese hat eine Seitenlänge von 40 cm. Berechnen Sie die Länge der Diagonalen.

5. Die kurze Seite eines Handballfeldes ist 20 m lang. Die Felddiagonale hat eine Länge von 44,72 m. Berechnen Sie die Länge der Längsseite.

6. Ermitteln Sie die fehlenden Werte.

	a)	b)	c)	d)
Kathete a	10 m		2,5 km	5 dm
Kathete b	12 m	3 mm		12 dm
Hypotenuse c		5 mm	5 km	

7. Berechnen Sie die fehlenden Größen aus den Dreiecken in Abb. 1.

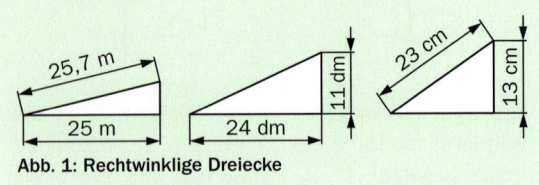

Abb. 1: Rechtwinklige Dreiecke

8. Ein Telegrafenmast soll durch ein Stahlseil am Boden verankert werden. Das Seil wird in 7 m Höhe befestigt. Der Befestigungspunkt am Boden ist 4 m vom Mastfuß entfernt. Berechnen Sie die Länge des Seils zwischen den beiden Befestigungspunkten.

9. Eine Halle ist 105 m lang und 68 m breit. Eine Verlängerungsleitung soll von einer Ecke zur diagonal gegenüberliegenden Ecke gelegt werden.
a) Berechnen Sie die Wegdifferenz in Metern zwischen der direkten Verlegung über die Raumdiagonale und der Verlegung entlang der Seitenwände.
b) Um wie viel Prozent ist der Weg über die Raumdiagonale kürzer?

10. Ein quadratischer Raum hat eine Bodenfläche von 56,25 m². Berechnen Sie die Länge der Raumdiagonalen.

11. Ein Würfel (Abb. 2) hat eine Kantenlänge von 5 cm.
a) Berechnen Sie die Länge der Seitendiagonalen (blaue Linie).
b) Berechnen Sie die Länge der Raumdiagonalen (rote Linie).

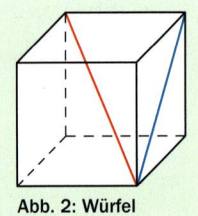

Abb. 2: Würfel

12. Das Ende eines Rundstahls soll zu einem quadratischen Vierkant mit 8 mm Kantenlänge gefeilt werden (Abb. 3). Berechnen Sie den Durchmesser des Rundstahls.

13. Ein Computerbildschirm hat eine Bilddiagonale von 56 cm Länge. Die Seitenverhältnisse werden mit 16:9 angegeben. Berechnen Sie die Breite und Höhe des Bildschirms.

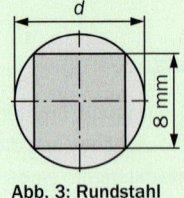

Abb. 3: Rundstahl

1.9.2 Berechnung beliebiger Dreiecke

Ein beliebiges Dreieck kann in zwei rechtwinklige Dreiecke aufgeteilt werden. Die Summe aller Innenwinkel in einem Dreieck beträgt 180°.

$\alpha + \beta + \gamma = 180°$

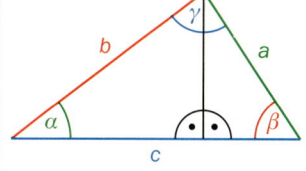

Beispiel

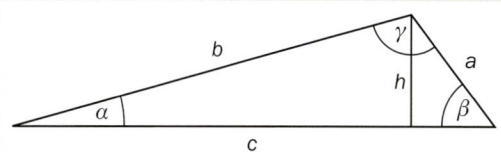

Von dem oben abgebildeten Dreieck sind die Seiten $a = 10$ cm und $b = 30$ cm bekannt. Weiter sind die beiden Winkel $\alpha = 15{,}4°$ und $\gamma = 112°$ bekannt.

a) Berechnen Sie die Höhe h des Dreieckes.
b) Berechnen Sie den Winkel β.
c) Berechnen Sie die Seite c.

Geg.: $a = 10$ cm; $b = 30$ cm; $\alpha = 15{,}4°$; $\gamma = 112°$
Ges.: a) h; b) β; c) c

b) $\alpha + \beta + \gamma = 180°$
$h = b \cdot \sin \alpha$ $\quad \beta = 180° - \alpha - \gamma$
$h = 30$ cm $\cdot \sin 15{,}4°$ $\quad \beta = 180° - 15{,}4° - 112°$
$\underline{\underline{h = 7{,}97 \text{ cm}}}$ $\quad \underline{\underline{\beta = 52{,}6°}}$

c) $c_1 = b \cdot \cos \alpha$ $\quad c_2 = a \cdot \cos \beta$
$c_1 = 30$ cm $\cdot \cos 15{,}4°$ $\quad c_2 = 10$ cm $\cdot \cos 52{,}6°$
$\underline{\underline{c_1 = 28{,}9 \text{ cm}}}$ $\quad \underline{\underline{c_2 = 6{,}1 \text{ cm}}}$
$c = c_1 + c_2$
$c = 28{,}9$ cm $+ 6{,}1$ cm
$\underline{\underline{c = 35 \text{ cm}}}$

Aufgaben

1. Die Seiten eines Dreieckes sind jeweils 4 m lang.
a) Berechnen Sie die Höhe.
b) Berechnen Sie die drei Innenwinkel.

2. Die Grundseite c eines Dreiecks ist 10 cm lang. Die Seiten a und b sind jeweils 7,4 cm lang. Berechnen Sie alle Innenwinkel des Dreiecks.

3. Berechnen Sie alle fehlenden Größen des Dreiecks aus Abb. 4.

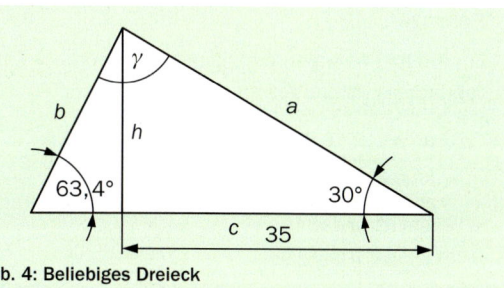

Abb. 4: Beliebiges Dreieck

4. Berechnen Sie die fehlenden Werte.

	a)	b)	c)	d)	e)
a		80 m	30 mm	30 km	40 mm
b				60 km	
c	10 m	100 m			4 cm
α	30°	52°	48,2°		
β			48,2°	20°	
γ	100°	80,1°			
h	3,9 m				15 mm

5. In einer 2,50 m hohen Zimmerdecke befindet sich deckenbündig eine Halogenlampe mit einem Abstrahlwinkel von 30°. Die Lampe strahlt senkrecht nach unten.
a) Zeichnen Sie den Lichtkegel und tragen Sie alle Maßangaben ein.
b) Berechnen Sie den Durchmesser des Lichtkegels auf dem Fußboden.

6. Die Beleuchtung in einem 3 m hohen Raum soll mit Einbaustrahlern realisiert werden. Der Abstrahlwinkel eines Strahlers beträgt 50°. In welchem Abstand müssen die Strahler eingebaut werden, wenn sich die Lichtkegel auf dem Fußboden um jeweils 70 cm überlappen sollen?

7. Zur Konstruktion eines Sechs- und Achteckes sollen Dreiecke hergestellt werden. Die Außenkanten des Sechseckes sollen 6 cm und die des Achteckes 4 cm lang sein. Berechnen Sie alle Winkelmaße und Seitenlängen der Dreiecke für
a) das Sechseck und
b) das Achteck.

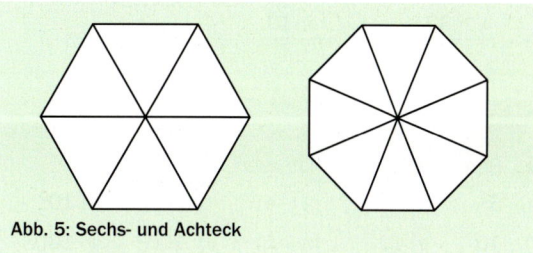

Abb. 5: Sechs- und Achteck

1.10 Rechnen mit Potenzen und Wurzeln

Potenzen

Ein Produkt aus mehreren gleichen Faktoren a kann verkürzt als Potenz geschrieben werden.

$$c = \underbrace{a \cdot a \cdot \ldots \cdot a}_{n \text{ Faktoren}} \quad c = a^n \quad 2 \cdot 2 \cdot 2 \cdot 2 = 2^4$$

- a: Basis (Grundzahl)
- n: Exponent (Hochzahl)
- c: Potenzwert

Regeln

$$a^m \cdot a^n = a^{m+n}$$
$$\frac{a^m}{a^n} = a^{m-n}$$
$$(a^m)^n = a^{m \cdot n}$$
$$a^0 = 1$$
$$a^1 = a$$
$$a^m \cdot b^m = (a \cdot b)^m$$
$$\frac{a^m}{b^m} = \left(\frac{a}{b}\right)^m$$

Wurzeln

Die Umkehrfunktion des Potenzierens ist das Radizieren (Wurzelziehen).

$$b = \sqrt[n]{a} \qquad \sqrt{16} = 4 \qquad \sqrt[4]{16} = 2$$

- a: Radikand
- n: Wurzelexponent
- b: Wurzelwert

Regeln

$$a^{\frac{1}{n}} = \sqrt[n]{a} \qquad \sqrt[n]{a^m} = a^{\frac{m}{n}}$$

Beispiel

Berechnen Sie:

a) $x = 2^2 \cdot 2^3$;   b) $x = 10^3 : 10^2$;   c) $x = \sqrt[3]{1000}$

$x = 2^2 \cdot 2^3 \qquad x = 10^3 : 10^2 \qquad x = \sqrt[3]{1000}$
$x = 3^{(2+3)} \qquad x = 10^{(3-2)} \qquad x = 10$
$x = 2^5 \qquad\quad x = 10^1$
$x = 32 \qquad\quad x = 10$

Aufgaben

1. Berechnen Sie die Potenzen.

a) 6^2 b) 2^6 c) $(-4)^2$ d) $(-5)^3$ e) 10^0
f) 10^3 g) 10^{-3} h) $(-5)^{-2}$ i) $100^{\frac{1}{2}}$ j) $100^{-\frac{1}{2}}$

2. Berechnen Sie die Potenzwerte der Brüche.

a) $\left(\frac{1}{10}\right)^3$ b) $\left(\frac{2}{10}\right)^3$ c) $\left(\frac{-2}{10}\right)^2$ d) $\left(\frac{3}{4}\right)^{-2}$
e) $\left(\frac{-5}{10}\right)^3$ f) $\left(\frac{1}{10}\right)^{-3}$ g) $\left(\frac{1}{1000}\right)^{\frac{1}{3}}$ h) $\left(\frac{1}{8}\right)^{-\frac{1}{3}}$

3. Berechnen Sie:

a) $\sqrt[3]{1000}$ b) $\sqrt[2]{16}$ c) $\sqrt[3]{512}$ d) $\sqrt{529}$
e) $\sqrt[4]{0,0081}$ f) $\sqrt[5]{400}$ g) $\sqrt[-3]{1000}$ h) $\sqrt[3]{0,25}$

4. Calculate the multiplications of the powers.

a) $10^3 \cdot 10^3$ b) $x^2 \cdot x^4$ c) $10^6 \cdot 10^{-3}$
d) $a^{-2} \cdot a^4$ e) $10^{3x} \cdot 10^x$ f) $5 \cdot 10^3 \cdot 10^3$
g) $2 \cdot 10^3 \cdot 3 \cdot 10^3$ h) $5 \cdot 10^6 \cdot 4 \cdot 10^{-3}$ i) $25 \cdot x^3 \cdot 2 \cdot x^{-3}$

5. Berechnen Sie:

a) $(10^2)^4$ b) $(10^{-3})^2$ c) $(10^{-3})^3$ d) $(x^5)^3$
e) $(10^3)^{3+a}$ f) $(-10^3)^2$ g) $(-10^{-3})^{-3}$ h) $(u^{a+b})^c$

6. Berechnen Sie:

a) $\dfrac{a^6}{a^3}$ b) $\dfrac{10^9}{10^6}$ c) $\dfrac{4 \cdot 10^6}{5 \cdot 10^3}$
d) $\dfrac{25 \cdot 10^{-3}}{20 \cdot 10^{-3}}$ e) $\dfrac{5x^2}{2x^4 \cdot x^{-2}}$ f) $\dfrac{a \cdot 10^9}{(b \cdot 10^3)^2}$

7. Berechnen Sie die Wurzelwerte ohne Taschenrechner.

a) $\sqrt[3]{4^6}$ b) $\sqrt{25^2}$ c) $\sqrt[3]{10^{-9}}$ d) $\sqrt{(10^{-3})^2}$

8. Vereinfachen Sie folgende Wurzelausdrücke.

a) $\sqrt{\dfrac{16x^2}{9y^4}}$ b) $\sqrt{\dfrac{25a^2 \cdot 4b^2}{121c^6}}$ c) $\sqrt{\dfrac{64 \cdot 10^6}{400}}$
d) $\sqrt{\dfrac{2a^3 \cdot 8a^3}{9+16}}$ e) $\sqrt{\dfrac{6,4x^3 \cdot 10x^4}{x}}$ f) $\sqrt[3]{\dfrac{10t^2 \cdot 12,5t}{64 \cdot 10^3}}$

9. Wandeln Sie die Zahlen in Potenzen mit der Basis $a = 10$ (Zehnerpotenzen) um.

a) 100   b) 10000   c) 1000   d) 0,1
e) 0,001   f) 10   g) 0,000001   h) 1

10. Berechnen Sie die folgenden Summen.

a) $2,5 \cdot 10^3 + 2 \cdot 10^3$ b) $5 \cdot 10^3 + 2000 + 0,01 \cdot 10^6$
c) $500 \cdot 10^{-3}$ V $+ 3$ V   d) $3,3 \cdot 10^3$ Ω $+ 270$ Ω

11. Wandeln Sie die Zahlen in Zehnerpotenzen um, deren Exponenten durch drei teilbar sind (zum Beispiel $1000 = 1 \cdot 10^3$).

a) 25000   b) 2000000   c) 0,005   d) 0,02
e) 220000   f) 0,000047   g) 0,0001   h) 1500

1.11 Rechnen mit Logarithmen

Mit Hilfe des Logarithmierens kann der Exponent einer Potenz errechnet werden, z.B. $2^x = 4{,}8$.

$$a^n = c \Leftrightarrow \log_a c = n \qquad \log_{10} 10^3 = x \Leftrightarrow x = 3$$

a: Basis
c: Numerus
n: Logarithmus

Gebräuchliche Basen

Basis	Logarithmusbezeichnung	Schreibweise
10	Zehnerlogarithmus	$\log_{10} c = \lg c$
e = 2,71828...	natürlicher Logarithmus (Logarithmus Naturalis)	$\log_e c = \ln c$
2	Zweierlogarithmus (binärer Logarithmus)	$\log_2 c = \text{lb } c$

e = Eulersche Zahl

Regeln

$$\log_a (c \cdot d) = \log_a c + \log_a d$$

$$\log_a (c : d) = \log_a c - \log_a d$$

$$\log_a c^d = d \cdot \log_a c \qquad \log_a \sqrt[d]{c} = \frac{1}{d} \cdot \log_a c$$

Umrechnung

$$\log_a c = \frac{\log_x c}{\log_x a} \qquad \log_2 32 = \frac{\log_{10} 32}{\log_{10} 2}$$

Logarithmische Teilung (dekadischer Logarithmus)

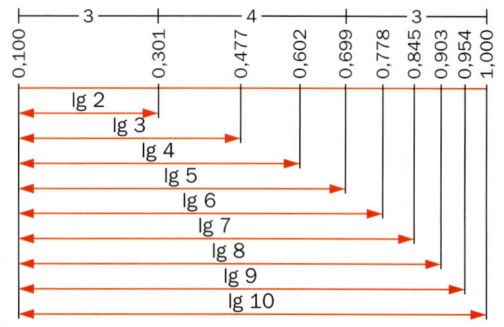

Beispiel

Berechnen Sie a) den Zehnerlogarithmus und b) den natürlichen Logarithmus von 500.

a) $\log_{10} 500 = \lg 500$
   $\lg 500 = 2{,}67$

b) $\log_e 500 = \ln 500$
   $\ln 500 = 6{,}21$

Aufgaben

1. Berechnen Sie die Zehnerlogarithmen.
a) lg 100   b) lg 10000   c) lg 1   d) lg 0,001
e) lg 50   f) lg 500   g) lg 5000   h) lg 0,005

2. Berechnen Sie die natürlichen Logarithmen.
a) ln 100   b) ln 10   c) ln 12   d) ln 5
e) ln 0,5   f) ln 0,05   g) ln e   h) ln π

3. Determine the binary logarithm.
a) lb 8   b) lb 512   c) lb 2   d) lb 1024
e) lb 15   f) lb 0.5   g) lb 0.125   h) lb 1000

4. Berechnen Sie
a) $\lg (4 \cdot 10^3)$ b) $\lg (2 \cdot 10^3 \cdot 5 \cdot 10^3)$ c) $\lg (25^3)$
d) $\lg 125 + \lg 8$ e) $\lg 555 - \lg 55{,}5$ f) $\lg \sqrt[3]{100}$

5. Die 12 cm lange Achse eines Koordinatensystems soll von 0,1 bis 1000 logarithmisch geteilt werden.
a) Zeichnen Sie die Achse und tragen Sie die Werte 0,1; 10; 100 und 1000 auf.
b) Tragen Sie die Vielfachen von 2 auf (0,2; 2; 20; 200).
c) Tragen Sie die Vielfachen von 5 auf (0,5; 5; 50; 500).

6. Der Bereich 1000 m bis 10000 m einer logarithmisch geteilten Achse ist 5 cm lang. Berechnen Sie die Werte bei einem Abstand von a) 1,5 cm, b) 3 cm und c) 4,5 cm.

7. Abb. 1 zeigt die Widerstandsverläufe mehrerer elektrischer Bauelemente.
a) Ermitteln Sie die Widerstandswerte des VTL5C3 bei den Eingangsstromstärken 1 mA, 3 mA, 7 mA und 10 mA.
b) Wie groß sind die Eingangsstromstärken des VTL5C8 bei den Widerstandswerten 40 kΩ und 2 kΩ?

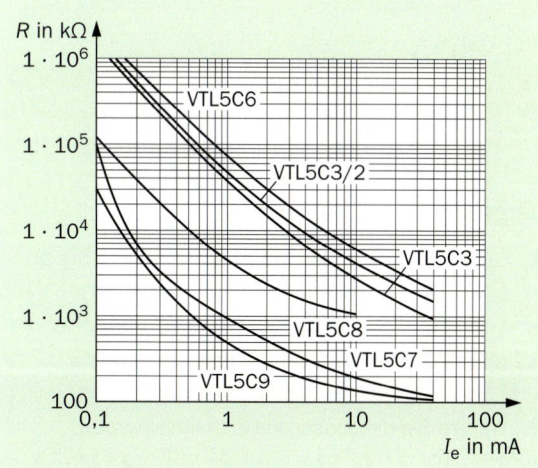

Abb. 1: Widerstandsverläufe

1.12 Einheitenvorsätze

Der Einheitenvorsatz gibt die Zehnerpotenz an, mit welcher der Zahlenwert zu multiplizieren ist. Die Exponenten der Zehnerpotenzen sind hierbei meist ein Vielfaches von drei, z. B.
21000 W = 21 · 10^3 W = 21 kW.

Vorsatzzeichen	Vorsatz	Faktor
P	Peta	10^{15}
T	Tera	10^{12}
G	Giga	10^{9}
M	Mega	10^{6}
k	Kilo	10^{3}
d	Dezi	10^{-1}
c	Zenti	10^{-2}
m	Milli	10^{-3}
µ	Mikro	10^{-6}
n	Nano	10^{-9}
p	Pico	10^{-12}
f	Femto	10^{-15}

Beispiel

Lösen Sie die folgenden Aufgaben.
a) Schreiben Sie 2,2 kΩ ohne Einheitenvorsatz.
b) Schreiben Sie 6000 Ω mit einem geeigneten Vorsatz.
c) Schreiben Sie 0,025 A ohne Komma.

a) 2,2 kΩ = 2,2 · 10^3 Ω   b) 6000 Ω = 6 · 1000 Ω
    = 2,2 · 1000 Ω   = 6 · 10^3 Ω
    = 2200 Ω   = 6 kΩ

c) 0,025 A = 25 · $\frac{1}{1000}$ A
    = 25 · 10^{-3} A
    = 25 mA

Aufgaben

1. Geben Sie die Größen mit sinnvollen Vorsätzen an.
a) 2000 m   b) 0,005 g   c) 4500 g
d) 10000 V e) 0,025 A   f) 22000000 Ω
g) 0,000047 F h) 0,00000022 F i) 0,001 V

2. Wählen Sie die passenden Einheitenvorsätze.
a) 1,5 · 10^3 Ω   b) 91,6 · 10^6 Hz   c) 12 · 10^{-3} A
d) 5 · 10^9 Hz   e) 22 · 10^{-12} F f) 56 · 10^{-6} F

3. Schreiben Sie den Faktor anstelle der Vorsätze.
a) 18 pF   b) 2,2 kΩ   c) 1,5 MΩ
d) 750 mA   e) 50 µA   f) 2 dm
g) 330 nF   h) 20 GW   i) 2 TJ

4. According to the data sheet, the input current of an operational amplifier is 2 · 10^{-8} A. Give the current with a suitable unit prefix.

5. Wandeln Sie wie angegeben um.

0,0005 A in mA	2800 mm in m
450 µA in mA	0,012 MA in kA
0,05 Ω in mΩ	30000 cm in km
0,0001 mF in nF	0,0002 kV in mV

6. Lösen Sie die folgenden Berechnungen und geben Sie das Ergebnis mit sinnvollen Einheitenvorsätzen an.
a) 500 V + 10 kV   b) 25 mA + 1,5 A
c) 20 dm + 0,5 km   d) 32 cm + 2200 mm
e) 22 µF – 330 nF   f) 3,2 GW – 50 MW
g) 1 m – 10 cm – 10 mm – 2 · 10^{-4} km – 5 · 10^{-2} dm

7. Wandeln Sie die Angaben in sinnvolle Werte mit den entsprechenden Einheitenvorsätzen um.
a) 54 · 10^{-3} mA   b) 2 · 10^3 kW   c) 40 · 10^{-7} V
d) 100 · 10^2 kW   e) 0,22 · 10^{-5} mF   f) 1 · 10^4 pF
g) 220 · 10^3 cm   h) 5 · 10^4 µm   i) 52 · 10^{-5} A

8. Zwischen zwei Metallplatten befindet sich ein Blatt Papier mit einem Widerstand von 950 Millionen Ohm (Einheitenzeichen: Ω). Geben Sie den Widerstandswert mit einem geeigneten Einheitenvorsatz an.

9. Ein Elektrolytkondensator mit 220 µF Kapazität hat eine Leckstromstärke von 0,0001416 A. Geben Sie den Leckstrom mit einem geeigneten Einheitenvorsatz an.

10. Berechnen Sie das Ergebnis und geben Sie einen passenden Einheitenvorsatz an.
a) 5 V · 2 mA = ? W   b) $\frac{5\text{ V}}{2\text{ mA}}$ = ? Ω
c) $\sqrt{3}$ · 400 V · 21 A = ? VA   d) $\frac{10\text{ mV}}{0,05\text{ µA}}$ = ? Ω
e) $\frac{230\text{ V}}{22\text{ MΩ}}$ = ? A   f) 10 kΩ · 0,2 kA = ? V
g) $\frac{(5\text{ mV})^2}{2,2 \cdot 10^3\text{ Ω}}$ = ? W   h) $\sqrt{\frac{3,75\text{ mW}}{150\text{ Ω}}}$ = ? A
i) 0,02 · 10^{-2} V · 5 · 10^{-2} mA = ? W
j) $\sqrt{(820\text{ kΩ})^2 + (3,9\text{ MΩ})^2}$ = ? Ω

1.13 Runden auf praktikable Werte

Beim Runden wird eine Zahl durch eine andere Zahlenangabe mit weniger Stellen ersetzt. Die gerundete Zahl ist hierdurch weniger genau (Rundungsfehler). Gründe für das Runden:
- Kürzere Zahl
- Zahl einfach merkbar
- Ergebnis der messbaren/darstellbaren Einheit anpassen (z. B. Euro, Cent, Gramm, Millimeter)
- Ungerundetes Ergebnis täuscht falsche Genauigkeit vor.

Kaufmännisches Runden

Beim kaufmännischen Runden wird abgerundet, wenn auf die letzte beizubehaltende Ziffer eine 0, 1, 2, 3 oder 4 folgt. Folgt hingegen eine 5, 6, 7, 8 oder 9, so wird aufgerundet.
3,3452 ≈ 3,35   (Rundung auf 2. Nachkommastelle)
3,3452 ≈ 3,3   (Rundung auf 1. Nachkommastelle)

Beispiel
Ein Computer liefert als Ergebnis einer Berechnung die Zahl 5845,9646. Runden Sie das Ergebnis auf.
a) 1000er; b) 100er; c) 10er; d) Einer; e) Zehntel; f) Hundertstel

a) 5845,9646 ≈ 6000   b) 5845,9646 ≈ 5800
c) 5845,9646 ≈ 5850   d) 5845,9646 ≈ 5846
e) 5845,9646 ≈ 5846,0 f) 5845,9646 ≈ 5845,96

Aufgaben

1. Runden Sie die Zahlen auf volle Hunderter.
a) 5333   b) 20462   c) 852   d) 90
e) 949   f) 1952   g) 9960 h) 45

2. Runden Sie die Zahlen auf volle Einer.
a) 12,82 b) 5,48   c) 29,51 d) 99,49
e) 1,39   f) 4,4999 g) 0,801 h) 0,3921

3. Runden Sie die Zahlen auf zwei Nachkommastellen.
a) 5,249   b) 22,384 c) 9,3949 d) 0,9958
e) 2,9909 f) 0,0444 g) 0,005   h) 0,0046

4. Runden Sie die Zahlen auf die 3. Nachkommastelle.
a) 2,33333   b) 2,66666   c) 0,090909
d) 1,553553   e) 0,454545   f) 0,003333

5. Verkürzen Sie die Zahlen durch Runden so weit wie möglich. Der Rundungsfehler soll 1 % nicht übersteigen.
a) 0,1333   b) 0,66666   c) 12,333   d) 3,666
e) 9,99   f) 0,04545   g) 0,5454   h) 5,345

6. A car driver fills up his car with 35 litres at a petrol station. One litre costs 1.609 Euros. Calculate the price of the fuel.

7. In einem Zeitungsbericht über einen Elektronikbetrieb wird der Umsatz mit 1,5 Millionen Euro pro Jahr angegeben. Bei dieser Angabe hat der Reporter den tatsächlichen Umsatz auf hunderttausend Euro gerundet. Wie viel Euro Umsatz hat der Betrieb a) maximal und b) minimal?

8. Bei einem Stromversorger kostet die Kilowattstunde 25,80 Cent netto. Ein Haushalt bezieht innerhalb eines Jahres 4525 kWh. Berechnen Sie bei einer Mehrwertsteuer von 19 % den Rechnungsbetrag.

9. Die Anzahl der verkauften Elektrofahrzeuge aus vier Filialen soll mit Hilfe eines Balkendiagramms dargestellt werden. Die Verkaufszahlen lauten wie folgt: Filiale 1: 9555, Filiale 2: 7480, Filiale 3: 5328 und Filiale 4: 8035. Für die Darstellung des Diagramms stehen maximal 11 cm zur Verfügung. Runden Sie die Zahlen so, dass sie gezeichnet werden können.

10. Die Abb. 1 stellt die Menge des verarbeiteten Kupfers und Aluminiums der Produktionsstandorte dar. Die Werte sind jeweils auf volle 10 Tonnen gerundet.
a) Welche Aluminiummenge wurde möglicherweise am Standort 3 verarbeitet?
b) Wie viel Tonnen Metall können tatsächlich am Standort 2 verarbeitet worden sein?
c) Welche Kupfermenge ist möglicherweise tatsächlich verarbeitet worden?
d) Berechnen Sie den prozentualen Anteil der Aluminiummenge an der Gesamtmaterialmenge für alle drei Standorte zusammen. Ermitteln Sie auch den möglichen maximalen und minimalen Anteil.

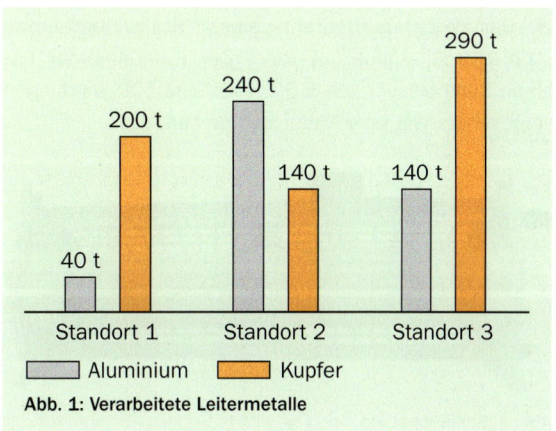

Abb. 1: Verarbeitete Leitermetalle

1.14 Kreisumfang

Der Kreisumfang U ist das Produkt aus Kreiszahl π und Kreisdurchmesser d. Statt des Durchmessers kann auch der doppelte Radius r eingesetzt werden.

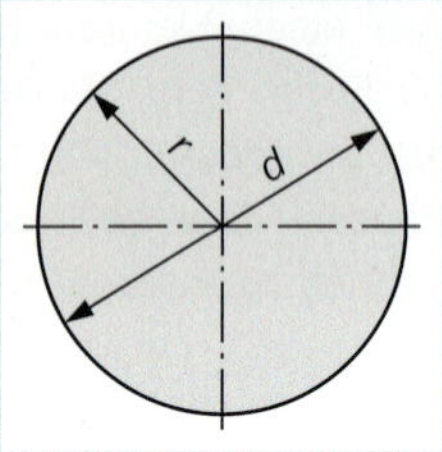

$$U = \pi \cdot d$$

$$U = 2 \cdot \pi \cdot r$$

U: Umfang $\qquad [U] = m$
d: Durchmesser $\qquad [d] = m$
r: Radius, Halbmesser $\qquad [r] = m$
π: Kreiszahl (Pi) $\qquad \pi = 3{,}14159\ldots$

Bei Rohren wird der Durchmesser oft in Zoll angegeben: 1" = 2,54 cm

Beispiel

Der Durchmesser eines Kreises beträgt 14,2 cm. Berechnen Sie den Kreisumfang.

Geg.: d = 14,2 cm $\qquad$ Ges.: U
π = 3,14159...

$U = \pi \cdot d \qquad U = \pi \cdot 14{,}2$ cm
$\underline{\underline{U = 44{,}6 \text{ cm}}}$

Aufgaben

1. Berechnen Sie den Kreisumfang einer Scheibe, wenn der Radius 26,3 cm beträgt.

2. Welchen Durchmesser in cm und welchen Umfang hat ein 3/8-Zoll-Rohr?

3. Der Widerstandsdraht eines Stellwiderstandes (Abb. 1) soll erneuert werden. Der Zylinderkörper hat einen Durchmesser von 5,5 cm. Es sind 500 Windungen vorgesehen. Wie viele Meter werden benötigt?

Abb. 1: Stellwiderstand

4. Überprüfen Sie, ob die Information „30 m" auf einem Leitungs-Restbund stimmt. Der mittlere Bunddurchmesser in Abb. 2 beträgt 28 cm. Es sind 25 Lagen vorhanden.

Abb. 2: Leitungsbund

5. Calculate the remaining real length of a cable with 27 windings and an average diameter of 42 cm.

6. Eine Wand soll für ein Abluftrohr durchbrochen werden. Welchen Durchmesser muss die Öffnung mindestens haben, wenn der Rohrumfang 49 cm beträgt und ringsum 2 cm Abstand für Dämmmaterial vorzusehen ist?

7. Eine 10-lagige Spule ist auf einem zylindrischen Grundkörper mit 3,5 cm Durchmesser gewickelt. Pro Lage sind 45 Windungen aufgebracht. Mit jeder Lage erhöht sich der Durchmesser um 2,2 mm.
a) Berechnen Sie die Drahtlänge l_u der untersten Lage.
b) Berechnen Sie die Drahtlänge l_o der obersten Lage.
c) Berechnen Sie die Gesamtlänge des Spulendrahtes in Metern.

8. Eine Ringspule soll einlagig mit 8,5 m Widerstandsdraht umwickelt werden. Der Spulenträger hat einen mittleren Umfang von l = 14,3 cm. Der Materialdurchmesser des Trägers beträgt d_M = 1,25 cm.

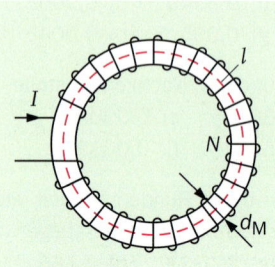

Abb. 3: Ringspule

a) Berechnen Sie, wie viele Windungen aufzubringen sind.
b) Der Drahtdurchmesser beträgt d_D = 0,6 mm. Berechnen Sie, welche Ringlänge die Spule benötigt.
c) Welche Trägerlänge bleibt wicklungsfrei?

1.15 Flächenberechnung

Rechteckfläche	Dreieckfläche	Kreisfläche
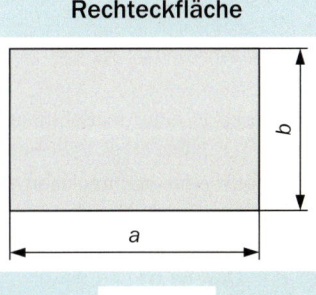	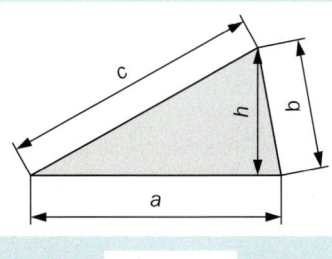	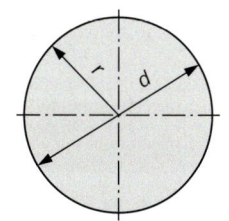
$A = a \cdot b$	$A = \dfrac{a \cdot h}{2}$	$A = \pi \cdot r^2 \qquad A = \dfrac{\pi \cdot d^2}{4}$

A: Fläche $\qquad [A] = m^2$
a, b, c: Seiten $\qquad [a], [b], [c] = m$
h: Höhe $\qquad [h] = m$
d: Durchmesser $\qquad [d] = m$
r: Radius, Halbmesser $\qquad [r] = m$
π: Kreiszahl (Pi) $\qquad \pi = 3{,}14159\ldots$

Umrechnungstabelle:

	m²	dm²	cm²	mm²
1 m²	1	10^2	10^4	10^6
1 dm²	10^{-2}	1	10^2	10^4
1 cm²	10^{-4}	10^{-2}	1	10^2
1 mm²	10^{-6}	10^{-4}	10^{-2}	1

Beispiel

Für eine Beleuchtungsplanung ist die Fußbodenfläche eines Hotelbereiches für die einzelnen Raumteile (RT 1 … 4) in m² zu berechnen.

Geg.: Grundrissskizze

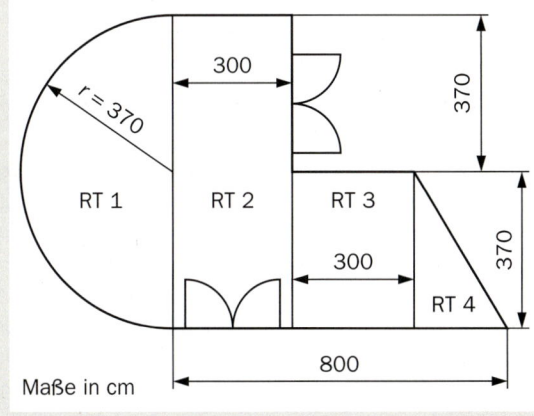

Maße in cm

Ges.:

Fläche RT 1:
$A_1 = \dfrac{\pi \cdot r^2}{2} \qquad A_1 = \dfrac{\pi \cdot 3{,}7^2\ m^2}{2} \qquad \underline{\underline{A_1 = 21{,}5\ m^2}}$

Fläche RT 2:
$A_2 = a \cdot b \qquad A_2 = 7{,}4\ m \cdot 3\ m \qquad \underline{\underline{A_2 = 22{,}8\ m^2}}$

Fläche RT 3:
$A_3 = \dfrac{A_2}{2} \qquad A_3 = \dfrac{22{,}8\ m^2}{2} \qquad \underline{\underline{A_3 = 11{,}4\ m^2}}$

Fläche RT 4:
$A_4 = \dfrac{a \cdot h}{2} \qquad A_4 = \dfrac{2\ m \cdot 3{,}7\ m}{2} \qquad \underline{\underline{A_4 = 3{,}7\ m^2}}$

Aufgaben

1. Eine dreieckige Abdeckung mit der Basis $a = 27{,}2$ cm und einer Höhe $h = 12{,}8$ cm soll gefertigt werden. Berechnen Sie den Materialbedarf.

2. Telekommunikationsleitungen werden mit einem Drahtdurchmesser von 0,6 mm gefertigt. Berechnen Sie den Drahtquerschnitt q.

3. Die Busleitung YCYM 2 x 2 x 0,8 hat 4 Leiter mit jeweils einem Drahtdurchmesser von 0,8 mm. Berechnen Sie den Querschnitt eines Leiters.

4. Gegeben ist ein rechtwinklig-gleichschenkliges Dreieck mit der Basis $a = 15$ cm.
Berechnen Sie a) die Höhe und b) die Dreieckfläche.

5. Determine the highlighted front facing surface of a square-shaped insulator (Fig. 1).

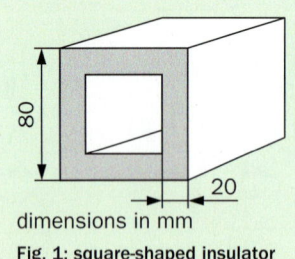

dimensions in mm
Fig. 1: square-shaped insulator

6. Berechnen Sie die Querschnittsfläche des U-Profils der Abb. 2 in cm².

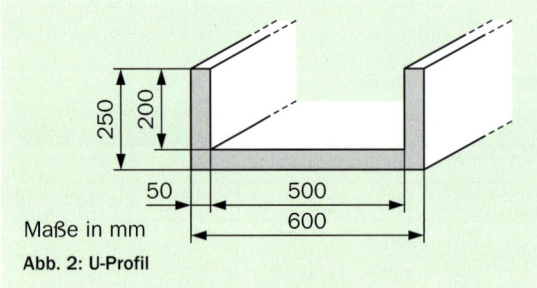

Maße in mm
Abb. 2: U-Profil

7. Die Querschnittsfläche eins Rohrprofils mit dem Außendurchmesser d_A = 55 mm soll in cm² berechnet werden. Der Innendurchmesser beträgt d_I = 3,7 cm.

8. Berechnen Sie die Querschnittsfläche einer Sammelschiene mit einem Rechteckprofil in einem Seitenverhältnis 1 : 4. Die längere Seite ist 6 cm breit.

9. Die Abdeckung einer Schalttafel 760 x 530 mm ist zu fertigen. Für die Aufnahme von Messinstrumenten sind dabei sechs quadratische Öffnungen mit jeweils einer Kantenlänge von 140 mm herauszuschneiden.
a) Wie groß ist der Flächeninhalt in cm² ohne Ausschnitte?
b) Wie groß ist der Flächeninhalt in cm² mit Ausschnitten?

10. Ein Freileitungsseil (Abb. 3) besitzt einen Stahlseilkern und drei Lagen mit 12, 18, und 24 Aluminiumdrähten. Jeder Draht hat einen Durchmesser von d = 4 mm.
a) Berechnen Sie den Querschnitt eines Aluminiumdrahtes.
b) Berechnen Sie den Gesamtquerschnitt der Aluminiumleiter.

Abb. 3: Freileitungsseil

11. Zwei dreieckige, gleichschenklige Abdeckungen mit der Basis von a = 22 cm und einer Höhe h = 10,8 cm sollen aus einer rechteckigen Platte mit 25 cm x 14 cm geschnitten werden.
a) Berechnen Sie den Materialbedarf für die zwei Abdeckungen.
b) Legen Sie beide Dreiecke in einer maßstabsgerechten Skizze so aneinander, dass ohne Verschnitt die beiden Abdeckungen aus einer rechteckigen Platte gewonnen werden.
d) Vergleichen Sie die Rechteckplatte der Aufgabe mit der Schnittvorlage der Aufgabe b) und bewerten Sie das Ergebnis, ob die Platte ausreicht.
e) Welche Maße muss die Rechteckplatte mindestens besitzen, damit daraus zwei Abdeckungen gefertigt werden können?

12. Mehrere Stützen mit zwei Leitungsdurchführungen (Abb. 4) sollen gefertigt werden.

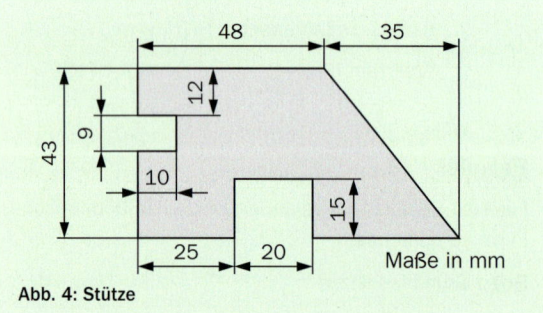

Abb. 4: Stütze

a) Berechnen Sie die Fläche der fertigen Stütze.
b) Es wird ein Verschnitt von 25 %, bezogen auf die fertige Platte geplant. Wie groß ist der Werkstoffbedarf für eine Stütze?
c) Die Rohplatte besitzt eine Höhe von 87 cm. Es sollen sechs Stützen gefertigt werden. Berechnen Sie die minimale Länge der Platte. Die Schnittbreite beträgt jeweils 2 mm.

13. Auf einem Schrägdach steht für eine Photovoltaik-Anlage eine Dachfläche von 7,20 m x 3,70 m zur Verfügung. Die Solarpaneelen sind aus Solarzellen zusammengesetzt.
a) Berechnen Sie aus der Angebotstabelle die Zellenanordnung für ein Paneel. Die Maße sind in mm bzw. Zoll angegeben.
b) Wie viele Paneele können maximal auf der Dachfläche montiert werden?

Hersteller	SolarA	SonneB	HeloteC
Zellengröße	125 x 125	156 x 156	5" x 5"
Paneelgröße	1580 x 808	1642 x 994	1586 x 1056

1.16 Volumenberechnung

Dreieckprisma	Quader	Zylinder
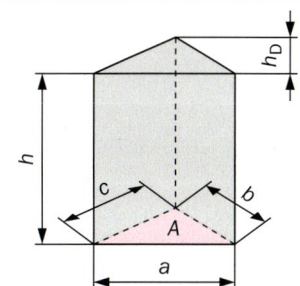	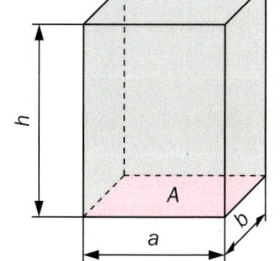	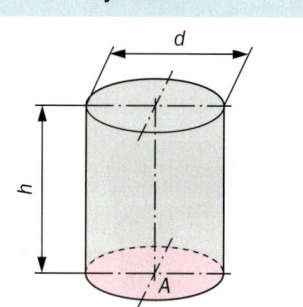
$V = \dfrac{a \cdot h_D}{2} \cdot h$ $\quad A = \dfrac{a \cdot h_D}{2}$	$V = a \cdot b \cdot h$ $\quad A = a \cdot b$	$V = \dfrac{\pi \cdot d^2}{4} \cdot h$ $\quad A = \dfrac{\pi \cdot d^2}{4}$

V:	Volumen	$[V]$	$= m^3$
A:	Fläche	$[A]$	$= m^2$
a, b, c:	Seitenlänge	$[a], [b], [c]$	$= m$
h:	Höhe	$[h]$	$= m$
d:	Durchmesser	$[d]$	$= m$
π:	Kreiszahl	π	$= 3{,}14159\ldots$

Umrechnungstabelle:

	m^3	dm^3	cm^3	mm^3	l
$1\ m^3$	1	10^3	100^3	1000^3	1000
$1\ dm^3$	10^{-3}	1	10^3	100^3	1
$1\ cm^3$	10^{-6}	10^{-3}	1	10	0,001
$1\ mm^3$	10^{-9}	10^{-6}	10^{-3}	1	0,000001

Volumen in Litern: $1\ dm^3 = 1000\ cm^3 = 1\ l$ (Liter) $1\ l = 10\ dl = 100\ cl = 1000\ ml$ $100\ l = 1\ hl$ (Hektoliter)

Beispiel

Die Brandlast eines Vereinshauses soll ermittelt werden. Dazu ist der Rauminhalt des Gebäudes in m³ nach den Außenmaßen abschnittsweise zu berechnen.

Geg.: Ansichtsskizze des Vereinshauses

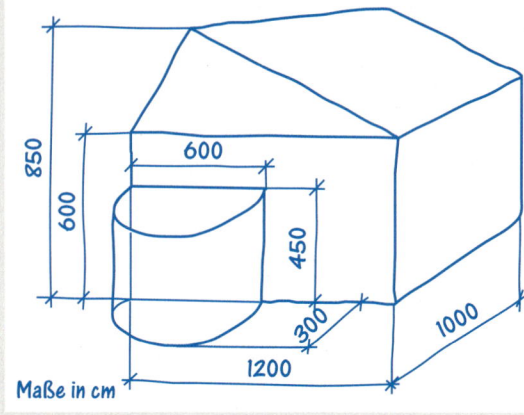

Maße in cm

a) Ges.: V_G (Volumen des Haus-Grundkörpers; Quader)
$V_G = a \cdot b \cdot c \quad V_G = 12\ m \cdot 10\ m \cdot 6\ m \quad \underline{\underline{V_G = 720\ m^3}}$

b) Ges.: V_D (Volumen des Dachbereichs; Dreieckprisma)
$V_D = \dfrac{l \cdot h \cdot b}{2} \quad V_D = \dfrac{12\ m \cdot 2{,}5\ m \cdot 10\ m}{2} \quad \underline{\underline{V_D = 150\ m^3}}$

c) Ges.: V_W (Volumen des halbkreisförmigen Wintergartens)
$V_W = \dfrac{\pi \cdot r^2 \cdot h}{2} \quad V_W = \dfrac{\pi \cdot 3^2\ m^2 \cdot 4{,}5\ m}{2} \quad \underline{\underline{V_W = 63{,}6\ m^3}}$

d) Ges.: V (Gesamtvolumen)
$V = V_G + V_D + V_W$
$V = 720\ m^3 + 150\ m^3 + 63{,}6\ m^3 \quad \underline{\underline{V = 933{,}6\ m^3}}$

Aufgaben

1. Berechnen Sie das Volumen einer Potenzialausgleichsleitung $q = 16\ mm^2$ Cu mit einer Länge von 17 m. Das Ergebnis ist für eine Kalkulation in cm³ anzugeben.

2. Eine Mikrowelle hat die Innenmaße 297 mm x 304 mm x 196 mm. Berechnen Sie das Volumen in Liter.

3. A rectangular busbar has a width of 80 mm, a height of 12 mm and a length of 2.70 m. How many dm³ does the bar have?

4. Der Eisenkern eines Transformators (Abb. 1) hat eine gleichmäßige, quadratische Schenkelbreite von 30 mm. Er besteht aus einem U-Kern und dem aufgesetzten Joch.

Abb. 1: Transformatorkern

Die Außenmaße bei geschlossenem Kern betragen: Breite = 100 mm, Höhe = 135 mm.
a) Berechnen Sie das Volumen des I-Kerns (Joch) in cm³.
b) Berechnen Sie das Volumen des U-Kerns in cm³.
c) Berechnen Sie das Gesamtvolumen.

5. Der zylinderförmige Tiegel eines Elektro-Schmelzofens soll ein Fassungsvermögen von 42,5 l besitzen. Die Tiefe ist mit 1250 mm vorgegeben. Wie groß ist der Durchmesser?

6. Das Volumen einer aufgepressten Aluminium-Aderhülse (Abb. 2) ist zu berechnen. Die Hülse hat ohne Verformungen einen Außendurchmesser d_A = 33 mm, einen Innendurchmesser d_I = 26 mm und ist 65 mm lang.

Abb. 2: Aufgepresste Aderhülse

7. Für einen Hausanschluss soll ein Kabelgraben 90 cm tief bei einer Breite von 60 cm und einer Länge von 17 m ausgehoben werden.
a) Berechnen Sie den Aushub in m³.
b) Wie viele Kubikmeter Sand sind nötig, wenn das Kabel in einem 20 cm tiefen Sandbett liegen soll? Das Kabelvolumen bleibt dabei unberücksichtigt.

8. Eine Kühl-Gefrier-Kombination hat folgende Außenmaße B x H x T: 60 x 145 x 60 cm. Die Innenmaße des Kühlteiles betragen: 53 x 76 x 42 cm. Das Gefrierteil weist die Innenmaße 48 x 41 x 42 cm auf. Berechnen Sie die Nutzvolumen in Litern:
a) Für das Kühlteil und
b) für das Gefrierteil.
c) Welches Volumenverhältnis besteht zwischen Gesamt- und Nutzvolumen?

1.17 Masse und Dichte

Die Masse m ist eine Körpereigenschaft. Sie ist Ursache der Gewichtskraft.
Die Dichte ϱ (Rho) beschreibt die Masse eines Körpers pro Volumeneinheit V.

$$\varrho = \frac{m}{V}$$

m: Masse $\qquad [m]$ = kg; g
V: Volumen $\qquad [V]$ = m³
ϱ: Dichte (Rho) $\qquad [\varrho] = \frac{kg}{m^3}$; $\quad 1\frac{kg}{dm^3} = 1\frac{g}{cm^3}$

Richtwerte für ausgewählte Stoffdichten:

Material	ϱ in $\frac{kg}{dm^3}$	Material	ϱ in $\frac{kg}{dm^3}$
Wasser bei 4°C	1,0	Stahl	7,9
PVC	1,38	Nickel	8,9
Aluminium	2,7	Kupfer	8,93
Zink	7,13	Blei	11,34
Trafoperm	7,7	Gold	19,3

Beispiel

Berechnen Sie a) das Volumen und b) die Masse eines Kupferleiters mit einer Querschnittsfläche von q = 16 mm² und einer Länge von l = 32 m.
Geg.: q = 16 mm²; l = 32 m; ϱ = 8,93 $\frac{g}{cm^3}$
Ges.: a) V; b) m

a) $V = q \cdot l$
V = 16 mm² · 32 m
V = 16 · 10⁻⁴ dm² · 320 dm
$\underline{V = 0{,}512 \text{ dm}^3}$

b) $m = \varrho \cdot V$
$m = 8{,}93 \frac{kg}{dm^3} \cdot 0{,}512 \text{ dm}^3$
$\underline{m = 4{,}57 \text{ kg}}$

Aufgaben

1. Berechnen Sie die Masse eines Aluminiumquaders mit den Maßen 2 cm x 4 cm x 80 cm.

2. Ein Kupferrohr soll durch ein Aluminiumrohr mit den gleichen Abmessungen ersetzt werden. Die Querschnittsfläche beträgt q = 5,3 cm² und die Länge l = 2,8 m. Berechnen Sie
a) das Volumen und
b) die Massen für das Kupfer- und das Aluminiumrohr.

3. What is the volume of a copper object with a mass of 2.3 kg?

4. Fünf Würfel mit den Kantenlängen von jeweils 25 mm sollen verglichen werden. Berechnen Sie die Massen für die Materialien:
a) Aluminium, b) Zink, c) Kupfer, d) PVC und e) Blei.

5. Gegeben ist ein Quader aus Aluminium mit einer Höhe von 22 cm und einer Masse von 8,3 kg. Berechnen Sie die Kantenlänge der quadratischen Grundfläche.

6. Transformatorkerne aus Trafoperm sind entsprechend der Abb. 3 aufgebaut. Berechnen Sie die Massen für die verschiedenen Abmessungen:

	a)	b)	c)	d)	e)
Fläche A in mm²	64	100	144	225	400
Länge l in mm	60	130	180	450	750

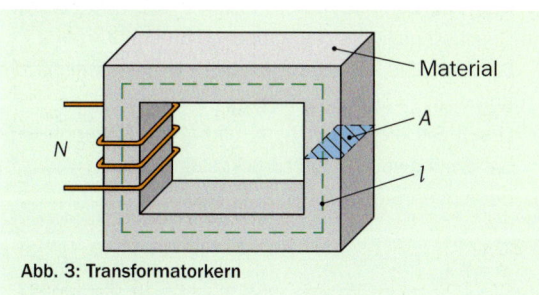

Abb. 3: Transformatorkern

7. Berechnen Sie die Massen folgender rechteckiger Sammelschienen:

Querschnitt		a)	b)	c)	d)
	a in mm	20	20	40	40
	b in mm	35	35	70	70
Länge l in m		2,5	2,5	3,8	3,8
Material		Cu	Al	Cu	Al

8. Wie groß ist die Kupfermasse eines 50 m langen Kabels NYY 4 x 70 mm²?

9. Eine unbearbeitete Leiterplatte 160 mm x 100 mm (Abb. 4) hat einseitig eine Kupferauflage von 40 µm Dicke. Welche Gesamtmasse haben die Kupferzonen, wenn sie 25 % der Gesamtfläche einnehmen?

Abb. 4: Lochraster-Platine

10. Ein 8 m langes Aluminiumrohr mit einem Außendurchmesser von 100 mm und 2 mm Wandstärke soll durch ein PVC-Rohr ersetzt werden. Wie groß ist der Masseunterschied?

11. Berechnen Sie die fehlenden Angaben für die in der Tabelle aufgeführten Leitungen:

	a)	b)	c)	d)
Aderzahl		3	5	4
Querschnitt q in mm²	1,5	4	2,5	
Länge l in m	20		17,8	4,2
Material	Cu	Cu	Al	Cu
Masse m in kg	1,34	1,5		1,5

12. Eine vierlagige Leiterplatte 90 mm x 50 mm hat je Seite eine Kupferauflage von 20 µm. Durch die Verarbeitung haben die zwei Außenlagen zusätzlich eine Nickelschicht von 4 µm und eine Goldschicht von 1 µm. Layoutbedingt beträgt die Flächenfüllung 57 %. Welche Kupfer-, Nickel- und Goldmassen hat die Leiterplatte?

13. Eine Hochspannungsleitung mit vier Leiterseilen pro Außenleiter (Abb. 5) hat zwischen zwei Masten eine Leiterlänge von 357 m. Ein einzelnes Verbundseil des Viererbündels besitzt einen Stahlseilkern aus 19 Einzeldrähten mit jeweils 2,4 mm Durchmesser. Eine mehrlagige Umwicklung hat 54 Aluminiumdrähte. Jeder Draht besitzt einen Durchmesser von 4 mm.
Berechnen Sie für die Leitungslänge
a) die Masse des Stahlkerns,
b) die Masse der Aluminiumleiter und
c) die Gesamtmasse eines Viererbündels.

Abb. 5: Leiterseile als Viererbündel

14. Ein Ringerder aus Stahldraht wird auf einer Kabeltrommel angeliefert. Es sind 42 Windungen mit einem mittleren Durchmesser von 1450 mm aufgewickelt. Der Drahtdurchmesser beträgt 10 mm. Berechnen Sie
a) die Lieferlänge,
b) das Volumen und
c) die Masse des Ringerders.

1.18 Gleichförmige geradlinige Bewegung

Die Geschwindigkeit v gibt an, welche Strecke s ein Körper in einer bestimmten Zeit t zurücklegt. Ist sowohl die Geschwindigkeit v als auch die Richtung konstant, befindet sich der Körper in einer gleichförmigen geradlinigen Bewegung.

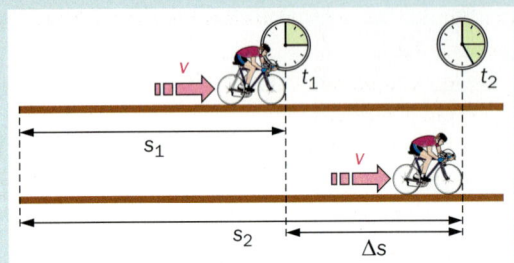

Weg-Zeit-Diagramm:

$v = \dfrac{s}{t}$ $v = \dfrac{\Delta s}{\Delta t}$

$\Delta s = s_2 - s_1$

$\Delta t = t_2 - t_1$

v:	Geschwindigkeit	$[v]$	$= 1\,\dfrac{m}{s} = 3{,}6\,\dfrac{km}{h}$
s_1, s_2:	Wegstrecke	$[s]$	$= m$
t_1, t_2:	Zeitdauer	$[t]$	$= s$
Δs:	Streckendifferenz	$[\Delta s]$	$= m$
Δt:	Zeitdifferenz	$[\Delta t]$	$= s$

Beispiel
Ein Radfahrer bewegt sich mit konstanter Geschwindigkeit über einen Zeitraum $t_1 = 30$ s. Er legt dabei eine Strecke $s_1 = 216{,}6$ m zurück.
a) Wie schnell ist der Radfahrer unterwegs?
b) Welche Strecke s_2 hat er zurückgelegt, wenn er die Geschwindigkeit weitere 20 s lang hält?
c) Wie lange muss er danach noch mit gleicher Geschwindigkeit weiterfahren, bis er eine Gesamtstrecke von 1000 m zurückgelegt hat?

Geg.: $t_1 = 30$ s; $s_1 = 216{,}6$ m; $\Delta s = 20$ s; $s_3 = 1000$ m
Ges.: a) v; b) s_2; c) Δt

a) $v = \dfrac{s}{t}$; $v = \dfrac{216{,}6\,\text{m}}{30\,\text{s}}$; $v = 7{,}22\,\dfrac{m}{s} = 26\,\dfrac{km}{h}$

b) $t_2 = t_1 + \Delta t$; $t_2 = 30\,\text{s} + 20\,\text{s}$; $t_2 = 50$ s

  $s_2 = v \cdot t_2$; $s_2 = 7{,}22\,\dfrac{m}{s} \cdot 50\,\text{s}$; $s_2 = 361$ m

c) $\Delta s = s_3 - s_2$; $\Delta s = 1000\,\text{m} - 361\,\text{m}$; $\Delta s = 639$ m

  $v = \dfrac{\Delta s}{\Delta t}$; $\Delta t = \dfrac{\Delta s}{v}$; $\Delta t = \dfrac{639\,\text{m}}{7{,}22\,\frac{m}{s}}$; $\Delta t = 88{,}5$ s

Aufgaben

1. Ein Körper bewegt sich 22 s lang mit einer konstanten Geschwindigkeit von 1,8 m/s. Welche Strecke legt er dabei zurück?

2. The velocity of a lift in a high-rise building is 6.5 m/s. How long does it take to ascend 156 m?

3. Die Entfernung des Sternensystems Alpha Centauri von der Erde beträgt $40{,}68 \cdot 10^{12}$ km. Das Licht benötigt für diese Strecke 4,303 Jahre. Berechnen Sie mit Hilfe dieser Angaben die Lichtgeschwindigkeit c.

4. Das Weg-Zeit-Diagramm in Abb. 1 zeigt die konstanten Geschwindigkeiten v_1, v_2 und v_3 von drei Körpern.
a) Ermitteln Sie die Strecken s_1, s_2 und s_3, welche die Körper in $t = 3$ h zurücklegen.
b) Lesen Sie die Zeiten t_1, t_2 und t_3 ab, in denen eine Entfernung von 20 km zurückgelegt wird.
c) Berechnen Sie die Geschwindigkeiten v_1, v_2 und v_3.

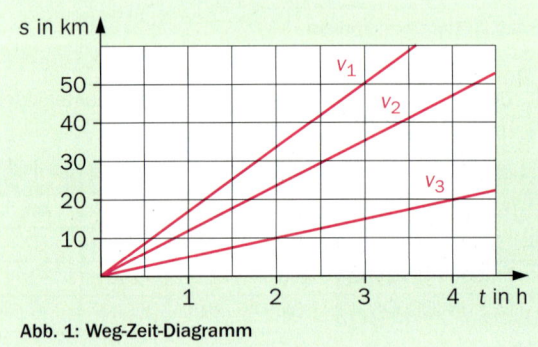
Abb. 1: Weg-Zeit-Diagramm

5. In Shanghai verbindet eine Magnetschwebebahn den Flughafen mit dem Messezentrum. Sie erreicht nach einer 12,5 km langen Beschleunigungsstrecke ihre Höchstgeschwindigkeit von 450 km/h. Diese behält sie für 50 s bei, bis sie wiederum nach einer 12,5 km langen Verzögerungsstrecke ihr Ziel erreicht.
a) Wie lang ist die Gesamtstrecke?
b) Wie hoch ist die Durchschnittsgeschwindigkeit, wenn die Gesamtdauer der Fahrt 7,5 Minuten beträgt?

6. Ein Beobachter sieht einen Gewitterblitz und hört nach 24 s den zugehörigen Donner. Drei Minuten später erfolgt ein weiterer Blitz, mit einem um 17 s verzögerten Donner. Die Schallgeschwindigkeit v_s beträgt 344 m/s. Wie lange wird es noch dauern, bis das Gewitter den Beobachter erreicht, wenn es sich mit gleichbleibender Geschwindigkeit auf ihn zu bewegt?

2. A drilling machine works with 1200 revolutions per minute. The speed of the borer is 0.75 m/s.
a) Calculate the borer's radius r.
b) Determine the angular frequency ω.

3. Ein Synchrongenerator erzeugt eine 50-Hz-Wechselspannung. Der Wellendurchmesser beträgt 0,30 m. Berechnen Sie
a) die Winkelgeschwindigkeit ω,
b) die Periodendauer T,
c) den Winkel im Bogenmaß nach einer viertel Umdrehung und
d) die zurückgelegte Strecke.

4. In einer industriellen Fertigung für Mikroelektronik werden Bauteile mit Hilfe eines Rotationsbeschichtungsverfahrens bearbeitet. Der Bauteildurchmesser beträgt 200 mm und die Rotationsgeschwindigkeit liegt bei 80 min^{-1}.
a) Mit welcher Geschwindigkeit dreht sich das Bauteil?
b) Mit welcher Winkelgeschwindigkeit wird die Anlage betrieben?

5. Ein Winkelschleifer mit einem Scheibendurchmesser von 115 mm hat eine Leerlaufdrehzahl von 11000 min^{-1}.
a) Geben Sie die Wegstrecke eines Randpunktes auf der Trennscheibe nach 20 s Betriebsdauer an.
b) Wie groß ist die Winkelgeschwindigkeit bei Leerlaufdrehzahl?

6. Der Läufer eines kleinen Elektromotors (Abb. 2) bewegt sich mit 1200 Umdrehungen pro Minute. Der Wellendurchmesser beträgt 6 mm. Berechnen Sie
a) die Geschwindigkeit eines Randpunktes auf der Welle,
b) die Wegstrecke des Punktes nach einer Minute und
c) den Winkel im Bogenmaß nach einer dreiviertel Umdrehung.

Abb. 2: Labormodell eines Elektromotors

1.20 Rechnen mit Kräften

Kraft als Vektor
Die Kraft ist eine physikalische Größe, die durch den Betrag und die Richtung der Kraftwirkung definiert wird. Sie wird deswegen auch als vektorielle Größe bezeichnet.

Ein Vektor wird mit einem Pfeil über dem Formelbuchstaben gekennzeichnet, z.B. $\vec{F_1}$.

Wird nur der Betrag der Kraft betrachtet, so wird der Formelbuchstabe ohne Pfeil dargestellt, z.B. F_1.

Kräfte wirken in die gleiche Richtung

$$F_R = F_1 + F_2$$

Kräfte wirken im 90°-Winkel

$$F_R = \sqrt{F_1^2 + F_2^2}$$

$$\tan \beta = \frac{F_1}{F_2}$$

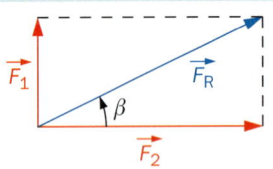

Kraft und Beschleunigung
Wirkt eine Kraft auf die Masse eines Körpers, so wird diese beschleunigt.

$$F = m \cdot a$$

F: Kraft $[F] = N$
a: Beschleunigung $[a] = \frac{m}{s^2}$

Beispiel
Eine an der Decke montierte Kabelrinne belastet jeden Dübel mit einer Zugkraft $F_1 = 34{,}4$ N. Die verlegten Niederspannungsleitungen erhöhen die Belastung um $F_2 = 340{,}7$ N pro Befestigungspunkt.
a) Welcher Zugkraft müssen die Schwerlastdübel mindestens widerstehen?
b) Welche Zugkraft wirkt auf einen Deckenanker, wenn die Anzahl der Befestigungspunkte um 50 % erhöht wird?

Geg.: a) $F_1 = 34{,}4$ N;   b) $F_2 = 340{,}6$ N
Ges.: F_R

a) $F_R = F_1 + F_2$
$F_R = 34{,}4$ N $+ 340{,}6$ N
$F_R = 375$ N

b) $F_{R2} = \frac{1}{1{,}5} \cdot F_R$
$F_{R2} = \frac{1}{1{,}5} \cdot 375$ N
$F_{R2} = 250$ N

Aufgaben

1. Ein PKW-Anhänger ist für 7,50 kN zugelassen und soll mit Elektromaterial beladen werden. Überprüfen Sie, ob das zulässige Gesamtgewicht überschritten wird, wenn fünf Trommeln NYM-J 3x1,5 mm² ($F_1 = 700$ N) und zwei Trommeln NYM-J 5x1,5 mm² ($F_2 = 950$ N) geladen werden.

2. Bei der Isolationswiderstandsmessung eines Fußbodens muss die Messplatte mit 750 N belastet werden. Die in Abb. 1 gezeigten Gegenstände stehen zur Verfügung. Welche Gegenstände werden benötigt, um die Forderung zu erfüllen?

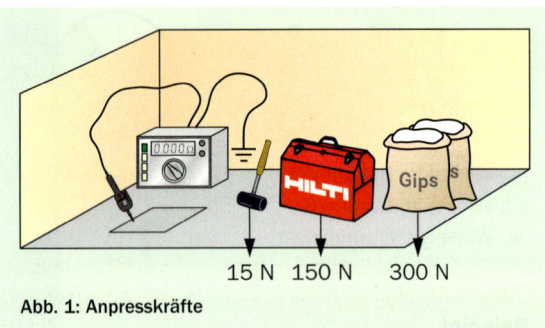

Abb. 1: Anpresskräfte

3. Ein mit Gaspatronen betriebenes Bolzenschubgerät treibt Stahlnägel mit einer Masse $m = 20$ g in Beton. Die Nägel werden hierbei mit $a = 200$ m/s² beschleunigt. Ermitteln Sie die Kraft, die auf die Stahlstifte wirkt.

4. An electrician has to pull a cable into a conduit. His maximum strength is 170 N. The friction of the cable is 70 N and there are two bends which cause a force of 30 N and 60 N. Can the electrician pull the cable?

5. Die Abbildung zeigt die zulässige Belastung eines Ankerbolzens in beide Belastungsrichtungen. Berechnen Sie die resultierende Kraft F_R und den Winkel β, in dem die Kraft wirkt.

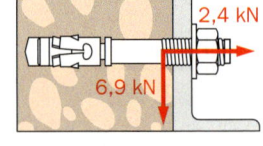

6. Die mechanische Belastung auf die Seilaufhängung einer Leuchte soll ermittelt werden. Die Gewichtskraft der Leuchte beträgt 112 N. Berechnen Sie a) die Kraft F_2, die auf einen Leuchtmasten wirkt und b) die resultierende Kraft F_R an einer Seilaufhängung.

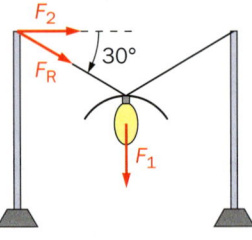

1.21 Rechnen mit Drehmomenten

Drehmoment
Wirkt auf einen Hebelarm mit dem Radius r eine Kraft F, so entsteht ein Drehmoment M.

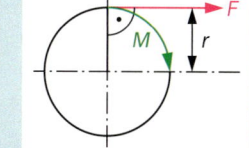

$$M = F \cdot r$$

M: Drehmoment $[M]$ = Nm

Drehmoment und Hebel
Wirkt das Drehmoment auf einen geteilten Hebelarm, so können die Kräfteverhältnisse berechnet werden.

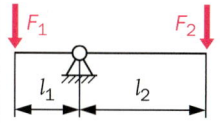

$$F_1 \cdot l_1 = F_2 \cdot l_2$$

Beispiel
Eine Bohrmaschine verfügt gemäß ihrer technischen Daten über ein Drehmoment M = 29 Nm. Welche Kraft wirkt auf der Außenseite der Bohrerschneide, wenn ein Loch mit 10 mm Durchmesser gebohrt werden soll?

Geg.: M = 29 Nm; d = 10 mm
Ges.: F

$r = \dfrac{d}{2}$ $\qquad M = F \cdot r$

$r = \dfrac{10\text{ mm}}{2}$ $\qquad F = \dfrac{M}{r}$

$\underline{\underline{r = 5\text{ mm}}}$ $\qquad F = \dfrac{29\text{ Nm}}{0{,}005\text{ m}}$ $\qquad \underline{\underline{F = 5{,}8\text{ kN}}}$

Aufgaben

1. Die Kontaktklemmen eines Leitungsschutz-Schalters müssen mit 2,8 Nm angezogen werden, um eine ausreichende Kontaktierung sicherzustellen. Hierfür wird ein Drehmomentschraubendreher eingesetzt. Der Griffdurchmesser des Werkzeuges liegt bei 4 cm. Ermitteln Sie den notwendigen Kraftaufwand.

2. Beim Krafttraining wird der Gewichtsblock auf 80 kg (≈ 800 N) eingestellt. Der Abstand vom Fußpolster zum Drehpunkt A beträgt 20 cm. Welches Drehmoment wird benötigt, um den Gewichtsblock zu bewegen? Der Einfluss der Umlenkrollen wird vernachlässigt.

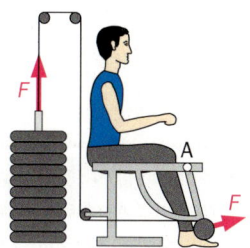

3. Ein Elektromotor verfügt über einen Bemessungsdrehmoment M = 150 Nm. Der Wellendurchmesser beträgt 20 mm. Bestimmen Sie die Kraft F an der Außenseite der Motorwelle.

4. The screws of a ground bus bar must be tightened with a torque of 2.4 Nm. The diameter of the screwdriver is 3 cm. Which force is needed to tighten the screws properly?

5. Eine Satellitenantenne ist mit Hilfe eines Auslegers an der Wand montiert. Der Hersteller gibt für den Parabolspiegel eine Windlast F = 450 N an. Der Abstand der Antennenmitte zur ersten Wandbefestigung beträgt r = 1,20 m. Bestimmen Sie rechnerisch, ob das Maximalmoment von 1650 Nm zum ersten Befestigungspunkt überschritten wird.

6. In einer Linienfertigung muss eine Verschraubung mit 15 Nm angezogen werden. Das Bundesinstitut für Arbeitsschutz und Arbeitsmedizin empfiehlt, bei Dauerbelastung eine Handkraft von 25 N nicht zu überschreiten. Ermitteln Sie die Länge l des benötigten Drehmomentschlüssels.

7. Mit einem Seitenschneider (Abb. 2) soll ein Kupferdraht durchtrennt werden. Um das Material zu trennen, ist ein Pressdruck von 30 N erforderlich. Die Grifflänge beträgt 180 mm und die Schneidenlänge 20 mm. Für die nachfolgenden Betrachtungen wird die Nutzung der gesamten Grifflänge angenommen.
a) Welche Handkraft ist nötig, wenn der Draht zehn Millimeter vom Drehpunkt entfernt durchtrennt wird?
b) Um welchen Prozentsatz erhöht sich die Handkraft, wenn der Draht mit der Spitze der Schneide abgeschnitten wird?

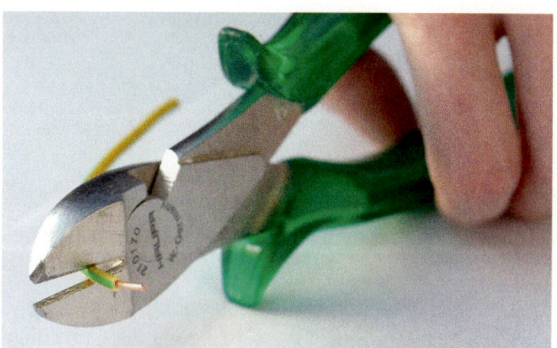

Abb. 2: Seitenschneider

1.22 Mechanische Arbeit und Leistung

Wirkt auf einen Körper eine Kraft längs des Weges, so wird Arbeit verrichtet.

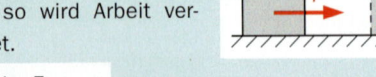

$$W = F \cdot s$$

Wird ein Körper in vertikale Richtung bewegt, so wird Hubarbeit verrichtet oder potenzielle Energie umgesetzt.

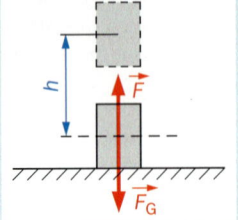

$$W = m \cdot g \cdot h$$

Der Quotient aus der verrichteten Arbeit und der Zeit wird als Leistung bezeichnet.

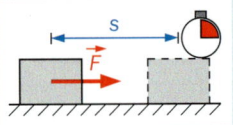

$$P = \frac{W}{t}$$

W: Arbeit $\qquad [W] = 1\ J = 1\ Nm = 1\ Ws$
P: Leistung $\qquad [P] = W$
g: Fallbeschleunigung $\quad [g] = \frac{m}{s^2}$

Beispiel

Ein Förderband transportiert Werkstücke über eine Strecke $s = 4,5$ m zu einem Produktionsschritt. Für den Transport eines Werkstückes wird die Kraft $F = 8,4$ N für einen Zeitraum $t = 16$ s benötigt.
a) Berechnen Sie die verrichtete Arbeit pro Werkstück.
b) Welche Leistung wird für einen Produktionsschritt benötigt?
c) Wie groß ist die Leistung bezogen auf eine Stunde?

Geg.: $s = 4,5$ m; $F = 8,4$ N; $t_1 = 16$ s; $t_2 = 1,0$ h
Ges.: a) W; b) P_1; c) P_2

a) $W = F \cdot s$
$W = 8,4$ N $\cdot$ 4,5 m
$W = 38$ Nm

b) $P_1 = \dfrac{W}{t_1}$

$P_1 = \dfrac{38\ Ws}{16\ s}$

$P_1 = 2,4$ W

c) $P_2 = n \cdot P_1$

$P_2 = \dfrac{3600\ s}{16\ s} \cdot 2,4$ W

$P_2 = 0,54$ kW

Aufgaben

1. Um eine Leitung in ein Leerrohr einzuziehen, ist eine Kraft von 120 N erforderlich. Das Leerrohr hat eine Länge von 15 m. Welche Arbeit wird beim Verlegen verrichtet?

2. Der Elektromotor einer Seilwinde hat eine Leistungsabgabe $P = 2,40$ kW.
a) Welche Arbeit wird verrichtet, wenn der Elektromotor vier Minuten betrieben wird?
b) Welche Kraft wirkt hierbei auf eine Last, die 450 m weit transportiert wird?

3. In einer Lagerhalle werden Europaletten von einem Elektrogabelstapler in ein Regalfach mit einer Höhe $h = 3,5$ m abgelegt. Die Masse m einer Palette beträgt 250 kg.
a) Ermitteln Sie die Arbeit, die der Stapler verrichtet.
b) Berechnen Sie die Leistung, wenn ein Hubvorgang 20 s dauert.

4. Ein Bohrhammer hat eine mechanische Leistungsabgabe von 950 W. Welche Arbeit wird verrichtet, wenn zehn Minuten lang gebohrt wird?

5. A goods lift of a factory can transport 1300 kg. The maximum distance from the basement to the fourth floor is 15 meters. Therefore the lift needs 60 seconds.
a) Determine the work for one trip.
b) What is the power?

6. In einem mehrstöckigen Verwaltungstrakt eines Betriebes wird eine Hauptleitung der Niederspannungsversorgung erneuert. Hierfür wird ein NYM-O 4x16 mm² vom Keller in das Erdgeschoss verlegt. Die Geschosshöhe beträgt 3,2 m. Ein Meter der Leitung hat eine Masse von 0,97 kg. Welche potenzielle Arbeit wird unter der Annahme umgesetzt, dass das gesamte Gewicht auf einmal transportiert wird?

7. Ein Kran hebt eine Last um 30 m an. Hierfür wird eine Leistung $P = 1,8$ kW über eine Zeitdauer $t = 15$ s benötigt.
a) Wie groß ist die verrichtete Arbeit?
b) Welche Masse hat der Kran angehoben?

8. Der Hersteller eines Meißelhammers gibt als Einschlagenergie 11 J an. Hierbei bewegt sich der Schlagbolzen mit 150 Schlägen pro Minute um zwei Zentimeter.
a) Welche Kraft wirkt auf den Meißel?
b) Welche Leistung wurde nach zwei Minuten Dauerbetrieb abgegeben?

9. Ein Pumpspeicherkraftwerk nutzt zur Energiegewinnung einen Höhenunterschied zwischen Ober- und Unterbecken von 143 Metern. Das Oberbecken fasst 1981 Millionen Kubikmeter Wasser. Welche potenzielle Energie ist unter der Annahme, dass das Becken auf 50 % entleert werden kann, verfügbar?

1.23 Temperaturmaßstäbe

Weltweit haben sich im Laufe der Zeit verschiedene Temperaturmaßstäbe durchgesetzt.

Folgende Maßstäbe werden in der Technik vorzugsweise eingesetzt.

Kelvin (SI-Einheit)	Grad Celsius	Grad Fahrenheit
373,15 K	100 °C	212 °F
273,15 K	0 °C	32 °F
0 K	−273,15 °C	−459,67 °F

Umrechnungsfaktoren

Celsius nach Kelvin: $T = \vartheta_C + 273{,}15\,K$
Celsius nach Fahrenheit: $\vartheta_F = \vartheta_C \cdot 1{,}8 + 32°$
Fahrenheit nach Kelvin: $T = (\vartheta_F + 459{,}67) \cdot \frac{5}{9}$

T: Temperatur $\quad [T] = K$
ϑ_C: Celsius-Temperatur $\quad [\vartheta_C] = °C$
ϑ_F: Fahrenheit-Temperatur $\quad [\vartheta_F] = °F$

Beispiel

Der Hersteller eines SPS-Netzteiles gibt als maximale Arbeitstemperatur $\vartheta_C = 60\,°C$ an. Berechnen Sie
a) die Temperatur in Kelvin und
b) die Temperatur in Fahrenheit.

Geg.: $\vartheta_C = 60\,°C$
Ges.: a) T; b) ϑ_F

a) $T = \vartheta_C + 273{,}15\,K$
   $T = 60\,°C + 273{,}15\,K$
   $T = 333{,}15\,K$

b) $\vartheta_F = \vartheta_C \cdot 1{,}8 + 32°$
   $\vartheta_F = 60\,°C \cdot 1{,}8 + 32°$
   $\vartheta_F = 140\,°F$

Aufgaben

1. Die Heizwiderstände einer Infrarotheizung erreichen im Betrieb eine Oberflächentemperatur von 85 °C. Berechnen Sie
a) die Temperatur der Wärmequelle in Kelvin und
b) die Temperatur in Fahrenheit.

2. Die Verarbeitungstemperatur einer Spritzgussmaschine liegt bei 533 Kelvin. Da die Anlage eine hohe Ausschussquote aufweist, wird die Temperatur um acht Kelvin erhöht.
a) Auf welche Celsius-Temperatur muss die Anlage eingestellt werden?
b) Wie vielen Grad Fahrenheit entspricht dieser Wert?

3. The datasheet of a semiconductor states that the maximum temperature for soldering purposes is 446 °F.
a) What is the temperature in Kelvin and
b) in Celsius?

4. In einem Aluminiumgusswerk wird die Prozesstemperatur des Aluminiumofens aufgezeichnet. Abb. 1 zeigt den Verlauf der Ofentemperatur über einen Arbeitstag. Ermitteln Sie
a) die Minimaltemperatur in Kelvin,
b) die maximale Temperaturdifferenz ΔT_C in Kelvin und
c) die Maximaltemperatur in Kelvin.

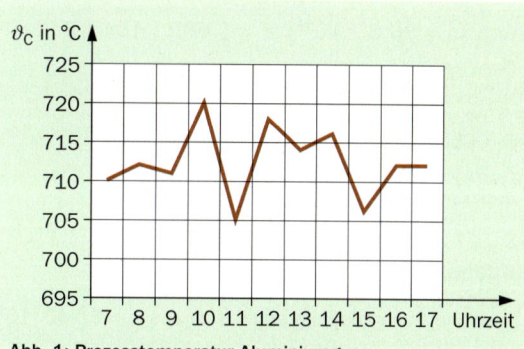

Abb. 1: Prozesstemperatur Aluminiumguss

5. Der Sollwert eines temperaturgeregelten Prozesses kann über ein Bedienpanel eingestellt werden. Die Anzeige des Istwertes erfolgt in Fahrenheit (Abb. 2). Nach einem Teilewechsel muss die Temperatur auf 146 °C eingestellt werden. Bestimmen Sie
a) die einzustellende Temperatur in Kelvin,
b) die Temperaturdifferenz in Celsius und
c) die Temperaturdifferenz in Fahrenheit.

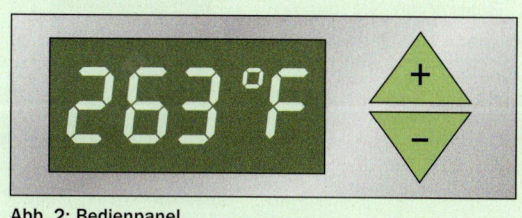

Abb. 2: Bedienpanel

2 Elektrotechnische Grundlagen

2.1 Ladung, Spannung, Stromstärke

2.1.1 Ladung

Elektronen und Protonen sind Elementarladungsträger mit einer festen Ladung e. Die Ladung Q an einem Ort ergibt sich aus der Anzahl n der Elementarladungsträger an diesem Punkt.

$$Q = n \cdot e$$

Q: Ladung $\quad$ $[Q] = As = C$

n: Anzahl der Ladungsträger

e: Elementarladung $\quad$ $e = 1{,}602 \cdot 10^{-19}$ As

2.1.2 Spannung

Elektrische Spannung ist der Ladungsunterschied zwischen zwei Punkten („Potenzialdifferenz"). Sie entsteht durch Ladungstrennung. Je mehr Arbeit W notwendig ist, um eine bestimmte Ladung Q zu verschieben, desto größer ist die Spannung U.

$$U = \frac{W}{Q}$$

U: Spannung $\quad$ $[U] = V$
W: elektrische Arbeit $\quad$ $[W] = 1\,\text{VAs} = 1\,\text{Ws} = 1\,\text{J}$
Q: Ladung $\quad$ $[Q] = 1\,\text{As} = 1\,\text{C}$

Beispiel

Durch Reibung lagern sich auf einem Kunststoffstab $26{,}8 \cdot 10^{16}$ Elektronen an. Wie groß ist die Ladung des Stabes?

Geg.: $n = 26{,}8 \cdot 10^{16}$; $e = 1{,}602 \cdot 10^{-19}$ C
Ges.: Q

$Q = n \cdot e$
$Q = 26{,}8 \cdot 10^{16} \cdot 1{,}602 \cdot 10^{-19}$ C
$Q = 42{,}9$ mC

Beispiel

Ein NiCd-Akkumulator wird mit der Ladungsmenge $Q = 1200$ mAh geladen. Dabei wird eine Arbeit von $W = 5184$ Ws geleistet (Verluste werden vernachlässigt). Welche elektrische Spannung entsteht dabei?

Geg.: $Q = 1200$ mAh; $W = 5184$ Ws
Ges.: U

$Q = 1200$ mAh $\cdot \dfrac{3600\,\text{s}}{\text{h}}$; $\quad Q = 4320$ As

$U = \dfrac{W}{Q}$; $\quad U = \dfrac{5184\,\text{Ws}}{4320\,\text{As}}$; $\quad U = 1{,}2$ V

Aufgaben

1. Welche Gesamtladung ergibt sich aus $n = 6{,}242 \cdot 10^{18}$ Elektronen?

2. The electrostatic discharge Q of a flash of lightning is 550 C. How many electrons does it contain?

3. Ein Lackpulverteilchen wird zur elektrostatischen Pulverbeschichtung mit $9{,}3 \cdot 10^3$ Elementarladungen versehen. Berechnen Sie seine Ladung.

4. Bestimmen Sie die Anzahl der Ladungsträger, die notwendig ist, um an einem Elektroskop (Abb. 1) eine Anzeige von $Q = 40$ nC hervorzurufen.

Abb. 1: Elektroskop

Aufgaben

1. Which voltage is needed to perform the work $W = 1{,}0$ kJ with the electric charge $Q = 5{,}5$ C?

2. Welche Ladung wird bewegt, wenn mit einer Arbeit von 33 kJ eine Spannung von 120 V erzeugt wird?

3. Ein Kondensator wurde mit einer Spannung von 12 V aufgeladen. Seine Ladung beträgt 1,7 mC. Welche Arbeit wurde während des Aufladens verrichtet?

4. Welche elektrische Energie besitzt der geladene Akkumulator in Abb. 2?

5. Ein Elektron wird in einem elektrischen Feld mit der Kraft $F = 1{,}1$ μN um 2,8 nm bewegt. Wie groß ist die dazu benötigte Spannung?

2.1.3 Stromstärke

Die gerichtete Bewegung elektrischer Ladungsträger durch einen Leiter wird als elektrischer Strom bezeichnet. Je mehr Ladungsträger in einer bestimmten Zeit fließen, desto höher ist die Stromstärke I.

$$I = \frac{Q}{t}$$

I: Stromstärke	$[I] = A$
Q: Ladung	$[Q] = 1\,As = 1\,C$
t: Zeitdauer	$[t] = s$

Beispiel

Durch einen elektrischen Leiter fließt in 60 s eine Ladungsmenge von 108 C. Berechnen Sie die Stromstärke.

Geg.: $t = 60\,s$; $Q = 108\,C$

Ges.: I

$I = \dfrac{Q}{t}$

$I = \dfrac{108\,C}{60\,s}$; $\quad \underline{\underline{I = 1{,}8\,A}}$

Aufgaben

1. Ein elektrischer Leiter wird 16 s lang von einem Strom der Stärke 108 mA durchflossen. Berechnen Sie die transportierte Ladung.

2. Wie groß ist die Stromstärke in einem Leiter, wenn in einer Stunde die Ladung 84 kC transportiert wird?

 3. The electric charge $Q = 250\,C$ flows through a DC motor per minute. Calculate the current intensity.

4. Wie lange dauert es, den Akkumulator in Abb. 2 vollständig zu laden, wenn das Ladegerät eine konstante Stromstärke von 200 mA liefert?

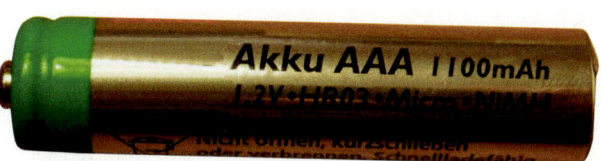

Abb. 2: Akkumulator der Baugröße AAA (Micro)

5. Durch eine 80-W-Glühlampe wird in einer Stunde die Ladung $Q = 1252\,C$ transportiert. Berechnen Sie
a) die Stromstärke I_1 und
b) die Zeit t, in der eine gleich helle 11-W-Energiesparlampe mit der Stromstärke $I_2 = 47{,}8\,mA$ und derselben Ladungsmenge betrieben werden kann.

6. Die Ladestromstärke einer Autobatterie (in A) sollte nach Herstellerangaben ein Zehntel des Zahlenwertes ihrer Kapazität (in Ah) betragen. Bestimmen Sie die daraus resultierende Ladezeit.

7. Die Platten eines Kondensators tragen die Ladung $Q = 11{,}3\,mC$.
a) Wie lange wurden sie dafür mit einer konstanten Stromstärke $I = 360\,mA$ geladen?
b) Welche durchschnittliche Stromstärke fließt, wenn der Kondensator innerhalb von 125 ms wieder entladen wird?

8. Wie viele Elektronen fließen pro Sekunde durch ein Amperemeter, das eine Stromstärke von 5,7 mA anzeigt? Welche Stromstärke würde es anzeigen, wenn 10^{12} Elektronen hindurch bewegt werden?

9. Eine Solarzelle aus Silizium wird im Labor mit unterschiedlich starkem Licht (Abb. 3) bestrahlt. In jedem Fall beträgt die erzeugte Ausgangsspannung $U = 0{,}45\,V$. Wie lange muss die Bestrahlung jeweils andauern, wenn dabei eine elektrische Energie von $W = 42\,Ws$ erzeugt werden soll?

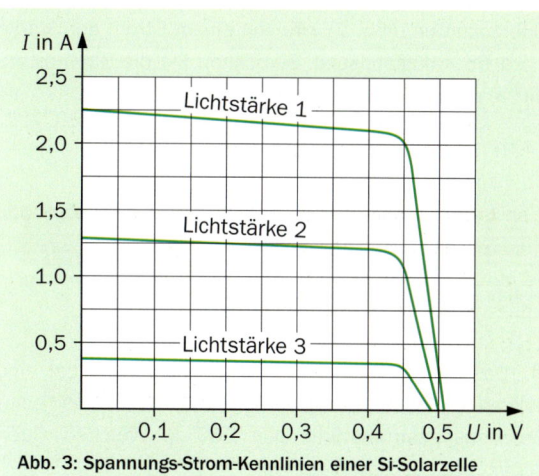

Abb. 3: Spannungs-Strom-Kennlinien einer Si-Solarzelle

10. Die Sitzheizung in einem PKW verrichtet bei einer 20-minütigen Heizphase eine Arbeit von 60 Wh. Die Bordspannung beträgt $U = 12\,V$. Berechnen Sie die Stromstärke.

2.2 Stromdichte

Die Stromdichte J ist die auf die Leiterfläche q bezogene Stromstärke I. Je größer die Stromdichte ist, desto stärker ist die Erwärmung des Leiters.

$$J = \frac{I}{q}$$

J: Stromdichte $\quad [J] = \frac{A}{mm^2}$

I: Stromstärke $\quad [I] = A$

q: Leiterquerschnitt $\quad [q] = mm^2$

Beispiel

Berechnen Sie die Stromdichte in einem Leiter mit einem Querschnitt von 2,5 mm², durch den ein Strom der Stärke 12 A fließt.

Geg.: $q = 2{,}5\ mm^2$; $I = 12\ A$
Ges.: J

$J = \frac{I}{q}$; $\quad J = \frac{12\ A}{2{,}5\ mm^2}$

$J = 4{,}8\ \frac{A}{mm^2}$

Aufgaben

1. Ein 16-mm²-Masseband wird von einer Stromstärke $I = 85\ A$ durchflossen. Berechnen Sie die Stromdichte.

2. Ein elektrischer Leiter mit zwei unterschiedlichen Querschnitten (Abb. 1) wird von einem Strom der Stärke $I = 1{,}65\ A$ durchflossen. Berechnen Sie die Stromdichte für: a) $q_1 = 0{,}75\ mm^2$ und b) $q_2 = 0{,}30\ mm^2$.

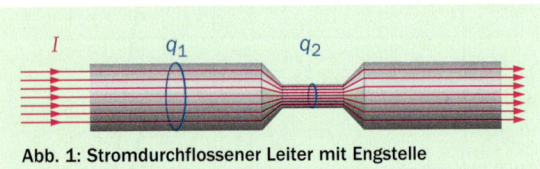

Abb. 1: Stromdurchflossener Leiter mit Engstelle

3. Das Leiterseil einer Hochspannungsleitung hat eine zulässige Dauerstromdichte von 2,0 A/mm² bei einer Bemessungsstromstärke von 560 A. Welchen Querschnitt hat das Leiterseil?

4. Eine Sammelschiene mit der Typbezeichnung Cu/Sn 10 mm x 3 mm besitzt laut Hersteller eine Bemessungsstromstärke von 140 A. Wie groß ist die Stromdichte in der Schiene im Bemessungsfall?

5. Eine Kupferschaltlitze hat einen Leiterdurchmesser $d = 1{,}38\ mm$. Die Stromstärke beträgt $I = 3{,}4\ A$. Berechnen Sie
a) die Querschnittsfläche q und
b) die Stromdichte J.

6. How much current flows through a wire with a gauge $q = 0.707\ mm^2$ and a current density $J = 2.7\ A/mm^2$?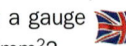

7. Die Wicklungen einer Drosselspule bestehen aus Kupferdraht.
a) Welche Querschnittsfläche q besitzt der Draht, wenn bei einer momentanen Stromstärke von 435 mA die Stromdichte 1,84 A/mm² beträgt?
b) Um eine unzulässig hohe Erwärmung zu verhindern, ist die maximal zulässige Stromstärke durch die Spule auf 1,0 A begrenzt. Wie groß ist in diesem Fall die maximale Stromdichte?

8. Ein Heizdraht aus Konstantan mit dem Durchmesser $d = 0{,}05\ mm$ darf laut Hersteller mit einer Stromdichte bis zu 306 A/mm² belastet werden. Wie groß darf die Stromstärke höchstens sein?

9. Der Glühdraht einer Halogenlampe hat einen Durchmesser $d = 66\ \mu m$. Im Betriebsfall beträgt die Stromstärke $I = 2{,}0\ A$. Berechnen Sie die Stromdichte J.

10. Die zulässige Strombelastbarkeit von Installationsleitungen ist in der Norm DIN VDE 0298 festgelegt. Für die Verlegeart C (Verlegung unter Putz) sind für Mantelleitungen mit zwei belasteten Adern folgende Grenzwerte vorgesehen (Abb. 2). Ermitteln Sie für die angegebenen Querschnitte die Stromdichte.

Zulässige Belastbarkeit von zweiadrigen Mantelleitungen (z. B. NYM), Verlegeart C bei 25 °C ohne weitere Störfaktoren (nach DIN VDE 0298)						
Leiterquerschnitt in mm²	1,5	2,5	4	6	10	16	25
Strombelastbarkeit in A	21	29	38	49	67	90	119

Abb. 2: Tabelle zur Strombelastbarkeit

11. Beim Galvanisieren wird die gesamte Oberfläche eines zu veredelnden Gegenstandes von Strom durchflossen. Berechnen Sie die Stromstärke, die in einem Zinkbad fließen muss, wenn ein Metallwürfel mit der Kantenlänge $l = 12\ cm$ bei einer mittleren Stromdichte von $J = 1{,}8\ A/dm^2$ verzinkt werden soll.

2.3 Elektrischer Widerstand

2.3.1 Widerstand und Leitwert

Der elektrische Widerstand R ist das Maß für die Hemmung einer freien Elektronenbewegung in einem Leiter. Er begrenzt den Stromfluss in einem Stromkreis. Der Kehrwert des Widerstands wird als Leitwert G bezeichnet.

$$R = \frac{1}{G}$$

R: Widerstand $[R] = \Omega$ (Ohm)
G: Leitwert $[G] = S$ (Siemens)

Beispiel

Ermitteln Sie die Leitwerte G_1 und G_2 folgender Widerstände:

a) $R_1 = 1{,}2$ kΩ

b) $R_2 = 0{,}34$ Ω

Geg.: $R_1 = 1{,}2$ kΩ; $I = 12$ A

Ges.: a) G_1; b) G_2

a) $G_1 = \frac{1}{R_1}$ b) $G_2 = \frac{1}{R_2}$

$G_1 = \frac{1}{1{,}2 \text{ kΩ}}$ $G_2 = \frac{1}{0{,}34 \text{ Ω}}$

$\underline{\underline{G_1 = 833 \text{ µS}}}$ $\underline{\underline{G_2 = 2{,}94 \text{ S}}}$

Aufgaben

1. Berechnen Sie zu folgenden Widerstandswerten die dazu gehörigen Leitwerte:

a) 20 Ω b) 107 Ω c) 2,2 kΩ d) 47 kΩ
e) 0,7 mΩ f) 33 MΩ g) 1480 Ω h) 0,0004 Ω

2. Calculate the resistance value to each of the given conductance values:

a) 18 mS b) 1.64 kS c) 216 S d) 5390 nS
e) 10.4 S f) 1.43 mS g) 670 µS h) 8.722 µS

3. Ein Kupferdraht mit $q = 1{,}0$ mm² und $l = 1{,}0$ m hat einen Leitwert von 58 S. Berechnen Sie den Widerstand des Drahtes.

4. Mit einem Leitwertmessgerät kann die Qualität von Wasser, beispielsweise in Aquarien, bestimmt werden. Berechnen Sie den Leitwert (in µS/cm) einer Wasserprobe, wenn der Widerstand zwischen den Messkontakten 23,8 kΩ beträgt (Abstand $d = 1{,}5$ cm).

2.3.2 Kennzeichnung von Widerständen

Ein Widerstand als Bauteil kann auf verschiedene Weise gekennzeichnet werden:

Farbcode:

Kennfarbe	Widerstandswert in Ω		Zulässige relative Abweichung des Widerstandswertes	Beispiel: 27 kΩ ±5 %
	zählende Ziffern	Multiplikator		
silber	–	10^{-2}	±10 %	
gold	–	10^{-1}	± 5 %	
schwarz	0	10^0	–	
braun	1	10^1	± 1 %	
rot	2	10^2	± 2 %	
orange	3	10^3	–	
gelb	4	10^4	–	
grün	5	10^5	±0,5 %	
blau	6	10^6	±0,25 %	
violett	7	10^7	±0,1 %	
grau	8	10^8	–	
weiß	9	10^9	–	
keine	–	–	±20 %	

Codierung durch Ziffern und Buchstaben:

Kennbuchstabe	Multiplikator		Beispiele
m	Milli	10^{-3}	R 33 = 0,33 Ω
R		10^0	3R3 = 3,3 Ω
K	Kilo	10^3	33 K = 33 kΩ
M	Mega	10^6	330 K = 330 kΩ
G	Giga	10^9	M33 = 0,33 MΩ

Die Bemessungswerte produzierter Widerstände einer Dekade (z.B. zwischen 100 Ω und 1000 Ω) richten sich nach den in DIN IEC 63 festgelegten Vorzugsreihen.

Beispiel: E12-Reihe mit 10 % Toleranz

E12	1,0	1,2	1,5	1,8	2,2	2,7
(±10 %)	3,3	3,9	4,7	5,6	6,8	8,2

Beispiele: 3,3 Ω; 33 Ω; 560 Ω; 68 kΩ; 3,9 MΩ; ...

Beispiel

Berechnen Sie den zulässigen Maximal- und Minimalwert eines 1,5-kΩ-Widerstands aus der E6-Reihe (Toleranz: 20 %).

Geg.: $R = 1{,}5$ kΩ Ges.: R_{min}, R_{max}
$p = 20\%$

$\Delta R = R_{min} \cdot p$; $\Delta R = 1{,}5$ kΩ $\cdot \frac{20}{100}$; $\Delta R = 300$ Ω

$R_{min} = R - \Delta R$; $R_{min} = 1{,}5$ kΩ $- 300$ Ω
$\underline{\underline{R_{min} = 1{,}2 \text{ kΩ}}}$

$R_{max} = R + \Delta R$; $R_{max} = 1{,}5$ kΩ $+ 300$ Ω
$\underline{\underline{R_{max} = 1{,}8 \text{ kΩ}}}$

Aufgaben

1. Bestimmen Sie die Bemessungswerte der Widerstände mit den folgenden Farbcodes (Ring 1 bis Ring 4):
a) braun – grün – gelb – silber
b) gelb – violett – schwarz – gold
c) weiß – braun – grün – gold
d) blau – grau – rot – rot

2. Bestimmen Sie die Bemessungswerte der Widerstände mit den folgenden Farbcodes (Ring 1 bis 5 von links nach rechts):
a) orange – violett – gelb – rot – braun
b) rot – schwarz – grau – schwarz – grün
c) grau – gelb – grün – blau – braun
d) orange – grau – orange – braun – rot

🇬🇧 **3.** Determine the nominal value as well as the minimal and the maximal value of a resistor with the colour code grey – red – orange – gold.

4. Welchen Bemessungswert hat der Drahtwiderstand von Abb. 1? Bestimmen Sie den möglichen Maximal- und Minimalwert des Widerstands.

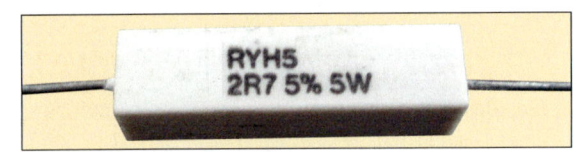

Abb. 1: Drahtwiderstand

5. Ermitteln Sie die Farbring-Kennzeichnungen und die Ziffern-Buchstaben-Codes der Widerstände mit den Werten:
a) 560 Ω ± 10 %
b) 43 MΩ ± 5 %
c) 100 kΩ ± 20 %
d) 3,3 Ω ± 10 %

6. Welche Farbring-Kennzeichnungen und Werte besitzen die Widerstände mit den Ziffern-Buchstaben-Codes:
a) 6K8 10 %
b) 1R 5 %
c) M47 5 %
d) 1M8 10 %

7. Ermitteln Sie die Ziffern-Buchstaben-Codes und die Werte der Widerstände mit den Farbring-Kennzeichnungen:
a) rot – rot – rot – silber
b) blau – grau – gelb – gold
c) violett – blau – grau – grün – rot
d) weiß – orange – braun – braun – rot

8. Der Draht eines Präzisionswiderstandes besitzt einen Leitwert von 3,7 S. Bestimmen Sie den aufgedruckten Ziffern-Buchstaben-Code.

9. Welche Bemessungswerte und Wertebereiche haben die drei Widerstände in Abb. 2?

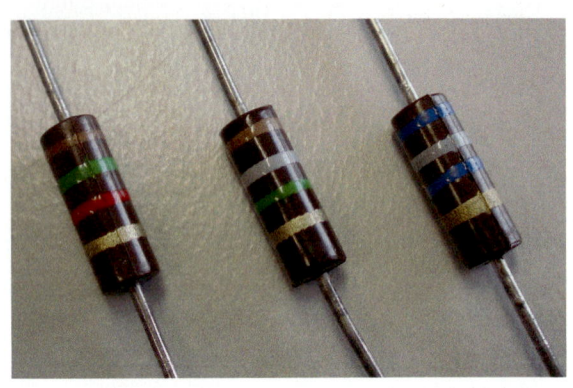

Abb. 2: Schichtwiderstände

10. Eine Lieferung Schichtwiderstände (Abb. 2 links) wird stichprobenartig überprüft. Berechnen Sie die prozentuale Abweichung der Messwerte vom Sollwert und entscheiden Sie, ob die Proben der Farbkennzeichnung entsprechen:
a) R_1 = 1571 Ω b) R_2 = 1445 Ω c) R_3 = 1505 Ω
d) R_4 = 1588 Ω e) R_5 = 1418 Ω f) R_6 = 1537 Ω

11. Berechnen Sie den Maximal- und den Minimalwert eines 39-kΩ-Widerstandes aus der E12-Reihe. In welchem Toleranzbereich bewegt sich der Leitwert?

12. Ein NF-Verstärker (Abb. 3) soll aufgebaut werden. Wählen Sie aus der E12-Reihe die nächsten Widerstandswerte für R_1 bis R_5 aus und geben Sie den Farbcode an.

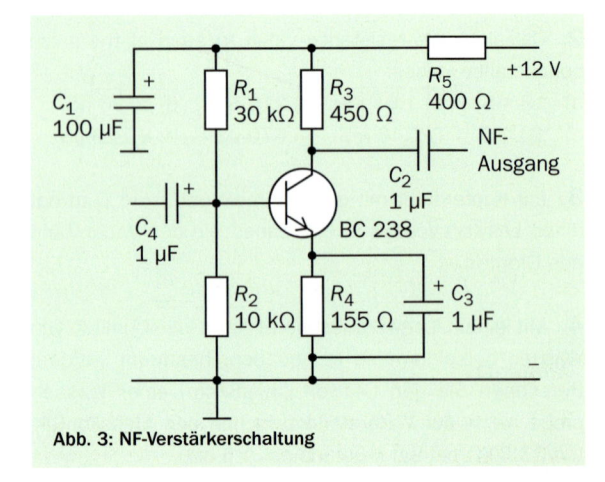

Abb. 3: NF-Verstärkerschaltung

2.4 Ohmsches Gesetz

Der elektrische Strom I ist proportional zur Spannung U und umgekehrt (d.h. „indirekt") proportional zum Widerstand R. Der deutsche Physiker Georg Simon Ohm entwickelte aus diesen Zusammenhängen im Jahr 1826 das nach ihm benannte „Ohmsche Gesetz".

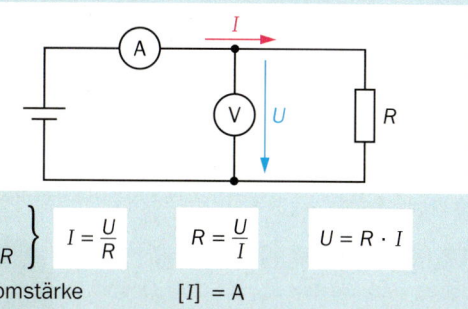

I-U-Kennlinien ohmscher Widerstände sind Geraden durch den Ursprung. Je kleiner der Widerstand, desto steiler ist die Gerade. Bei sich ändernder Spannung (ΔU) verändert sich die Stromstärke (ΔI) linear, also proportional.

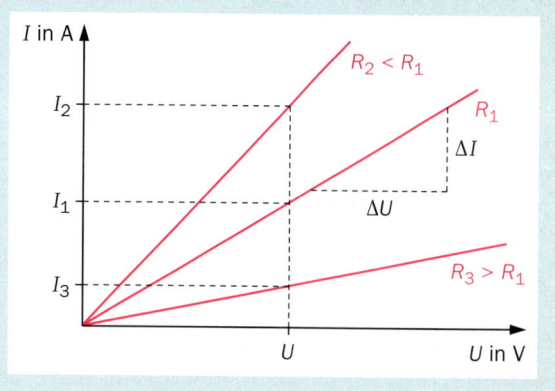

$I \sim U$
$I \sim 1/R$ $\bigg\}$ $\quad I = \dfrac{U}{R} \qquad R = \dfrac{U}{I} \qquad U = R \cdot I$

I: Stromstärke $\quad [I] = \text{A}$
U: Spannung $\quad [U] = \text{V}$
R: Widerstand $\quad [R] = \Omega$

Beispiel

Ein Widerstand $R = 4{,}7\ \text{k}\Omega$ wird an eine Spannung $U_1 = 230\ \text{V}$ angeschlossen.

a) Berechnen Sie die Stromstärke I_1.

b) Zeichnen Sie die Widerstandskennlinie in ein Koordinatensystem.

c) Die Spannung sinkt auf $U_2 = 150\ \text{V}$. Ermitteln Sie die Stromstärke I_2 zeichnerisch und rechnerisch.

Geg.: $U_1 = 230\ \text{V}$ $\qquad$ Ges.: a) I_1
$\phantom{\text{Geg.:}}\ U_2 = 150\ \text{V}$ $\qquad\qquad\ $ b) I_2
$\phantom{\text{Geg.:}}\ R = 4{,}7\ \text{k}\Omega$

a) $I_1 = \dfrac{U_1}{R}; \quad I_1 = \dfrac{230\ \text{V}}{4{,}7\ \text{k}\Omega}; \quad \underline{I_1 = 48{,}9\ \text{mA}}$

b)

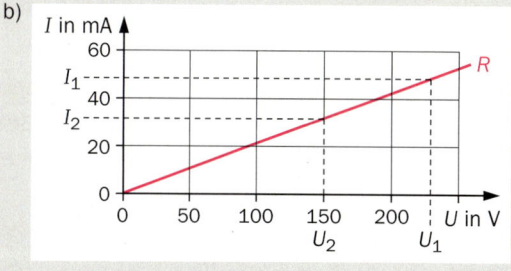

c) aus Diagramm: $I_2 = 32\ \text{mA}$

$I_2 = \dfrac{U_2}{R}; \quad I_2 = \dfrac{150\ \text{V}}{4{,}7\ \text{k}\Omega}; \quad \underline{I_2 = 31{,}9\ \text{mA}}$

Aufgaben

1. Ein ohmscher Widerstand $R = 25\ \Omega$ liegt an einer Spannung $U = 230\ \text{V}$. Berechnen Sie die Stromstärke I.

2. How much current flows through a 1.5 kΩ resistor, if the applied voltage is 400 V?

3. Welchen Betriebswiderstand hat eine Fahrradlampe mit dem Aufdruck 6 V/0,33 A?

4. Durch Korrosion hat sich an einer Schraubklemme ein Übergangswiderstand von 1,2 Ω gebildet. Die Stromstärke beträgt 6,5 A. Berechnen Sie den Spannungsfall an der Klemmstelle.

5. Durch einen Stromkreis fließen 120 mA. Wie verändert sich die Stromstärke, wenn
a) die Spannung halbiert wird?
b) der Gesamtwiderstand halbiert wird?

6. Die Bemessungsstromstärke eines Verbrauchers mit $R = 56\ \Omega$ beträgt 214 mA. Wie groß ist die Spannung am Verbraucher?

7. Erstellen Sie die Widerstandskennlinien für $R_1 = 220\ \Omega$, $R_2 = 330\ \Omega$ und $R_3 = 470\ \Omega$ in einem passend beschrifteten I-U-Diagramm.

8. Ein Verbraucher an einer Spannung von 230 V ist mit einem 16-A-Leitungsschutz-Schalter des Typs B abgesichert, dessen Kurzschlussschutz beim 5-fachen der Bemessungsstromstärke auslöst. Wie groß muss der ohmsche Widerstand des Verbrauchers mindestens sein, um ein Auslösen des Schutzschalters beim Einschalten zu vermeiden?

9. Bestimmen Sie die Stromstärke durch einen Widerstand $R = 82\ \Omega$ für die angelegten Spannungen $U_1 = 8$ V, $U_2 = 12$ V und $U_3 = 24$ V
a) rechnerisch und
b) zeichnerisch.

10. Die Bemessungsstromstärke einer Kochplatte 230 V/800 W beträgt $I = 3{,}48$ A.
a) Berechnen Sie den ohmschen Widerstand.
b) Berechnen Sie die Stromstärke I_{min}, wenn die Netzspannung auf 92 % ihres Sollwertes absinkt.

11. Ermitteln Sie aus dem Diagramm in Abb. 1 folgende Werte:
a) Die Ströme durch die Widerstände R_1, R_2, R_3 und R_4, bei einer angelegten Spannung $U = 6$ V.
b) Die Werte der Widerstände R_1, R_2, R_3 und R_4.

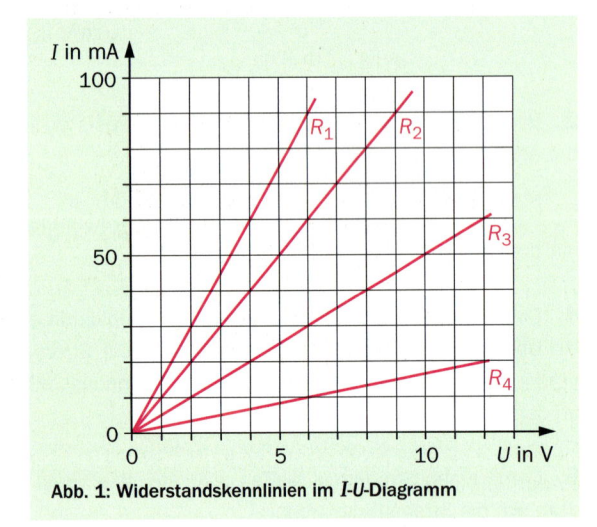

Abb. 1: Widerstandskennlinien im *I-U*-Diagramm

12. Ein Netzteil ist mit dem Aufdruck 19 V/2,1 A versehen. Wie groß muss der Widerstand eines Elektrogerätes mindestens sein, damit es damit betrieben werden darf?

13. Berechnen Sie die fehlenden Werte in der nachfolgenden Tabelle:

U	1,5 V	12 V		2,2 kV		230 V	48 V
I	16 mA		6,3 A	366 A	67 µA	2,3 A	
R		220 Ω	27 Ω		47 kΩ		820 Ω

14. Nach DIN VDE 0100-410 gelten 50 V (AC) und 120 V (DC) als Obergrenze für Kleinspannungen der Schutzklasse III. Bestimmen Sie für diese Berührungsspannungen den Körperstrom I_K, wenn als Körperwiderstand des menschlichen Körpers a) 1 kΩ oder b) 3 kΩ angenommen wird.

15. Bei einer Geräteprüfung nach DIN VDE 0701-0702 wird eine Isolationsprüfung mit einer Prüfspannung von 500 V vorgenommen. Dabei wird ein Strom der Stärke 397 µA gemessen. Wie hoch ist der Isolationswiderstand?

16. Ein Voltmeter hat die Messbereiche 1 V, 30 V und 1000 V. Sein Innenwiderstand beträgt 20 kΩ/V, bezogen auf den eingestellten Messbereichsendwert. Berechnen Sie die Stromstärke im Messwerk, wenn bei optimaler Messbereichsauswahl folgende Spannungen gemessen werden:
a) $U_1 = 745$ mV
b) $U_2 = 24{,}5$ V
c) $U_3 = 1$ kV

17. Ein Trimmer (Abb. 2) kann zwischen den Werten $R_{min} = 150\ \Omega$ und $R_{max} = 2{,}2$ kΩ stufenlos eingestellt werden. Er liegt an $U = 48$ V. Berechnen Sie

Abb. 2: Trimmer

a) die minimale und die maximale Stromstärke und
b) den eingestellten Widerstandswert, wenn die Stromstärke 49 mA beträgt.

18. Ein kurzes Stück Widerstandsdraht hat den Leitwert $G = 68$ mS. Die anliegende Spannung beträgt 12 V. Wie hoch ist die Stromstärke?

19. Zwei Widerstände der E12-Reihe mit $R = 82\ \Omega$ liegen an einer Spannung von 1,5 V. Es wurden folgende Stromstärken gemessen: a) 16,9 mA bzw. b) 21,1 mA Prüfen Sie, ob die Widerstände den Toleranzangaben entsprechen.

20. The voltage across an unknown resistor is increased from 12 V to 15 V. The current intensity is 63.8 mA higher than before. How large is the resistance?

21. Die Stromstärke in einem Kohleschichtwiderstand mit der Farbkennzeichnung Grün – Blau – Rot – Gold beträgt 43,6 mA. In welchem Wertebereich liegt die angelegte Spannung?

22. Zeichnen Sie für einen Drahtwiderstand mit dem Aufdruck „3R3 20 % 25 W" die Kennlinien für den Maximal- und den Minimalwert in ein *I-U*-Diagramm. Entscheiden Sie, ob folgende Wertepaare an einem Widerstand dieser Baureihe möglich sind:

	a)	b)	c)	d)	e)	f)
U in V	7,0	5,0	4,0	3,0	6,0	5,5
I in A	2,0	1,0	1,25	1,0	2,5	1,5

2.5 Leiterwiderstand

Jeder elektrische Leiter besitzt einen ohmschen Widerstand. Dieser ist umso größer, je größer die Leitungslänge l, je kleiner der Leiterquerschnitt q und je größer der vom Leitermaterial abhängige spezifische Widerstand ϱ ist. Der Kehrwert des spezifischen Widerstands wird als elektrische Leitfähigkeit $\varkappa$ bezeichnet.

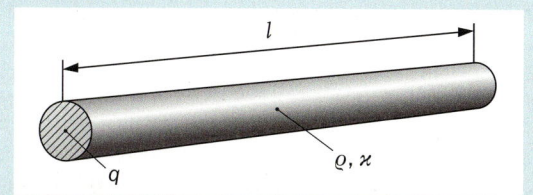

$$R = \frac{\varrho \cdot l}{q} \qquad \varkappa = \frac{1}{\varrho} \qquad R = \frac{l}{\varkappa \cdot q}$$

ϱ: Spezifischer Widerstand (Rho) $\quad [\varrho] = \frac{\Omega \cdot mm^2}{m}$
l: Leiterlänge $\quad [l] = m$
q: Leiterquerschnitt $\quad [q] = mm^2$
$\varkappa$: Elektrische Leitfähigkeit (Kappa) $\quad [\varkappa] = \frac{S \cdot m}{mm^2}$

Elektrische Leitfähigkeit und spezifischer Widerstand ausgewählter Stoffe bei 20 °C

Leitermaterial	$\varkappa$ in $\frac{S \cdot m}{mm^2}$	ϱ in $\frac{\Omega \cdot mm^2}{m}$
Aluminium	34	0,0278
Kupfer	56	0,0179
Edelstahl	1,4	0,714
Widerstandsdraht CuNi44 (Konstantan)	0,49	2,0
Wolfram	18,2	0,0549

Beispiel

Ein 50 m langer Kupferleiter besitzt einen runden Leiterquerschnitt mit einem Durchmesser $d = 1,38$ mm. Berechnen Sie den Widerstand des Leiters.

Geg.: $l = 50$ m $\qquad$ Ges.: R
$\varrho_{Cu} = 0,0179 \frac{\Omega \cdot mm^2}{m}$
$d = 1,38$ mm

$q = \frac{d^2 \cdot \pi}{4}; \quad q = \frac{(1,38 \text{ mm})^2 \cdot \pi}{4}; \quad \underline{q = 1,50 \text{ mm}^2}$

$R = \frac{\varrho \cdot l}{q}; \quad R = \frac{0,0179 \frac{\Omega \cdot mm^2}{m} \cdot 50 \text{ m}}{1,50 \text{ mm}^2}; \quad \underline{\underline{R = 0,60 \ \Omega}}$

Aufgaben

1. Welchen Widerstand besitzt eine 120 m lange Kupferleitung mit der Querschnittsfläche $q = 0,5$ mm²?

2. Berechnen Sie den ohmschen Widerstand eines Leiterseils aus Edelstahl. Sein Querschnitt beträgt 2,6 mm² und seine Länge 8,35 m.

3. Ein Drahtwiderstand mit $R = 4,7 \ \Omega$ besteht aus Widerstandsdraht CuNi44 mit der Querschnittsfläche $q = 0,138$ mm². Berechnen Sie die Länge des verwendeten Drahtes.

4. Eine angebrochene Rolle Kupferlitze (Abb. 3) mit 0,2 mm² Querschnittsfläche hat einen Widerstand von 11,1 Ω. Wie lang ist die auf der Rolle verbliebene Litze?

Abb. 3: Kupferlitze

5. Which cross-sectional area does an aluminium conductor have, if its length is 252 m and its resistance is 1.4 Ω?

6. Ein Masseband aus Kupfergeflecht soll bei einer Länge von 57 cm einen Widerstand von 1 mΩ nicht überschreiten. Berechnen Sie den Mindestquerschnitt des Massebandes.

7. Aus welchem Material besteht ein 45 m langer Draht mit der Querschnittsfläche 0,75 mm², der einen Widerstand von 42,8 Ω besitzt?

8. Ein feiner Golddraht mit dem Durchmesser $d = 50$ μm hat laut Hersteller einen Widerstand von 11,19 Ω/m. Bestimmen Sie ϱ_{Au} sowie $\varkappa_{Au}$.

9. Eine 4,50 m lange Neutralleiter-Sammelschiene aus Kupfer besitzt einen rechteckigen Querschnitt mit den Kantenlängen $a = 10$ mm und $b = 3$ mm. Berechnen Sie den ohmschen Widerstand über die gesamte Schienenlänge.

10. Ein Leiter aus Silber ($\varkappa_{Ag}$ = 67,1 S·m/mm²) mit der Querschnittsfläche q = 0,35 mm² hat eine Länge von l = 23 cm. Berechnen Sie den Leitwert des Drahtstücks.

11. Das Edelstahl-Leiterseil eines Halogen-Seilsystems wird von einem Strom der Stärke 1,7 A durchflossen. Der Durchmesser beträgt 1,6 mm, die Länge 3,50 m. Welche Spannung fällt an diesem Leiterseil ab?

12. Um den Spannungsfall auf einer Verlängerungsleitung gering zu halten, soll der Leiterwiderstand so klein wie möglich sein. Berechnen Sie den Widerstand einer 50 m langen Verlängerungsleitung aus Kupfer für die Normquerschnitte a) 0,75 mm²; b) 1 mm²; c) 1,5 mm²; d) 2,5 mm² und e) 4 mm². f) Welcher Leiterquerschnitt muss mindestens gewählt werden, wenn der Spannungsfall bei einer Stromstärke von 6 A nicht höher als 5 V sein darf?

13. Der Glühdraht einer 12-V-KFZ-Halogenlampe besteht aus gewendeltem Wolframdraht mit einem Durchmesser von 45 µm. Berechnen Sie die Länge eines solchen Drahtes, wenn die Stromstärke durch die Lampe im Einschaltmoment 4,17 A beträgt.

14. In einem Erdkabel NYY-J 4x35 SM mit der Gesamtlänge 3,3 km entsteht an einer unbekannten Stelle ein Kurzschluss zwischen zwei Leitern (Abb. 1). Eine Messung ergibt: R_1 = 2,52 Ω
a) Wie weit ist die Kurzschlussstelle vom linken Ende entfernt?
b) Berechnen Sie den Widerstand R_2 zwischen L3 und PEN über die gesamte Leiterlänge.

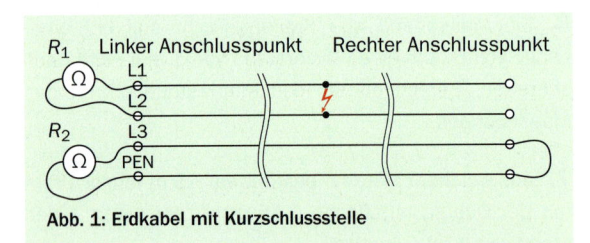

Abb. 1: Erdkabel mit Kurzschlussstelle

15. Die Stromnetze von Schweden und Polen sind über ein 254 km langes, doppeltes HGÜ-Seekabel (Hochspannungs-Gleichstrom-Übertragung) miteinander verbunden. Bei hoher Auslastung beträgt die Stromstärke durch die beiden Kupferleiter 1300 A. Deren Durchmesser beträgt jeweils 28,32 mm. Berechnen Sie
a) den ohmschen Widerstand R des gesamten HGÜ-Seekabels und
b) den Spannungsfall auf dem Kabel.

16. Ein Aluminiumleiter mit einer Länge l = 3,80 m und einem Leiterquerschnitt q = 0,75 mm² soll durch einen Kupferleiter mit demselben Querschnitt ersetzt werden. Berechnen Sie den Unterschied der Leitungswiderstände.

17. Die Stromstärke in einem Drahtwiderstand beträgt I = 320 mA bei einer angelegten Spannung U = 24 V. Wie lang muss der verwendete Draht aus Konstantan bei einem Durchmesser von a) 20 µm; b) 90 µm und c) 260 µm sein?

18. Ein Drahtwiderstand (Abb. 2) aus Konstantan ist einlagig gewickelt. Der Durchmesser des Keramikkörpers beträgt d_k = 28 mm, die Anzahl der Wicklungen N = 240. Berechnen Sie den Durchmesser des verwendeten Drahtes.

Abb. 2: Drahtwiderstand

19. Der Fundamenterder eines Einfamilienhauses (Abb. 3) wurde als Ringerder ausgeführt. Er besteht aus einem Edelstahlband mit 30 mm x 3,5 mm. Berechnen Sie den größtmöglichen Leiterwiderstand, den ein beliebiger Punkt auf dem Erder bis zur Abzweigung zum Hausanschlussraum besitzen kann.

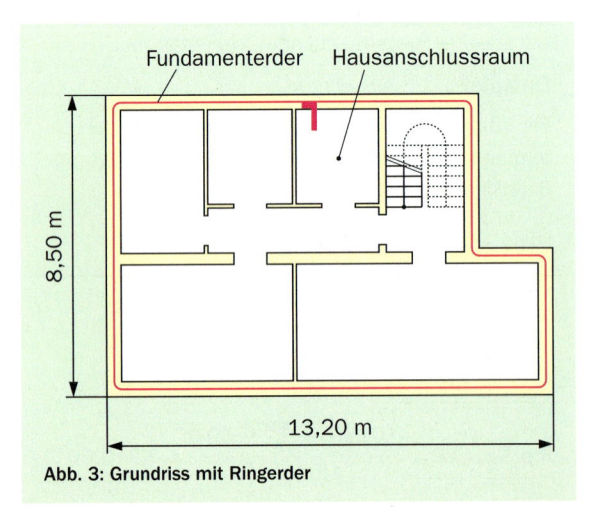

Abb. 3: Grundriss mit Ringerder

2.6 Temperaturabhängigkeit von Widerständen

Die Angabe des Leiterwiderstandes gilt für die Verwendung bei Raumtemperatur (20 °C). Bei steigender Temperatur steigt der ohmsche Widerstand vieler Leiter. Der Temperaturkoeffizient α gibt die Temperaturabhängigkeit des verwendeten Leitermaterials an.

$\Delta\vartheta = \vartheta_2 - \vartheta_1$

$\Delta R = R_{20} \cdot \alpha \cdot \Delta\vartheta$

$R_\vartheta = R_{20} \pm \Delta R$

$R_\vartheta = R_{20}(1 \pm \alpha \cdot \Delta\vartheta)$

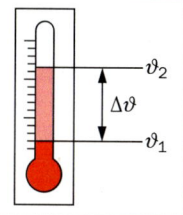

$\Delta\vartheta$: Temperaturunterschied (Delta Theta) $[\Delta\vartheta] = 1\,K$
ϑ_1, ϑ_2: Anfangs-, Endtemperatur $[\vartheta] = 1\,°C$
ΔR: Widerstandsänderung $[\Delta R] = 1\,\Omega$
R_{20}: Widerstand bei 20 °C $[R_{20}] = 1\,\Omega$
α: Temperaturkoeffizient (Alpha) $[\alpha] = \frac{1}{K}$
R_ϑ: Widerstand bei veränderter Temperatur $[R_\vartheta] = 1\,\Omega$

Temperaturkoeffizienten ausgewählter Stoffe

Leitermaterial	α in $10^{-3} \cdot \frac{1}{K}$	Leitermaterial	α in $10^{-3} \cdot \frac{1}{K}$
Aluminium	3,6	Konstantan CuNi44	0,01
Kupfer	3,9	Wolfram	4,8
Stahl	5,7	Kohlenstoff	−0,5

Beispiel

Der Widerstand R_{20} eines Kupferdrahtes beträgt bei Raumtemperatur 3660 Ω. Er wird auf eine Temperatur $\vartheta_2 = 75\,°C$ erwärmt.

a) Um welchen Wert steigt sein Widerstand an?
b) Wie groß ist der Widerstand bei 75 °C?

Geg.: $R_{20} = 3660\,\Omega$ Ges.: a) $\Delta\vartheta$
$\alpha_{Cu} = 3,9 \cdot 10^{-3}\,\frac{1}{K}$ b) R_ϑ
$\vartheta_1 = 20\,°C$
$\vartheta_2 = 75\,°C$

a) $\Delta\vartheta = \vartheta_2 - \vartheta_1$; $\Delta\vartheta = 75\,°C - 20\,°C$
$\underline{\Delta\vartheta = 55\,K}$

$\Delta R = R_{20} \cdot \alpha \cdot \Delta\vartheta$
$\Delta R = 3660\,\Omega \cdot 3,9 \cdot 10^{-3} \cdot \frac{1}{K} \cdot 55\,K$
$\underline{\Delta R = 785,1\,\Omega}$

b) $R_\vartheta = R_{20} + \Delta R$; $R_\vartheta = 3660\,\Omega + 785\,\Omega$
$\underline{R_\vartheta = 4445\,\Omega}$

Aufgaben

1. Berechnen Sie die fehlenden Werte in der nachfolgenden Tabelle:

	a)	b)	c)	d)	e)	f)
ϑ_1 in °C	57	75	119	37		−24
ϑ_2 in °C	100		20		−52	−5
$\Delta\vartheta$ in K		17		−12	77	

2. The resistance of a steel wire is 204 Ω at room temperature (20 °C). It is heated to 107 °C.
a) How large is the rise of the resistance?
b) How large is R_ϑ?

3. Ein Leiter aus Aluminium wird von 20 °C auf 17 °C abgekühlt. Berechnen Sie
a) den neuen Widerstandswert R_ϑ, wenn der Anfangswiderstand $R_{20} = 46,5\,\Omega$ beträgt, und
b) die Widerstandsänderung ΔR.

4. Die Temperatur eines 1,1-kΩ-Kohleschichtwiderstands steigt beim Einschalten von 20 °C um 48 °C an. Wie groß ist der Widerstandswert?

5. In einer Motorwicklung aus Kupferdraht steigt die Temperatur während des Betriebs auf 74 °C. Bei dieser Temperatur besitzt sie einen ohmschen Widerstand $R_\vartheta = 338\,\Omega$. Berechnen Sie ihren Widerstand im Ruhezustand bei einer Temperatur von 20 °C.

6. Der ohmsche Widerstand einer Kupferspule verändert sich durch Erwärmung von $R_{20} = 169\,\Omega$ auf $R_\vartheta = 181\,\Omega$. Berechnen Sie a) die Temperaturänderung $\Delta\vartheta$, sowie b) die Endtemperatur ϑ_2.

7. Auf welche Temperatur muss ein Wolframdraht erwärmt werden, damit sein Widerstand von $R_{20} = 420\,\Omega$ auf einen Wert $R_\vartheta = 600\,\Omega$ ansteigt?

8. Mehrere Leiter werden im Labor untersucht. Bestimmen Sie die Leiterwerkstoffe anhand der nachfolgenden Messergebnisse.

	a)	b)	c)	d)
R_{20} in °C	4300	7400	830	13
ΔR in Ω	1130	592	−213	5,27
$\Delta\vartheta$ in K	73	800	−45	104

9. Ein Stahlleiter besitzt bei 68 °C einen Widerstand von 60 Ω. Wie groß ist der Widerstand bei einer Temperatur von 32 °C?

10. In ausgeschaltetem Zustand besitzt die Konstantanwicklung eines Heizlüfters den Widerstand $R_{20} = 34,8$ Ω. Berechnen Sie den Widerstand bei einer Betriebstemperatur von 450 °C.

11. Eine Verlängerungsleitung aus Kupfer besitzt bei Raumtemperatur einen Widerstand von 3,8 Ω. Sie wird von einem Strom der Stärke 6,2 A durchflossen.
a) Wie hoch ist der Spannungsfall auf der Leitung?
b) Wie verändert sich der Spannungsfall, wenn sich die Leitung auf 55 °C erwärmt?

12. Ein Diagramm (Abb. 1) zeigt fünf Kennlinien zur Temperaturabhängigkeit verschiedener Leiter mit $R_{20} = 100$ Ω. Bestimmen Sie anhand der Kennlinien die Werkstoffe, aus denen die Leiter a) bis e) bestehen.

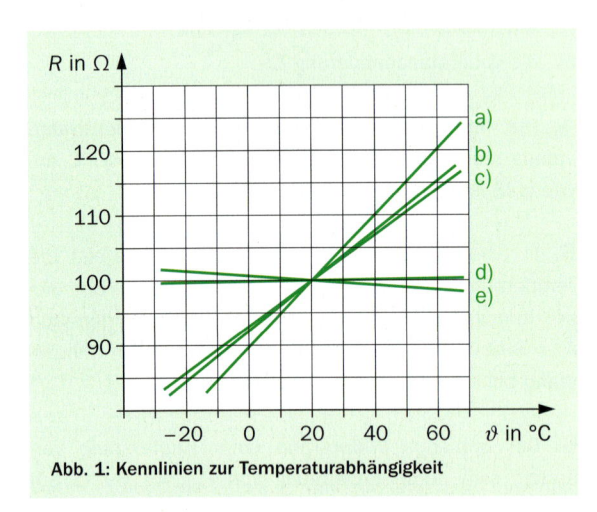

Abb. 1: Kennlinien zur Temperaturabhängigkeit

13. Bestimmen Sie die Widerstandsänderungen der Leiter a) bis e) aus dem Kennliniendiagramm (Abb. 1) für eine Temperaturänderung von 40 K.

14. Ein Aluminiumleiter mit 280 m Länge und einem Leiterquerschnitt von 10 mm² wird in einem Temperaturbereich von −20 °C bis 55 °C eingesetzt. Berechnen Sie den Maximal- und den Minimalwert des Leiterwiderstands.

15. Die Stromstärke in einer 60-W-Glühlampe während des Betriebs an einer Spannung von 230 V beträgt 261 mA. Die Glühwendel aus Wolfram hat dann eine Temperatur von 1800 °C. Berechnen Sie
a) den Widerstand bei Raumtemperatur und
b) die Stromstärke im Einschaltmoment.

2.7 Nichtlineare Widerstände

Bei nichtlinearen Widerständen ist der Widerstandswert nicht konstant. Er hängt von physikalischen Größen, z. B. der Temperatur oder der Lichtstärke ab. Ihre Kennlinien sind daher nicht geradlinig (linear) und werden meist einem Datenblatt entnommen.

Auswahl nichtlinearer Widerstände:

Bezeichnung/ Kurzname	Physikalische Einflussgröße	Schaltzeichen
Heißleiter/ NTC	Temperatur	
Kaltleiter/ PTC	Temperatur	
Varistor/ VDR	Spannung	
Fotowiderstand/ LDR	Lichtstärke	

Beispiel

An zwei Heißleiterwiderständen mit $R_{20} = 1000$ Ω und $R_{20} = 10$ kΩ wird die Temperatur von 20 °C auf 80 °C erhöht.

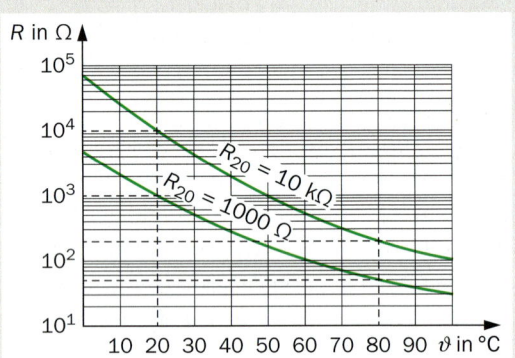

a) Welche Werte besitzen die Widerstände bei $\vartheta = 80$ °C?
b) Berechnen Sie die Widerstandsdifferenz ΔR für beide Heißleiter.

Geg.: $R_{20,1} = 1000$ Ω Ges.: a) $R_{\vartheta,1}$; $R_{\vartheta,2}$
$R_{20,2} = 10$ kΩ b) ΔR_1; ΔR_2

a) Aus Diagramm:
$R_{\vartheta,1} = 60$ Ω; $R_{\vartheta,2} = 500$ Ω

b) $\Delta R_1 = R_{\vartheta,1} - R_{20,1}$; $\Delta R_1 = 500$ Ω $-$ 10 kΩ
$\underline{\Delta R_1 = -9,5\ \text{kΩ}}$

$\Delta R_2 = R_{\vartheta,2} - R_{20,2}$; $\Delta R_2 = 60$ Ω $-$ 1000 Ω
$\underline{\Delta R_2 = -940\ \text{Ω}}$

Nichtlineare Widerstände — Non-linear Resistors

Aufgaben

1. Der Widerstand eines Heißleiters ist bei 25 °C mit 4,7 Ω angegeben (Abb. 2).
a) Welchen Widerstandswert besitzt der Heißleiter bei einer Temperatur von 0 °C?
b) Bei welcher Temperatur besitzt der 33-Ω-NTC-Widerstand (Abb. 2) diesen Wert?
c) Welche Änderung tritt an den Heißleitern auf, wenn die Temperatur von 100 °C auf 70 °C absinkt?

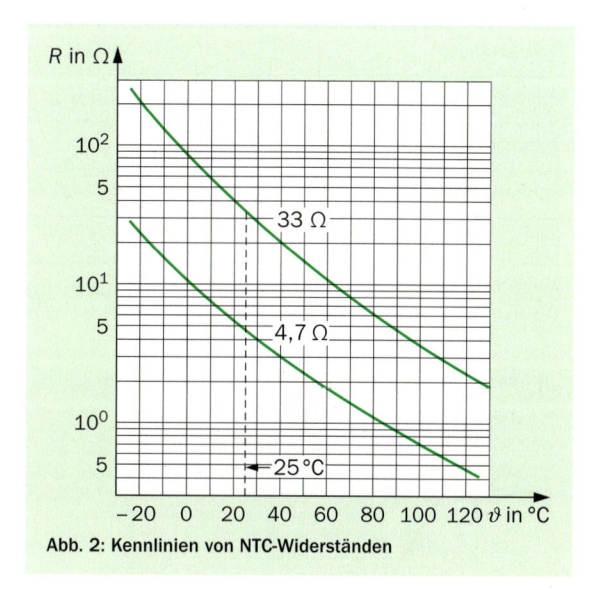

4. Bestimmen Sie mit Hilfe der Kennlinie eines 82-Ω-Kaltleiterwiderstands (Abb. 4)
a) Den Widerstandswert bei einer Temperatur von 0 °C.
b) Den Minimalwert, den der Widerstand annehmen kann und die Temperatur, bei der dieser Wert eintritt.
c) Die Widerstandsänderung bei einem Temperaturanstieg von 120 °C auf 170 °C.
d) Den Temperaturunterschied, bei dem der Widerstand des Kaltleiters von 550 Ω auf 150 Ω absinkt.
e) Die möglichen Temperaturen, bei einem Widerstandswert von 68 Ω.

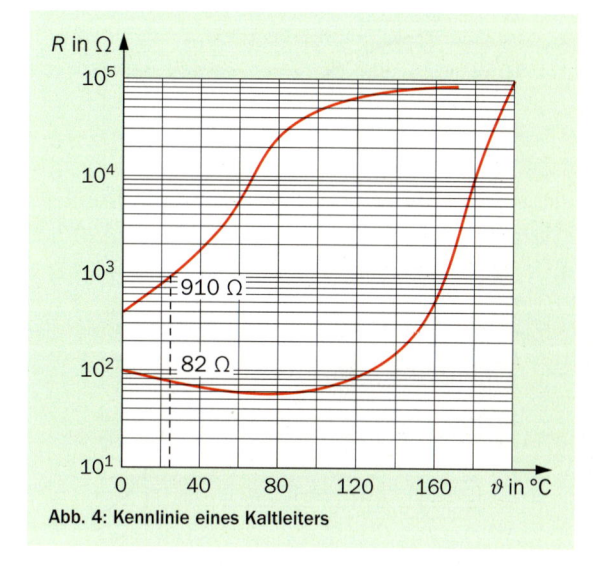

Abb. 2: Kennlinien von NTC-Widerständen

Abb. 4: Kennlinie eines Kaltleiters

2. Ein Heißleiter kann verwendet werden, um das Anziehen eines Relais zu verzögern (Abb. 3a). Durch die Eigenerwärmung steigt die Temperatur des Heißleiters (33 Ω, Abb. 2) an, bis bei $\vartheta = 40\,°C$ die Anzugsstromstärke $I = 44\,mA$ durch die Schaltung fließt. Welche Spannung liegt dann am NTC-Widerstand an?

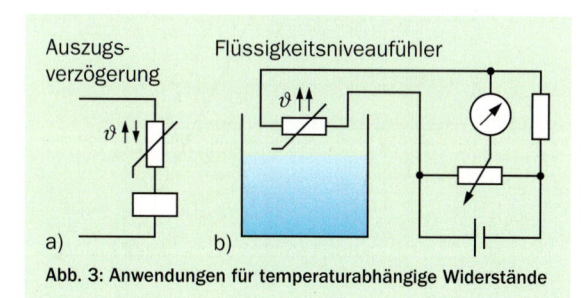

5. A PTC-thermistor $R = 82\,\Omega$ (Abb. 4) is connected to a supply voltage $U = 48\,V$. How large is the current at
a) 80 °C; b) 120 °C; c) 160 °C and d) 170 °C?

6. Mit zunehmender Spannung steigt der Widerstand einer Glühlampe durch Eigenerwärmung an. Bestimmen Sie mit Hilfe einer experimentell ermittelten Kennlinie (Abb. 5) die Stromstärke und den Widerstand bei
a) 50 V, b) 100 V, c) 150 V, d) 200 V, e) 230 V
f) Zeichnen Sie aus den berechneten Widerstandswerten die R-U-Kennlinie der Lampe.

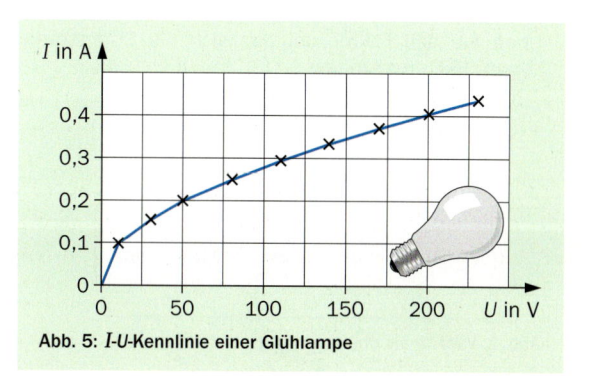

Abb. 3: Anwendungen für temperaturabhängige Widerstände

3. Ein PTC-Widerstand $R = 910\,\Omega$ (Abb. 4) dient als Flüssigkeitsniveaufühler beim Befüllen eines Tanks (Abb. 3b). Die Spannung am Heißleiter beträgt 12 V. Bei leerem Tank fließt ein Strom der Stärke 13,2 mA. Erreicht die Flüssigkeit den Fühler, steigt die Stromstärke auf 24 mA. Ermitteln Sie die Temperatur des Kaltleiters für beide Fälle.

Abb. 5: I-U-Kennlinie einer Glühlampe

7. An einem Varistor mit der Kennlinie aus Abb. 1 liegt eine Spannung von 50 V.

a) Berechnen Sie die Stromstärke durch den VDR-Widerstand.

b) Um welchen Faktor verändert sich die Stromstärke, wenn sich die Spannung auf 100 V erhöht?

c) Ermitteln sie mit Hilfe der Kennlinie die Stromstärke, die sich bei einer Spannung von 150 V einstellt.

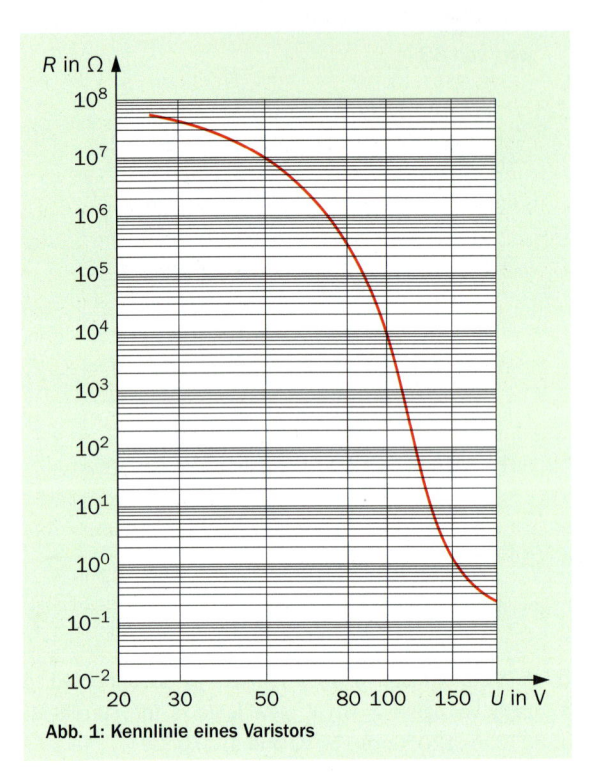

Abb. 1: Kennlinie eines Varistors

8. Der Varistor aus Abb. 1 wird als Überspannungsableiter verwendet (Abb. 2). Die angelegte Betriebsspannung beträgt 70 V.

a) Ermitteln Sie den Widerstand des VDR sowie die Stromstärke für diesen Fall.

b) Beim Betätigen des Schalters entstehen an der Spule Spannungsspitzen von bis zu 120 V. Berechnen Sie den Faktor, um den sich die Stromstärke durch den VDR erhöht.

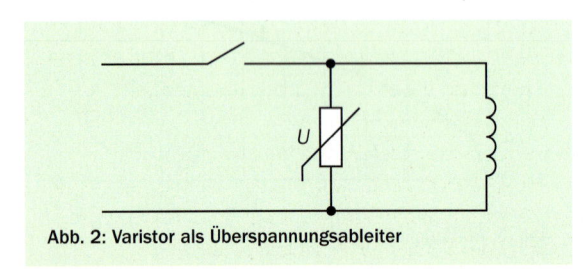

Abb. 2: Varistor als Überspannungsableiter

9. Berechnen Sie die Stromstärken durch den VDR-Widerstand aus Abb. 1 bei den Spannungen: 0 V, 30 V, 50 V, 80 V, 100 V, 150 V. Erstellen Sie aus den Rechenergebnissen eine *I-U*-Kennlinie.

10. Der Widerstand eines LDR wird unter verschiedenen Lichtbedingungen gemessen. Ermitteln Sie die fehlenden Werte mit Hilfe der Kennlinie aus Abb. 3:

Lichtbedingung	Widerstand	Beleuchtungsstärke
Fußballstadion		1400 lx
Vollmond		0,25 lx
Wintertag, bedeckt	300 Ω	
Sommertag, im Schatten		10 000 lx
Schreibtischbeleuchtung	2 kΩ	
Kerze, 1 m Entfernung	100 kΩ	

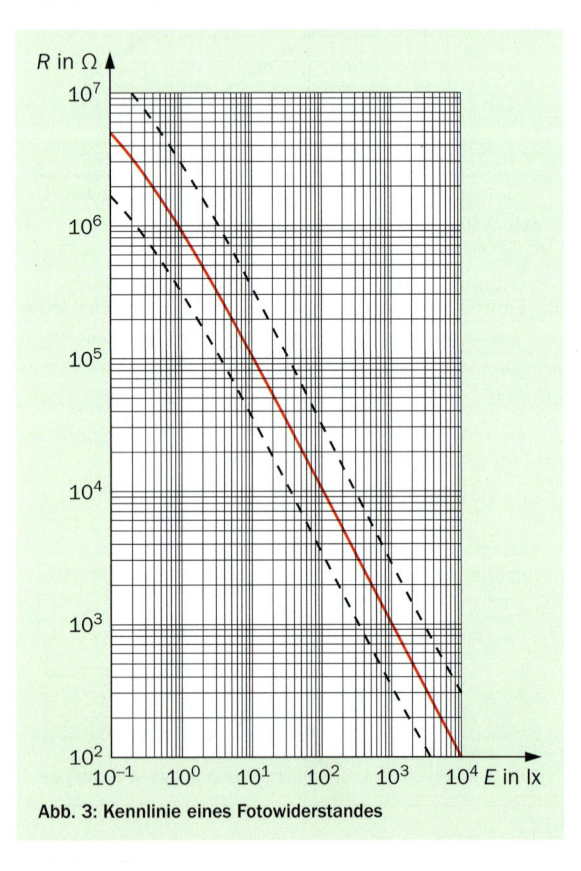

Abb. 3: Kennlinie eines Fotowiderstandes

11. Die gestrichelten Linien in Abb. 3 geben die Toleranzgrenzen des Fotowiderstands an. Bei einer angelegten Spannung $U = 12$ V fließt eine Stromstärke $I = 4$ mA. Welcher Beleuchtungsstärke ist der LDR mindestens ausgesetzt?

2.8 Reihenschaltung von Widerständen

2.8.1 Rechnerische Lösung

Bei einer Reihenschaltung fließt durch alle Widerstände der gleiche Strom.

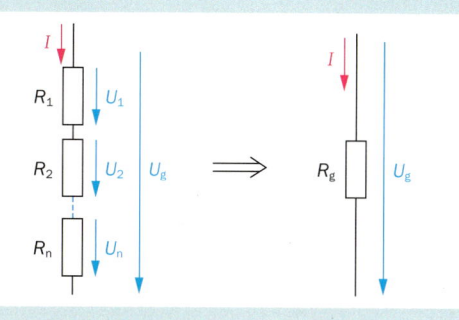

$$I = I_1 = I_2 = \ldots = I_n$$

Die Summe der Teilspannungen ergibt die Gesamtspannung U_g. (2. Kirchhoffsches Gesetz)

$$U_g = U_1 + U_2 + \ldots + U_n$$

Die Teilwiderstände werden zum Gesamtwiderstand R_g addiert.

$$R_g = R_1 + R_2 + \ldots + R_n$$

Beispiel

Zwei Widerstände R_1 und R_2 sind in Reihe an 24 V angeschlossen. Die Stromstärke beträgt $I = 12$ mA. Über R_2 tritt ein Spannungsfall von 18 V auf.
a) Berechnen Sie die Spannung U_1.
b) Berechnen Sie die Teilwiderstände R_1 und R_2.
c) Berechnen Sie den Gesamtwiderstand R_g.

Geg.: $U_g = 24$ V Ges.: a) U_1
$U_2 = 18$ V   b) R_1, R_2
$I = 12$ mA   c) R_g

a) $U_g = U_1 + U_2$
$U_1 = U_g - U_2$ $U_1 = 24$ V − 18 V $\underline{U_1 = 6\text{ V}}$

b) $R_1 = \dfrac{U_1}{I}$ $R_1 = \dfrac{6\text{ V}}{12\text{ mA}}$ $\underline{R_1 = 500\ \Omega}$

$R_2 = \dfrac{U_2}{I}$ $R_2 = \dfrac{18\text{ V}}{12\text{ mA}}$ $\underline{R_2 = 1500\ \Omega}$

c) $R_g = R_1 + R_2$
$R_g = 500\ \Omega + 1500\ \Omega$ $\underline{R_g = 2000\ \Omega}$

Aufgaben

1. Zwei 470-Ω-Widerstände sind in Reihe geschaltet. Berechnen Sie den Gesamtwiderstand.

2. Six resistors of 2.2 kΩ are connected in series in a test circuit. How much current flows if the total voltage is 8 V?

3. Ein Widerstand von 1 kΩ wird benötigt. Es sollen aus dem Sortiment der IEC-Reihe E6 nur drei Widerstände verwendet werden: $R_1 = 100\ \Omega$, $R_2 = 150\ \Omega$, $R_3 = 220\ \Omega$, $R_4 = 330\ \Omega$, $R_5 = 470\ \Omega$ und $R_6 = 680\ \Omega$. Ermitteln Sie, welche Möglichkeiten bestehen.

4. In einer Schaltung muss ein Widerstand $R_V = 56\ \Omega$ durch einen Zusatzwiderstand auf 80 Ω erhöht werden. Berechnen Sie den zusätzlichen Widerstand.

5. Zur Strombegrenzung ist es nötig, einen Widerstandswert von 270 Ω auf mindestens 290 Ω zu erhöhen. Der ursprüngliche Widerstand soll in der Schaltung bleiben.
a) Wie groß ist der in Reihe liegende Zusatzwiderstand?
b) Wählen Sie einen geeigneten Widerstand aus der IEC-Reihe E12.

6. Die Widerstände der Kombinationsschaltung in der Abb. 4 haben folgende Werte: $R_{11} = 100\ \Omega$, $R_{12} = 80\ \Omega$, $R_{21} = 560\ \Omega$, $R_{22} = 270\ \Omega$ und $R_M = 160\ \Omega$. Berechnen Sie die Ersatzwiderstände für die Kombinationen der Schalterstellungen in der Tabelle.

Schalterstellung	S_{10}	S_{11}	S_{12}
S_{20}			
S_{21}			
S_{22}			

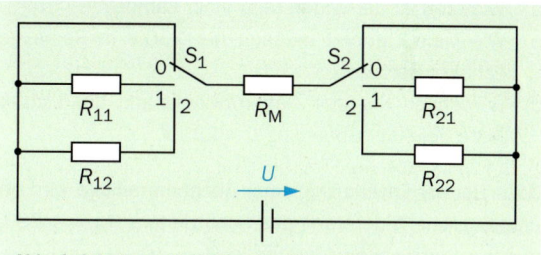

Abb. 4: Schaltung für Widerstandskombinationen

7. Drei Widerstände sind in Reihe an eine Spannungsquelle $U = 12$ V angeschlossen. Der Gesamtwiderstand beträgt $R_g = 1{,}48$ kΩ. Zwei Widerstände haben die Werte $R_2 = 470\ \Omega$ und $R_3 = 330\ \Omega$. Der Widerstand R_3 kann durch einen Schalter S überbrückt werden.
a) Zeichnen Sie die Schaltung.
b) Berechnen Sie den Widerstand R_1.
c) Wie groß sind die Stromstärke und die Teilspannungen?
d) Wie groß sind die Stromstärke und die Teilspannungen, wenn der Schalter S geschlossen wird?

8. Eine LED leuchtet bei einer Spannung U_F = 1,8 V und einer Stromstärke I_F = 20 mA. Diese Diode soll, mit einem Widerstand in Reihe beschaltet, an eine Spannungsquelle von 12 V angeschlossen werden.
a) Skizzieren Sie die Schaltung und tragen Sie die elektrischen Werte ein.
b) Welche Spannung muss der Widerstand aufnehmen?
c) Berechnen Sie den Wert des Widerstandes und wählen Sie einen geeigneten Typ aus der IEC-Reihe E12 aus.

9. Für eine Dekorationsbeleuchtung werden sieben gleiche Glühlampen in Reihe an 230 V geschaltet. Die Stromstärke beträgt 0,3 A.
a) Berechnen Sie den Gesamtwiderstand.
b) Ermitteln Sie den Widerstand einer Lampe.

10. Eine Glühlampe einer 230-V-Lichterkette mit den Angaben 14 V/0,3 A konnte nicht zugeordnet werden. Berechnen Sie für die in der Tabelle getroffene Auswahl die Lampenspannungen und die Einzelwiderstände. Zu welcher Lichterkette gehört die Lampe?

Lichterkette	Lampenzahl	Stromstärke in mA
1	7	250
2	12	260
3	14	300
4	16	300
5	18	300

11. Für eine Außenbeleuchtung wird eine Lichterkette mit Glühlampen bestückt. Jede Lampe hat bei einer Stromstärke von 300 mA einen Spannungsfall von 13 V.
a) Wie groß ist der Widerstand einer Lampe?
b) Wie viele Lampen müssen bei 230 V in Reihe geschaltet werden?
c) Berechnen Sie den Gesamtwiderstand der Lichterkette bei einer Spannung U = 230 V.

12. Bei der Erweiterung einer Abnehmeranlage wird der ursprüngliche Widerstand des Schutzleiters R_{PE} = 1,73 Ω durch weitere Leiterwiderstände R_L = 40 mΩ und Übergangswiderstände $R_Ü$ = 300 mΩ erhöht (Abb. 1).
a) Wie hoch ist der neue Schutzleiterwiderstand R_{PEneu}?
b) Welche Fehlerstromstärke I_F fließt, wenn durch einen Körperschluss 230 V am Schutzleiter anliegen?

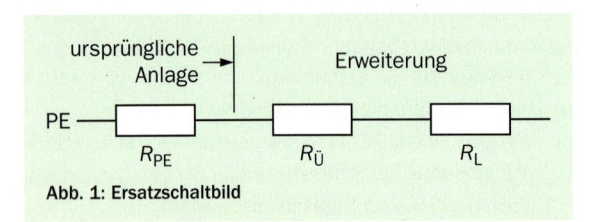

Abb. 1: Ersatzschaltbild

13. Bei der Rekonstruktion eines Elektrounfalls wird festgestellt, dass die verunglückte Person bei den berührten 230 V einen Körperwiderstand R_K zwischen Hand und Füßen von 800 Ω aufweist (Abb. 2). Die Fehlerstromstärke liegt zwischen 150 ... 230 mA.
a) Wie groß ist der Spannungsfall über dem Körperwiderstand R_K bei 175 mA?
b) Berechnen Sie den Übergangswiderstand des Standortes $R_Ü$ bei I_F = 150 mA.
c) Welcher Spannungsfall tritt über dem Körper auf, wenn die Stromstärke I_F = 250 mA beträgt?
d) Berechnen Sie den Übergangswiderstand für die Fehlerstromstärke I_F = 250 mA.

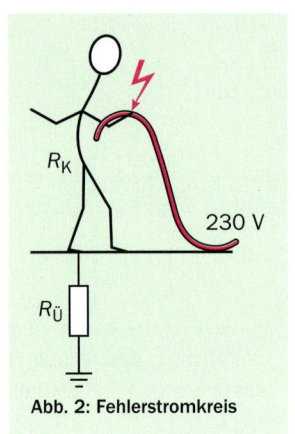

Abb. 2: Fehlerstromkreis

14. In einer Abnehmeranlage setzt sich die zu überprüfende Widerstandsschleife R_{PE} aus folgenden Teilwiderständen zusammen: Leiterwiderstand des öffentlichen Netzes R_{Netz} = 0,578 Ω, Gesamtheit der Übergangswiderstände $R_Ü$ = 275 mΩ, Drahtwiderstand von Außenleiter und Schutzleiter in der Anlage mit R_L = 955 mΩ.
a) Wie groß ist R_{Sch}?
b) Wie groß ist die Fehlerstromstärke I_F in diesem Leiter, wenn am defekten Gehäuse des Gerätes durch einen Körperschluss 230 V anliegen?

15. Der Übergangswiderstand $R_Ü$ = 4,2 Ω der Kontakte in der Schutzkontaktverbindung (Abb. 3) ist durch lockere Kontakte und Korrosion stark erhöht und führt zum Brand. Das angeschlossene Betriebsmittel hat einen Widerstand von R = 24 Ω. Berechnen Sie die Stromstärke und den Spannungsfall an den Kontakten bei U_g = 230 V.

Abb. 3: Defekte Schutzkontakt-Steckverbindung

Reihenschaltung — Series Connection

2.8.2 Grafische Lösung

Die Strom-Spannungs-Kennlinien von zwei Widerständen werden in ein Diagramm $I = f(U)$ gezeichnet.

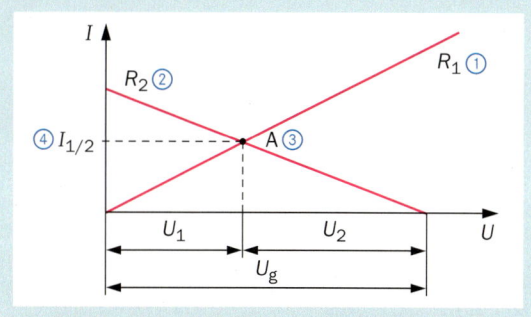

1. Die Kennlinie für R_1 wird vom Ursprung (0 V) nach rechts, positiv ansteigend, eingetragen.
2. Die Kennlinie für R_2 setzt an der Gesamtspannung U_g auf der Spannungsachse an und ist nach links oben mit negativem Anstieg zu zeichnen.
3. Die beiden Kennlinien schneiden sich im Arbeitspunkt A und teilen die Gesamtspannung entsprechend des Widerstandsverhältnisses in Teilspannungen auf.
4. Der Strom $I_{1/2}$ wird aus der Lage des Arbeitspunktes auf der Stromachse abgelesen.

Beispiel

Die Widerstände $R_1 = 150\ \Omega$ und $R_2 = 330\ \Omega$ liegen in Reihe an 36 V.
a) Zeichnen Sie die beiden Widerstandsgeraden in ein Diagramm $I = f(U)$ ①.
Hinweis: R_1 positiver Anstieg, R_2 negativer Anstieg
b) Markieren Sie den Arbeitspunkt ②.
c) Ermitteln Sie grafisch die Teilspannungen und die Stromstärke ③.

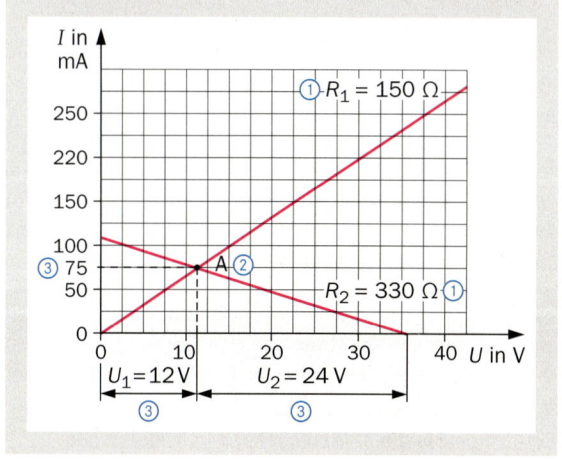

Aufgaben

1. Die Gesamtspannung von $U_g = 15\ V$ an einem Widerstand $R_L = 22\ \Omega$ soll durch einen Vorwiderstand R_V auf $U_R = 12\ V$ reduziert werden.
a) Berechnen Sie die Stromstärke für R_L bei $U_g = 15\ V$.
b) Wie groß ist die Stromstärke bei der Verwendung des Vorwiderstandes?
c) Zeichnen Sie ein I-U-Diagramm mit den elektrischen Werten und tragen Sie die Kennlinien für die Widerstände R_L und R_V ein.
d) Ermitteln Sie grafisch die Teilspannungen.

2. Eine Spannung von 18 V wird durch zwei Widerstände im Verhältnis 1:5 geteilt. Die Stromstärke beträgt dabei 250 mA.
a) Wie groß sind die Teilspannungen?
b) Berechnen Sie die Einzelwiderstände.
c) Überprüfen Sie die Ergebnisse grafisch.

3. Durch eine Reihenschaltung von einem Vorwiderstand $R_V = 8\ k\Omega$ und einer Diode wird die angelegte Spannung $U_g = 2\ V$ geteilt.
a) Skizzieren Sie die Reihenschaltung.
b) Übertragen Sie das Diagramm (Abb. 4) und tragen Sie die Widerstandsgerade von R_V mit negativem Anstieg in das Diagramm ein. Bestimmen Sie den Arbeitspunkt.
c) Ermitteln Sie die Stromstärke und die beiden Teilspannungen.

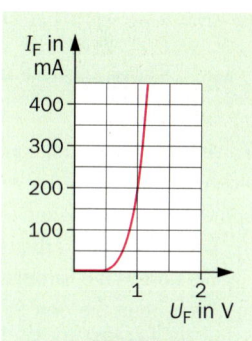

Abb. 4: *I-U*-Kennlinie einer Diode

4. The circuit's applied voltage of exercise 3 is doubled.
a) Draw the load line and determine the operating point.
b) Calculate the current and the voltage drops.

5. Bei einer angelegten Spannung $U = 18\ V$ fließt durch einen Widerstand R eine Stromstärke von $I = 1{,}25\ A$. Es steht aber nur eine Spannungsquelle mit 32 V zur Verfügung. Diese ist durch einen Vorwiderstand R_V anzupassen.
a) Zeichnen Sie maßstabsgerecht ein I-U-Diagramm.
b) Legen Sie in dem I-U-Diagramm den Arbeitspunkt und die Fußpunkte der Widerstandsgeraden fest.
c) Tragen Sie die Widerstandsgeraden ein und ermitteln Sie die beiden Teilspannungen.
d) Berechnen Sie die beiden Widerstandswerte.

6. In der Schaltung (Abb. 1) wird ein Heißleiter mit einem Vorwiderstand in Reihe an $U = 5$ V angeschlossen. Mit der Erwärmung des Heißleiters ändern sich der Widerstandswert und damit die Stromstärke.
a) Legen Sie den Arbeitspunkt A1 ($I_1 = 5$ mA) fest.
b) Ermitteln Sie grafisch die Teilspannungen U_V und U_ϑ.
c) Berechnen Sie den Wert des Vorwiderstandes.
d) Durch Erwärmung verändert sich der Arbeitspunkt auf A2 ($I_2 = 14$ mA). Legen Sie diesen Punkt fest und ermitteln Sie die Teilspannungen.

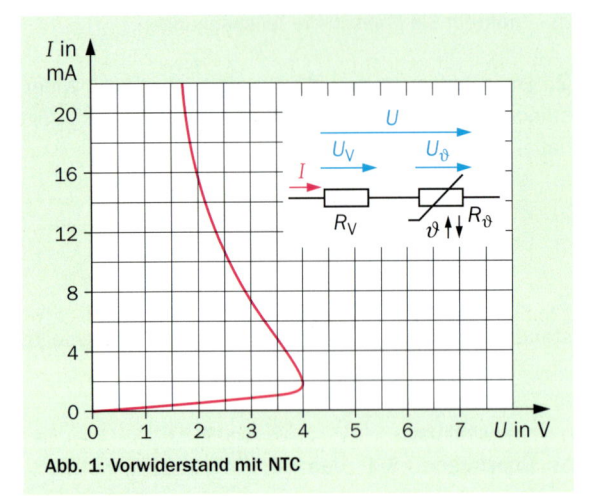

Abb. 1: Vorwiderstand mit NTC

7. An eine Spannungsquelle $U_E = 50$ V wird zur Stabilisierung auf $U_A = 40$ V ein Varistor mit einem Vorwiderstand R_V angeschlossen (Abb. 2).
a) Legen Sie den Arbeitspunkt A fest und bestimmen Sie daraus die Stromstärke I.
b) Berechnen Sie den Spannungsfall U_{RV} über dem Vorwiderstand R_V.
c) Welchen Widerstandswert hat der Vorwiderstand?
d) Die Stromstärke wird durch eine Veränderung von U_E auf $I = 80$ mA erhöht. Legen Sie den neuen Arbeitspunkt fest, wenn der gleiche Vorwiderstand verwendet werden soll.
e) Ermitteln Sie alle Spannungen für die veränderte Stromstärke.

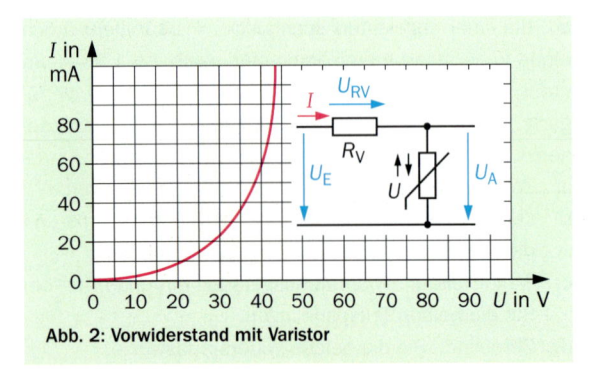

Abb. 2: Vorwiderstand mit Varistor

2.8.3 Messbereichserweiterung

Durch umschaltbare Vorwiderstände können die Messbereiche von Spannungsmessgeräten erweitert werden.

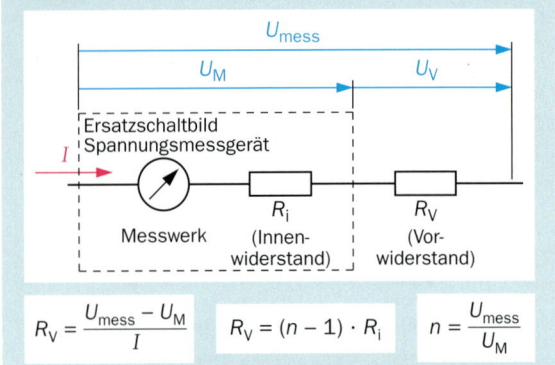

$$R_V = \frac{U_{mess} - U_M}{I} \qquad R_V = (n - 1) \cdot R_i \qquad n = \frac{U_{mess}}{U_M}$$

R_i: Innenwiderstand, Messwerkwiderstand
R_V: zuschaltbarer Vorwiderstand
U_M: maximale Spannung des Messwerks, kleinster Messbereich
n: Faktor der Messbereichserweiterung
U_{mess}: zu messende Spannung

Beispiel

Ein Spannungsmessgerät kann mit $R_i = 0{,}5$ MΩ Spannungen bis 50 V messen. Der Messbereich soll auf 250 V erweitert werden.
a) Berechnen Sie den Faktor n für die Messbereichserweiterung.
b) Wie groß ist der erforderliche Widerstand R_V?

Geg.: $R_i = 0{,}5$ mΩ Ges.: a) n
$U_M = 50$ V b) R_V
$U_{mess} = 250$ V

a) $n = \frac{U_{mess}}{U_M}$; $n = \frac{250\ V}{50\ V}$; $n = 5$

b) $R_V = (n - 1) \cdot R_i$
$R_V = (5 - 1) \cdot 0{,}5$ MΩ; $\underline{\underline{R_V = 2\ \text{MΩ}}}$

Aufgaben

1. Ein Messgerät soll eine 10-fach höhere Spannung messen können. Der Innenwiderstand $R_i = 1$ MΩ wird deshalb durch einen Vorwiderstand erhöht. Welcher Wert muss für R_V gewählt werden?

2. Ein Spannungsmesser hat bei einem 1-V-Messbereich einen Messwerkwiderstand von $R_i = 30$ kΩ. Durch einen Mehrbereichsschalter können vier weitere Messbereiche: a) 10 V, b) 100 V, c) 250 V und d) 500 V gewählt werden. Berechnen Sie die entsprechenden Vorwiderstände.

2.9 Parallelschaltung von Widerständen

2.9.1 Rechnerische Lösung

Bei einer Parallelschaltung tritt über allen Widerständen dieselbe Spannung auf.

Der Gesamtstrom I_g ist die Summe der Teilströme durch die Einzelwiderstände (1. Kirchhoffsches Gesetz).

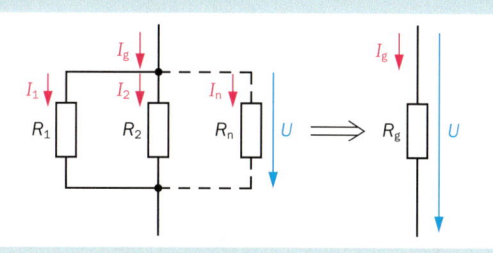

$$U_g = U_1 = U_2 = \ldots = U_n \qquad I_g = I_1 + I_2 + \ldots + I_n$$

Der Gesamtleitwert G_g ist die Summe der Einzelleitwerte.

$$G_g = G_1 + G_2 + \ldots + G_n$$

Die Kehrwerte der Teilwiderstände werden zum Kehrwert des Gesamtwiderstandes addiert.

$$\frac{1}{R_g} = \frac{1}{R_1} + \frac{1}{R_2} + \ldots + \frac{1}{R_n}$$

Sonderfälle:

Parallelschaltung zweier Widerstände:

$$R_g = \frac{R_1 \cdot R_2}{R_1 + R_2}$$

Parallelschaltung n gleich großer Widerstände R_n:

$$R_g = \frac{R_n}{n}$$

Beispiel

Für drei Widerstände (56 Ω, 68 Ω und 82 Ω) soll der Ersatzwiderstand R_g gebildet werden. Berechnen Sie R_g über die Leitwerte.

Geg.: $R_1 = 56\ \Omega$; $R_2 = 68\ \Omega$; $R_3 = 82\ \Omega$
Ges.: R_g

$G_1 = \frac{1}{R_1}$ $G_2 = \frac{1}{R_2}$ $G_3 = \frac{1}{R_3}$

$G_1 = \frac{1}{56\ \Omega}$ $G_2 = \frac{1}{68\ \Omega}$ $G_3 = \frac{1}{82\ \Omega}$

$G_1 = 17{,}9$ mS $G_2 = 14{,}7$ mS $G_3 = 12{,}2$ mS

$G_g = G_1 + G_2 + G_3$

$G_g = 17{,}9$ mS $+ 14{,}7$ mS $+ 12{,}2$ mS; $G_g = 44{,}8$ mS

$R_g = \frac{1}{G_g}$; $R_g = \frac{1}{44{,}8\ \text{mS}}$; $\underline{R_g = 22{,}3\ \Omega}$

Aufgaben

1. Berechnen Sie den Ersatzwiderstand aus zwei parallel geschalteten Widerständen $R_1 = 270\ \Omega$ und $R_2 = 560\ \Omega$.

2. Three resistors (33 Ω, 82 Ω and 270 Ω) are connected in parallel to a voltage of 12 V.
a) Calculate the total resistance.
b) What is the total current?
c) Determine the current through each resistance.

3. In einer Parallelschaltung von zwei Widerständen wird der Widerstand $R_1 = 690\ \Omega$ von $I_1 = 70{,}6$ mA durchflossen. Die Gesamtstromstärke der Schaltung beträgt $I = 200$ mA.
a) Berechnen Sie den Teilstrom durch R_2.
b) Wie groß ist die Spannung?
c) Berechnen Sie den Widerstand R_2 und den Gesamtwiderstand R_g.

4. Zu den Parallelwiderständen $R_1 = 17\ \Omega$ und $R_2 = 33\ \Omega$ wird ein dritter Widerstand parallel angeschlossen, damit ein Gesamtwiderstand von 6 Ω entsteht. Wie groß ist R_3?

5. In einem elektrischen Heizofen können fünf gleich große Widerstände von jeweils 75 Ω durch einen Stufenschalter nacheinander parallel an 230 V geschaltet werden.
a) Wie groß ist die Stromaufnahme in jeder Schaltstufe?
b) Berechnen Sie R_g für jede Heizstufe.

6. Zwei Widerstände liegen parallel an 110 V (Abb. 3). Berechnen Sie: a) I_1, b) I_2, c) R_2 und d) R_g.

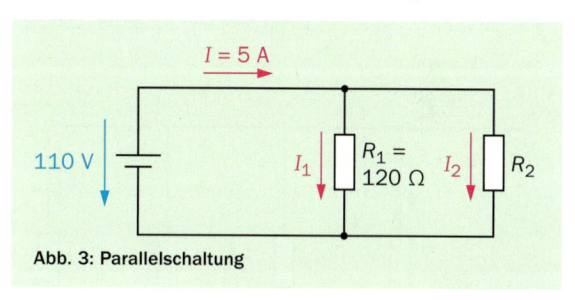

Abb. 3: Parallelschaltung

7. Der Leitwert eines Staberders (Abb. 4) beträgt 0,02 S. Durch eine Parallelschaltung eines weiteren Erdungspunktes soll der Erdungswiderstand auf 7 Ω verringert werden.
Welchen Widerstandswert muss der andere Erder mindestens aufweisen, um diese Forderung zu erfüllen?

Abb. 4: Anschluss Staberder

8. Drei gleich große Widerstände $R_n = 680\ \Omega$ werden parallel an 24 V angeschlossen.
Berechnen Sie: a) den Gesamtwiderstand R_g, b) eine Teilstromstärke I_n und c) die Gesamtstromstärke I_g.

9. Vier Widerstände sind parallel geschaltet. Drei Widerstände sind bekannt: $R_2 = 47\ \Omega$, $R_3 = 56\ \Omega$ und $R_4 = 68\ \Omega$. Der Gesamtwiderstand beträgt 8,3 Ω. Die gesamte Widerstandsgruppe wird von einer Stromstärke $I_g = 723$ mA durchflossen.
Berechnen Sie: a) R_1, b) U und c) $I_1 \ldots I_4$.

10. Die Beleuchtung eines Konferenzraumes besteht aus 36 Halogenlampen mit einem Widerstand von 1322 Ω pro Lampe. Diese werden in drei gleich großen Gruppen an 230 V geschaltet oder betrieben.
a) Berechnen Sie den Ersatzwiderstand einer Lampengruppe und den Widerstand der Gesamtanlage.
b) Wie groß sind die Stromaufnahmen einer Einzellampe, einer Lampengruppe und der gesamten Beleuchtungsanlage?

11. Für eine Parallelschaltung werden die Widerstände $R_1 = 220\ \Omega$ und $R_2 = 680\ \Omega$ der E-12-Reihe mit ± 10 % Toleranz eingesetzt. Welchen minimalen und welchen maximalen Widerstand kann die Schaltung besitzen?

12. Die Gesamtstromstärke in der Schaltung (Abb. 1) beträgt $I_g = 27{,}4$ mA. Mit dem Anschluss eines weiteren Widerstandes R_4 wird der bisherige Gesamtwiderstand um 50 Ω verringert.
Berechnen Sie ohne R_4: a) I_1, b) U, c) R_2, d) R_3 und e) R_g
Berechnen Sie mit R_4: f) R_g, g) R_4, h) I_4 und i) I_g

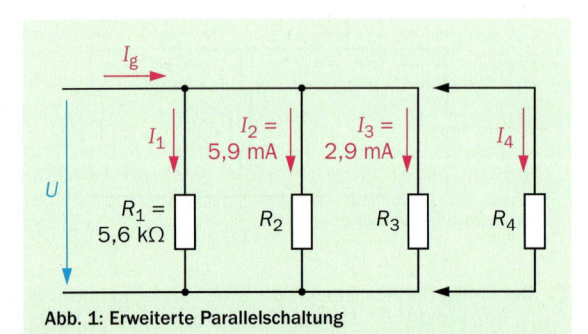

Abb. 1: Erweiterte Parallelschaltung

13. Fünf gleiche Widerstände sind parallel an eine Spannung $U = 24$ V angeschlossen. Durch Entfernen eines Widerstandes verringert sich die Gesamtstromstärke um 44,6 mA.
a) Berechnen Sie den Wert des entfernten Widerstandes.
b) Wie groß war der ursprüngliche Gesamtwiderstand?
c) Welche Gesamtstromstärke tritt in der veränderten Schaltung auf?

2.9.2 Grafische Lösung

Schrittfolge:
1. Eintragen der Widerstandsgeraden von (zwei) Parallelwiderständen in ein *I-U*-Diagramm ①.
2. Ablesen und Addition der Stromstärken bei beliebig festgelegter Spannung U_X ②.
3. Zeichnen der Kennlinie ③ für den resultierenden Widerstand R_g nach Eintrag der Gesamtstromstärke I_g für die festgelegte Spannung U_X.
4. Berechnen von R_g durch beliebige Punkte der Kennlinie für R_g.

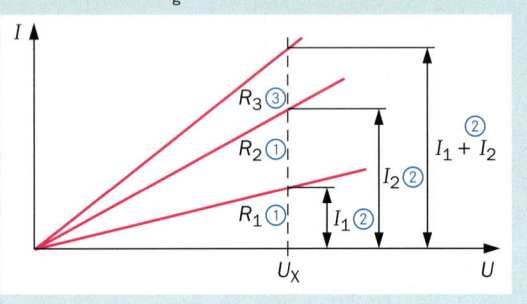

Beispiel

Zwei Widerstände $R_1 = 270\ \Omega$ und $R_2 = 330\ \Omega$ sind parallel an 18 V angeschlossen. Berechnen Sie a) I_1 und I_2. b) Zeichnen Sie die Widerstandsgeraden in ein *I-U*-Diagramm ein und ermitteln Sie c) die Gesamtstromstärke I_g. d) Tragen Sie die Widerstandsgerade des Lastwiderstandes ein und berechnen Sie R_g.

Geg.: $U = 18$ V; $R_1 = 270\ \Omega$; $R_2 = 330\ \Omega$
Ges.: a) I_1 und I_2
b) *I-U*-Kennlinien von R_1 und R_2
c) I_g
d) *I-U*-Kennlinie und Betrag von R_g

a) $I_1 = \dfrac{U}{R_1}$; $\quad I_1 = \dfrac{18\ \text{V}}{270\ \Omega}$; $\quad \underline{\underline{I_1 = 66{,}7\ \text{mA}}}$

$I_2 = \dfrac{U}{R_2}$; $\quad I_2 = \dfrac{18\ \text{V}}{330\ \Omega}$; $\quad \underline{\underline{I_2 = 54{,}5\ \text{mA}}}$

b) und d)

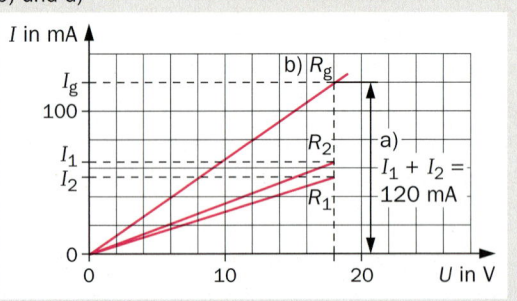

c) abgelesen: $I_g = 120$ mA

d) $R_g = \dfrac{U}{I_g}$; $\quad R_g = \dfrac{18\ \text{V}}{120\ \text{mA}}$; $\quad \underline{\underline{R_g = 150\ \Omega}}$

Parallelschaltung — Parallel Connection

Aufgaben

1. Ermitteln Sie grafisch den Gesamtwiderstand einer Parallelschaltung zweier Widerstände: $R_1 = R_2 = 160\ \Omega$.

2. Gegeben ist die Parallelschaltung zweier Widerstände, von denen der 100-Ω-Widerstand mit einer Stromstärke $I_1 = 1$ A durchflossen wird. Die Gesamtstromstärke der Schaltung beträgt 1,6 A.
a) Bestimmen Sie grafisch den Gesamtwiderstand der Schaltung.
b) Überprüfen Sie das Ergebnis durch eine Berechnung.

3. Two resistors $R_1 = 40\ \Omega$ and $R_2 = 60\ \Omega$ are connected in parallel to $U = 24$ V. Which resistor R_3 has to be connected in parallel to cause a current rise of 50 %? Use a graphical method to solve this problem.

4. Zu einem temperaturabhängigen Widerstand R_ϑ wird ein Widerstand $R_p = 2{,}2\ k\Omega$ parallel geschaltet (Abb. 2). Ermitteln Sie grafisch:
a) Die Widerstandswerte des Thermistors bei 40 °C ($R_{\vartheta 1}$) und bei 100 °C ($R_{\vartheta 2}$).
b) Zeichnen Sie ein I-U-Diagramm und tragen Sie die Widerstandsgeraden für R_p, $R_{\vartheta 1}$ und $R_{\vartheta 2}$ ein.
c) Ermitteln Sie aus dem Diagramm die Stromstärken für die Widerstände bei einer Spannung $U = 18$ V.
d) Bestimmen Sie, welche Gesamtstromstärken in der Schaltung bei 40 °C und 100 °C auftreten.

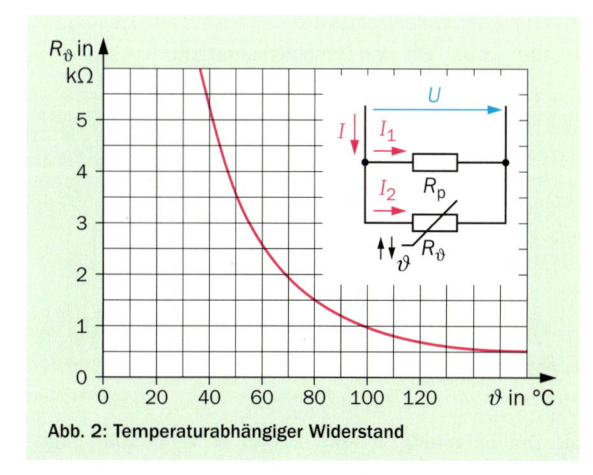

Abb. 2: Temperaturabhängiger Widerstand

5. Ermitteln Sie grafisch, bei welcher Temperatur der Gesamtwiderstand der Schaltung (Abb. 2) $R_g = 1{,}6\ k\Omega$ beträgt.

6. Der Parallelwiderstand in der Schaltung (Abb. 2) wird auf $R_p = 10\ k\Omega$ verändert. Ermitteln Sie den Gesamtwiderstand bei a) $\vartheta_1 = 50$ °C und b) $\vartheta_2 = 120$ °C. c) Wie groß ist die Veränderung des Gesamtstroms zwischen diesen beiden Temperaturen, wenn die Spannung 10 V beträgt?

2.9.3 Messbereichserweiterung

Durch zuschaltbare Parallelwiderstände kann der Messbereich eines Strommessgerätes erweitert werden.

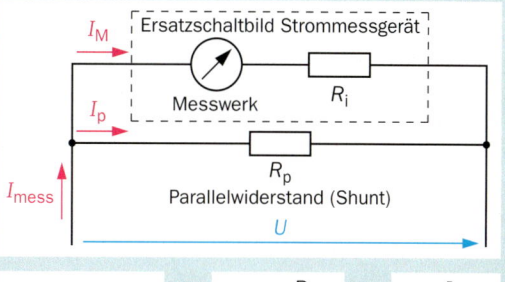

$$R_p = \frac{U}{I_{mess} - I_M} \qquad R_p = \frac{R_i}{n-1} \qquad n = \frac{I_{mess}}{I_M}$$

R_i: Innenwiderstand, Messwerkwiderstand
R_p: Parallelwiderstand (Shunt)
I_M: maximaler Strom des Messwerks, kleinster Messbereich
n: Faktor der Messbereichserweiterung
I_{mess}: zu messender Strom

Beispiel

Ein Strommessgerät hat bei 2 V und 50 mA den vollen Zeigerausschlag. Berechnen Sie den Widerstand R_p für eine Messbereichserweiterung mit $n = 100$.
Geg.: $I_M = 50$ mA; $U = 2$ V; $n = 100$
Ges.: R_p

$R_i = \dfrac{U}{I_M}$; $\qquad R_i = \dfrac{2\ V}{50\ mA}$; $\qquad R_i = 40\ \Omega$

$R_p = \dfrac{R_i}{n-1}$; $\qquad R_p = \dfrac{40\ \Omega}{100-1}$; $\qquad \underline{R_p = 0{,}404\ \Omega}$

Aufgaben

1. Ein Strommessgerät mit $R_i = 50\ \Omega$ hat bei einer Spannung von 4 V die Anzeigegrenze erreicht. Es soll jedoch eine Stromstärke bis 2,5 A gemessen werden. Berechnen Sie: a) n, b) I_M und c) R_p.

2. Ein Drehspulmesswerk hat bei einem Innenwiderstand $R_i = 15\ \Omega$ eine maximal zulässige Stromstärke von 30 mA. Berechnen Sie die Parallelwiderstände, wenn folgende Messbereiche gewählt werden können:
a) 50 mA, b) 100 mA, c) 250 mA, d) 500 mA und e) 1 A.

3. Ein Strommessgerät mit $R_i = 20\ \Omega$ hat bei einer Messwerkstromstärke $I_M = 5$ mA Vollausschlag.
a) Berechnen Sie die Messwerkspannung.
b) Wie groß ist der Shunt, wenn 1 A gemessen werden soll?

2.10 Gemischte Schaltungen

Gemischte Schaltungen (Gruppenschaltungen) sind Widerstandskombinationen. Zur Berechnung des Gesamtwiderstandes werden Widerstandsgruppen aus Reihen- und Parallelschaltungen zu Ersatzwiderständen schrittweise zusammengefasst und miteinander verknüpft.

Gemischte Schaltungen können mit Hilfe einer Kurzschreibweise dargestellt werden. Klammern ordnen die Schaltungsteile eindeutig zu.

Reihenschaltung: $R_{1/2} = R_1 + R_2$
Parallelschaltung: $R_{1/2} = R_1 \parallel R_2$

1. Schritt
$R_{1-2} = R_1 \parallel R_2$
$R_g = R_4 \parallel (R_3 + (R_1 \parallel R_2))$

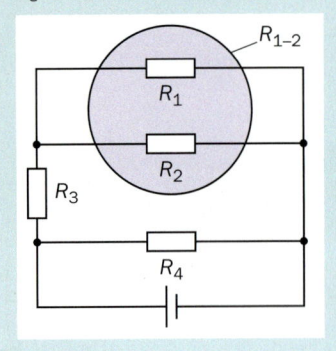

2. Schritt
$R_{1-3} = R_{1-2} + R_3$
$R_g = R_4 \parallel (R_{1-2} + R_3)$

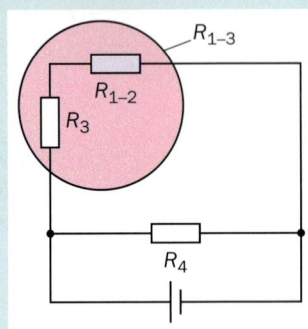

3. Schritt
$R_g = R_{1-3} \parallel R_4$

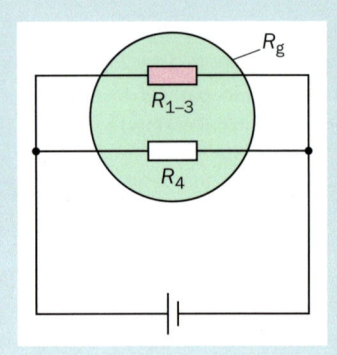

Beispiel

Gegeben ist folgende Schaltung:

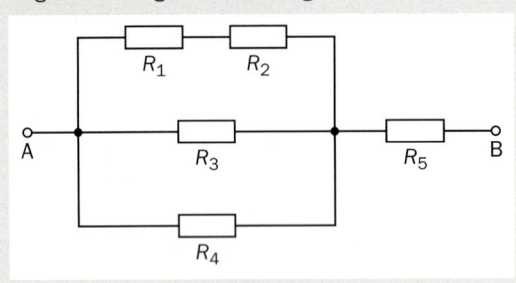

Berechnen Sie den Gesamtwiderstand R_g zwischen den Anschlusspunkten A und B, wenn alle Widerstände $R = 100\ \Omega$ betragen.

Geg.: $R_1 \dots R_5 = 100\ \Omega$

Ges.: R_g

$R_{1-2} = R_1 + R_2$

$R_{1-2} = 100\ \Omega + 100\ \Omega$

$\underline{\underline{R_{1-2} = 200\ \Omega}}$

$R_{1-4} = \dfrac{R_{1-2} \cdot R_{3-4}}{R_{1-2} + R_{3-4}}$

$R_{1-4} = \dfrac{200\ \Omega \cdot 50\ \Omega}{200\ \Omega + 50\ \Omega}$

$\underline{\underline{R_{1-4} = 40\ \Omega}}$

$R_{3-4} = \dfrac{R_3}{2}$

$R_{3-4} = \dfrac{100\ \Omega}{2}$

$\underline{\underline{R_{3-4} = 50\ \Omega}}$

$R_g = R_{1-4} + R_5$

$R_g = 40\ \Omega + 100\ \Omega$

$\underline{\underline{R_g = 140\ \Omega}}$

Aufgaben

1. Die Widerstände der Schaltung in Abb. 1 haben die Werte: $R_1 = 22\ \Omega$, $R_2 = 56\ \Omega$ und $R_3 = 100\ \Omega$.
a) Stellen Sie die Kurzschreibweise zur Zusammenfassung der Widerstände auf.
b) Berechnen Sie den Gesamtwiderstand.

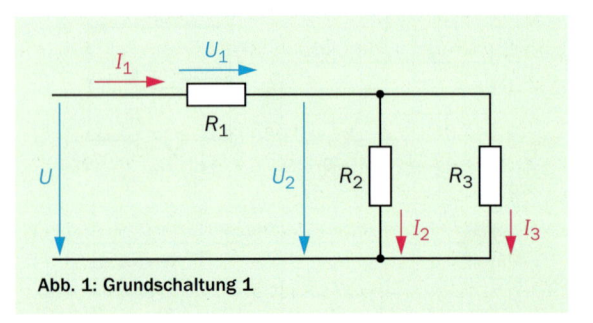

Abb. 1: Grundschaltung 1

2. Die Schaltung in Abb. 1 wird an eine Spannungsquelle $U = 24\ V$ angeschlossen. Alle Widerstände besitzen den gleichen Widerstandswert $R = 80\ \Omega$.
Berechnen Sie
a) den Gesamtwiderstand,
b) alle Stromstärken und
c) alle Teilspannungen.

3. In der Schaltung (Abb. 1) soll der Gesamtwiderstand $100\ \Omega$ betragen. Die Widerstände R_1 und R_2 besitzen den Wert: $R_1 = R_2 = 68\ \Omega$. Wie groß ist R_3?

Gemischte Schaltungen — Mixed Circuits

4. Die Widerstände der Schaltung in Abb. 2 haben die Werte: $R_1 = 18\ \Omega$, $R_2 = 560\ \Omega$ und $R_3 = 470\ \Omega$.
a) Berechnen Sie den Gesamtwiderstand.
b) Stellen Sie die Kurzschreibweise der Schaltung auf.

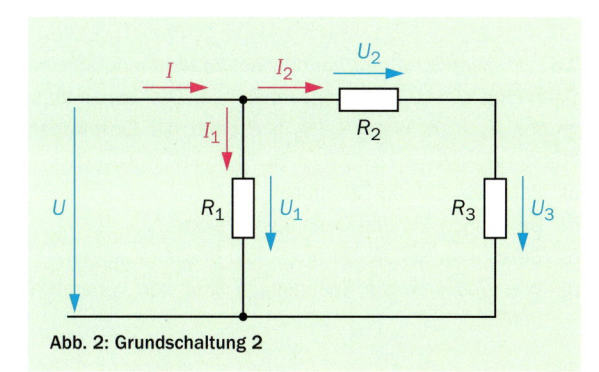

Abb. 2: Grundschaltung 2

5. Die Schaltung aus Abb. 2 wird an eine Spannungsquelle $U = 12\ V$ angeschlossen. Alle Widerstände besitzen den gleichen Widerstandswert $R = 80\ \Omega$. Berechnen Sie a) den Gesamtwiderstand, b) alle Stromstärken und c) alle Teilspannungen.

6. Eine Gruppenschaltung ist in Kurzschreibweise dargestellt: $R_g = R_1\ \|\ (R_2 + (R_3\ \|\ R_4))$. Die Widerstandswerte betragen: $R_1 = 30\ \Omega$, $R_2 = 22\ \Omega$, $R_3 = 100\ \Omega$ und $R_4 = 68\ \Omega$.
a) Skizzieren Sie die Schaltung und tragen Sie alle Ströme und Spannungen ein.
b) Wie groß ist der Gesamtwiderstand?
c) Berechnen Sie alle Stromstärken in der Schaltung, wenn die Gesamtspannung $U = 6\ V$ beträgt.
d) Wie groß sind die Spannungen über den Einzelwiderständen?

7. Alle Widerstände der Schaltung in Abb. 3 besitzen den gleichen Widerstandswert $R = 47\ \Omega$. Die Gesamtspannung beträgt $U = 27\ V$.
a) Wie groß ist der Gesamtwiderstand bei geöffnetem Schalter S?
b) Der Schalter S wird geschlossen. Wie groß ist R_g?
c) Wie groß sind die Teilspannungen?

8. Zu den zwei Widerständen ($R_1 = 33\ \Omega$, $R_2 = 47\ \Omega$) einer Parallelschaltung ist ein Widerstand $R_3 = 270\ \Omega$ in Reihe geschaltet. Die Schaltung wird an eine Spannung $U = 6\ V$ angeschlossen.
a) Zeichnen Sie die Schaltung und tragen Sie alle Ströme und Spannungen ein.
b) Wie groß ist der Gesamtwiderstand?
c) Berechnen Sie die Stromstärken in allen Zweigen.
d) Wie groß sind die Spannungen über den Einzelwiderständen?

9. Die Widerstände der Schaltung in Abb. 4 haben folgende Werte: $R_1 = R_3 = 1\ k\Omega$, $R_2 = 300\ \Omega$. Berechnen Sie den Gesamtwiderstand für folgende Werte von R_4: $0\ \Omega$; $22\ \Omega$; $300\ \Omega$; $1\ k\Omega$ und ∞.

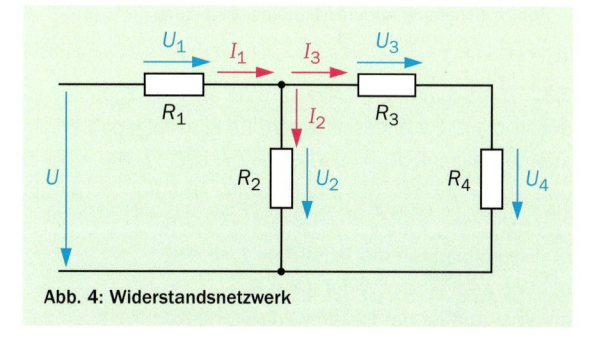

Abb. 4: Widerstandsnetzwerk

10. Die Schaltung in Abb. 4 wird an eine Spannungsquelle $U = 42\ V$ angeschlossen. Alle Widerstände haben den gleichen Wert $R = 56\ \Omega$.
a) Wie groß sind der Gesamtwiderstand und die Gesamtstromstärke?
b) Wie groß ist I_1 bei überbrücktem Widerstand R_3?
c) Wie groß ist die Gesamtstromstärke, wenn der Widerstand R_2 kurzgeschlossen wird?

11. Die Schaltung in Abb. 5 kann an jeweils zwei der vier Anschlusspunkte angeschlossen werden. Alle Widerstände besitzen den Wert: $R = 240\ \Omega$.
Zeichnen Sie für die Teilaufgaben die Schaltung neu und berechnen Sie den Gesamtwiderstand für die Anschlusskombinationen a) A – B, b) A – C, c) B – C und d) A – D.

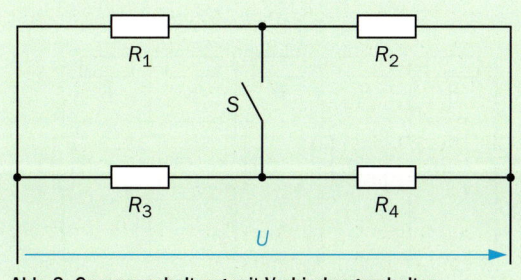

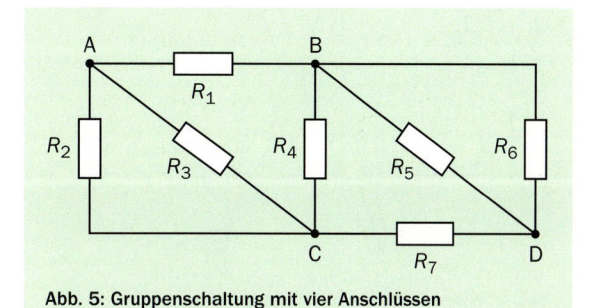

Abb. 3: Gruppenschaltung mit Verbindungsschalter

Abb. 5: Gruppenschaltung mit vier Anschlüssen

12. Die Belastung in der Schaltung (Abb. 1) kann durch die Schalterstellung verändert werden. Die Einzelwiderstände haben folgende Werte: $R_1 = 120\ \Omega$, $R_2 = 330\ \Omega$, $R_3 = 50\ \Omega$, $R_4 = 22\ \Omega$ und $R_5 = 560\ \Omega$. Berechnen Sie den Gesamtwiderstand R_g für alle Schalterstellungen.

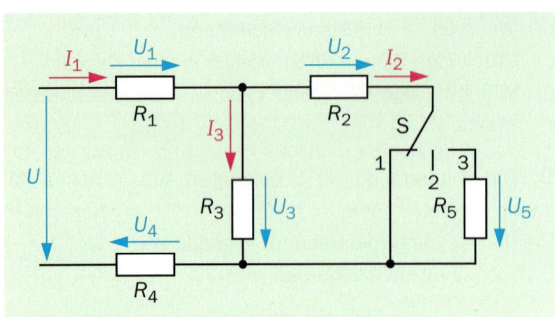

Abb. 1: Schaltung mit umschaltbarer Belastung

13. Die Schaltung in Abb. 1 wird an eine Spannungsquelle $U = 24$ V angeschlossen. Es sind folgende Widerstände bekannt: $R_1 = 100\ \Omega$, $R_2 = 150\ \Omega$, $R_4 = 50\ \Omega$ und $R_5 = 22\ \Omega$. Bei der Schalterstellung 1 beträgt $I_1 = 120$ mA.
a) Berechnen Sie die Teilströme I_2 und I_3.
b) Wie groß ist der Widerstand R_3?
c) Wie groß ist der Gesamtwiderstand R_g?
d) Berechnen Sie alle Teilspannungen und Ströme für die Schalterstellungen 2 und 3.

14. Die elektrischen Widerstände eines menschlichen Körpers sind in der Ersatzsschaltung (Abb. 2) als gemischte Schaltung dargestellt. Werdn im Fehlerfall ein spannungsführender Leiter und das Gegenpotenzial berührt, fließt ein Fehlerstrom. Die Berührungsspannung beträgt 230 V. Berechnen Sie die Fehlerstromstärken zwischen den Punkten a) A – B, b) A – C und c) B – CD.

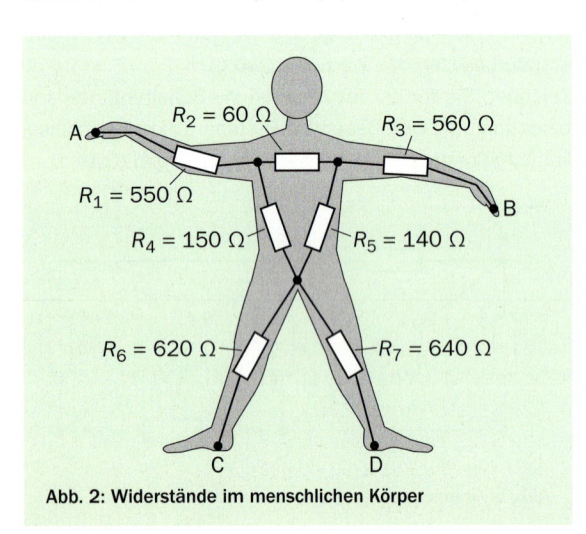

Abb. 2: Widerstände im menschlichen Körper

15. The resistors of a circuit
$$R_g = (R_1 \parallel (R_2 + (R_3 \parallel R_4))) + R_5$$
have the same values: $R = 56\ \Omega$.
a) Draw the circuit diagram.
b) Calculate the total resistance.

16. In einer Schaltung werden vier Widerstände an eine Spannung $U = 230$ V angeschlossen. Die Schaltungsgruppe $R_g = R_1 \parallel (R_2 + (R_3 \parallel R_4))$ hat die Einzelwiderstände: $R_1 = R_3 = 75\ \Omega$, $R_2 = 50\ \Omega$ und $R_4 = 100\ \Omega$.
a) Zeichnen Sie die Schaltung.
b) Berechnen Sie den Gesamtwiderstand.
c) Berechnen Sie die Stromstärken in allen Zweigen.
d) Wie groß sind die Spannungen über den Widerständen?

17. Für die Verarbeitung digitaler Signale wird die Summierschaltung (Abb. 3) verwendet. Berechnen Sie die Gesamtstromstärken I und die Ausgangsspannungen U_A, wenn die folgenden Schalter geschlossen sind:
a) S0 und S1, b) S0 bis S3, c) S0 und S2.

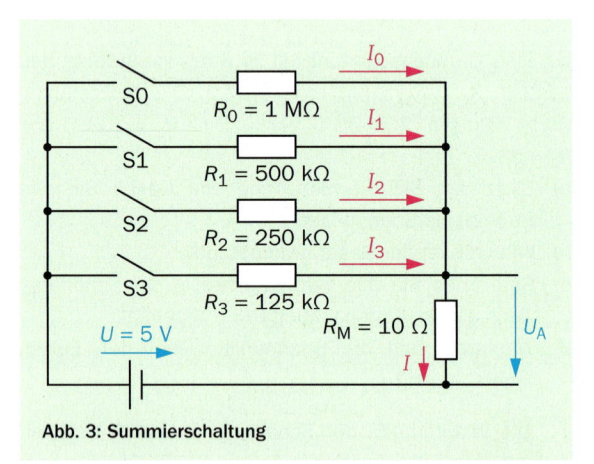

Abb. 3: Summierschaltung

18. In dem R-$2R$-Netzwerk (Abb. 4) besitzen alle Widerstände den gleichen Widerstandswert $R = 10$ kΩ. Die Gesamtspannung beträgt $U = 8$ V. Berechnen Sie
a) den Gesamtwiderstand,
b) die Teilspannungen U_1 bis U_5 und
c) alle Teilströme I_1 bis I_5.

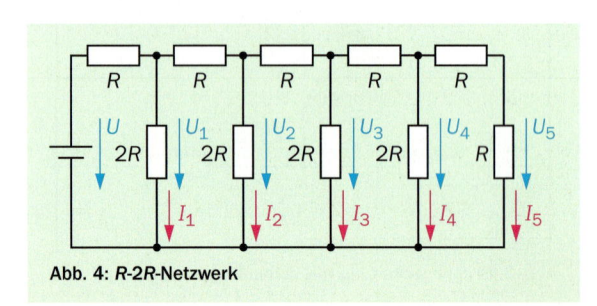

Abb. 4: R-$2R$-Netzwerk

Gemischte Schaltungen — Mixed Circuits

19. Die Schaltung in Abb. 5 stellt einen temperaturabhängigen Spannungsteiler dar. Durch die Erwärmung des 6-kΩ-Thermistors wird das Spannungsverhältnis verändert. Berechnen Sie die Spannung U_2 bei den Temperaturen a) 20 °C, b) 40 °C, c) 60 °C und d) 100 °C.

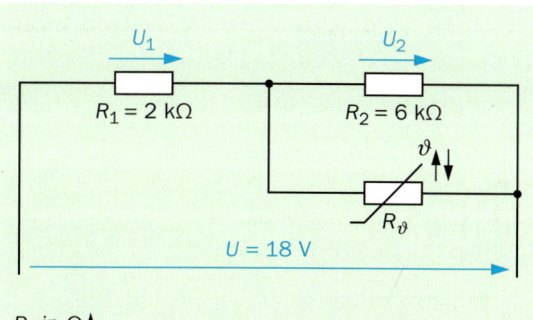

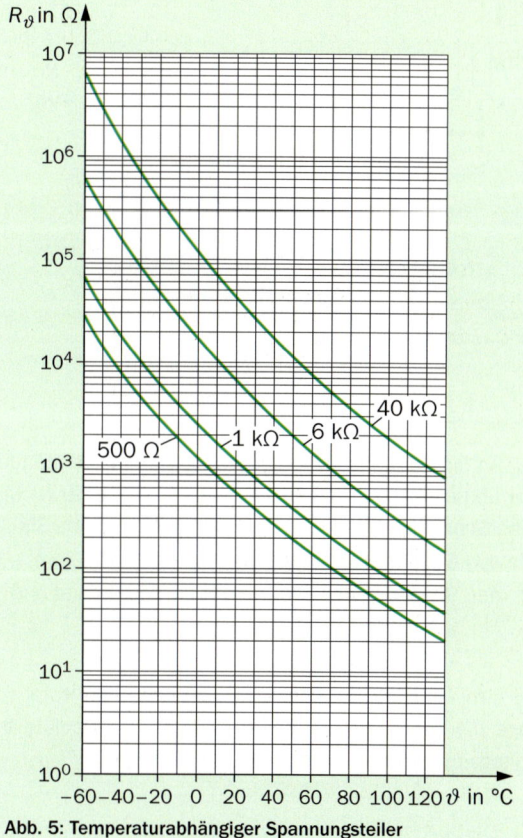

Abb. 5: Temperaturabhängiger Spannungsteiler

20. Der temperaturabhängige Widerstand der Schaltung in Abb. 5 wird durch einen Thermistor Pt1000 ersetzt. Berechnen Sie die Spannungswerte U_2.

ϑ in °C	−20	0	40	100
R in Ω	921,57	1000,00	1155,41	1385,0
U_2				

21. Um das Schaltverhalten eines Relais K1 zu verändern, werden schaltbare Zusatzwiderstände zum Spulenwiderstand R_S in Reihe geschaltet (Abb. 6). Das Relais schaltet bei 18 V bzw. 12 mA zu. Die Gesamtspannung beträgt 24 V.
a) Berechnen Sie den ohmschen Widerstand des Relais.
b) Mit dem Thermistor sollen bei 40 °C die Werte für das Zuschalten erreicht werden. Wählen Sie den passenden Thermistor entsprechend der Kennlinie in Abb. 5 aus.
c) Um ein schnelles Abschalten zu erreichen, wird mit R_V der Relaisstrom auf 8 mA begrenzt. Wie groß ist R_V?

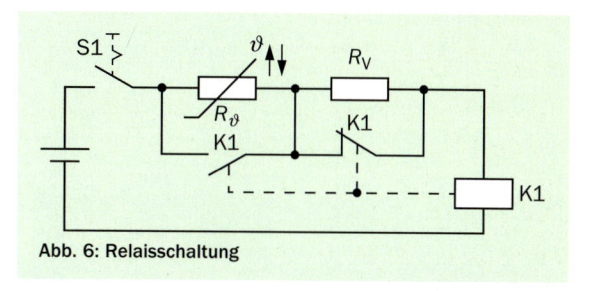

Abb. 6: Relaisschaltung

22. Die in Abb. 7 dargestellte Widerstandsschaltung wird durch den wahlweisen Anschluss einer Spannung an zwei der vier Anschlusspunkte unterschiedlich belastet.
a) Bestimmen Sie die Werte der Einzelwiderstände.
b) Die Schaltung wird an den Punkten A und B angeschlossen. Zeichnen Sie die Schaltung zur Lösungsvorlage um und berechnen Sie den Gesamtwiderstand.
c) Berechnen Sie den Gesamtwiderstand zwischen den Anschlüssen A und C.
d) Die Schaltung wird mit den Punkten B und D angeschlossen. Wie groß ist der Gesamtwiderstand?

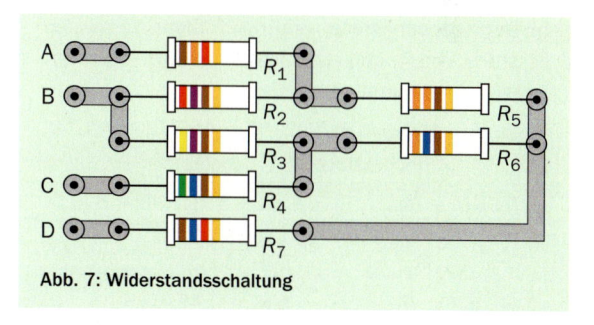

Abb. 7: Widerstandsschaltung

23. Zwischen den Anschlusspunkten A und B der Schaltung in Abb. 7 wird eine Spannung $U = 24$ V angelegt. An den zwei offenen Anschlusspunkten C und D entstehen dadurch verschiedene Spannungswerte. Berechnen Sie
a) die Gesamtstromstärke,
b) die Spannungen über den Widerständen R_1 und R_2,
c) die Spannung zwischen den Anschlusspunkten C − B,
d) die Spannung zwischen den Punkten C und D.

2.11 Spannungsteiler

Mit Hilfe von Spannungsteilern können auf einfache Weise Spannungen für Baugruppen oder Bauelemente angepasst werden.

Unbelasteter Spannungsteiler
Durch zwei in Reihe geschaltete Widerstände teilt sich die Gesamtspannung im gleichen Verhältnis wie die Widerstände auf.

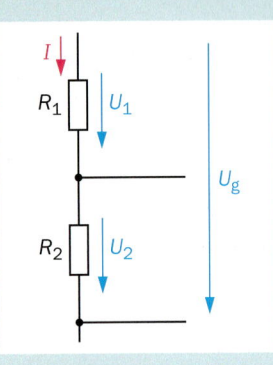

$$\frac{U_g}{R_g} = \frac{U_1}{R_1} = \frac{U_2}{R_2}$$

$$\frac{U_1}{U_2} = \frac{R_1}{R_2}$$

$$R_g = R_1 + R_2$$

Belasteter Spannungsteiler
Beim belasteten Spannungsteiler wird ein Lastwiderstand zu einem Teilwiderstand des Spannungsteilers parallel geschaltet. Hierbei ist die Veränderung des Widerstandsverhältnisses durch den Lastwiderstand zu berücksichtigen. Es folgt eine Stromverzweigung.

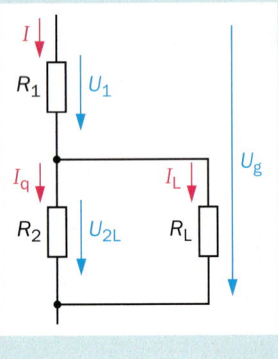

$$\frac{U_g}{R_g} = \frac{U_1}{R_1} = \frac{U_{2L}}{R_{2L}}$$

$$\frac{U_1}{U_{2L}} = \frac{R_1}{R_{2L}}$$

$$R_{2L} = \frac{R_2 \cdot R_L}{R_2 + R_L}$$

$$I = I_q + I_L$$

$$m = \frac{I_q}{I_L}$$

R_1, R_2: Teilwiderstände $[R_1], [R_2] = \Omega$
R_L: Lastwiderstand $[R_L] = \Omega$

I_L: Laststrom $[I_L] = A$
I_q: Strom durch R_2 (Querstrom) $[I_q] = A$
m: Querstromfaktor

Beispiel
An einer Reihenschaltung von zwei Widerständen ($R_1 = 1$ kΩ, $R_2 = 5$ kΩ) liegt eine Gesamtspannung $U = 12$ V an.
a) Wie groß ist die Teilspannung U_2?
b) Der Spannungsteiler wird durch einen Lastwiderstand $R_L = 450$ Ω, parallel zu R_2, belastet. Berechnen Sie die Spannung U_{2L}.

Geg.: $R_1 = 1$ kΩ; $R_2 = 5$ kΩ; $R_L = 450$ Ω; $U = 12$ V
Ges.: a) U_2 (unbelastet); b) U_{2L} (belastet)

a) $R_g = R_1 + R_2$; $R_g = 1$ kΩ + 5 kΩ; $R_g = 6$ kΩ

$U_2 = U_g \cdot \frac{R_2}{R_g}$; $U_1 = 12$ V $\cdot \frac{5\text{ k}\Omega}{6\text{ k}\Omega}$; $\underline{\underline{U_2 = 10\text{ V}}}$

b) $R_{2L} = \frac{R_2 \cdot R_L}{R_2 + R_L}$; $R_{2L} = \frac{5\text{ k}\Omega \cdot 0{,}45\text{ k}\Omega}{5\text{ k}\Omega + 0{,}45\text{ k}\Omega}$;

$\underline{\underline{R_{2L} = 0{,}41\text{ k}\Omega}}$

$R_g = R_1 + R_{2L}$; $R_g = 1$ kΩ + 0,41 kΩ;

$\underline{\underline{R_g = 1{,}41\text{ k}\Omega}}$

$U_{2L} = U_g \cdot \frac{R_{2L}}{R_{gL}}$; $U_{2L} = 12$ V $\cdot \frac{0{,}41\text{ k}\Omega}{1{,}41\text{ k}\Omega}$;

$\underline{\underline{U_{2L} = 3{,}49\text{ V}}}$

Aufgaben

1. An eine Serienschaltung mit folgenden Widerständen der E6-Reihe (10 Ω, 15 Ω, 22 Ω, 33 Ω, 47 Ω, 68 Ω) wird eine Spannung von $U = 12$ V angelegt. Berechnen Sie
a) den Gesamtwiderstand R_g,
b) den Spannungsfall über dem 33-Ω-Widerstand und
c) die Stromstärke I.

2. Two resistors are connected in series. The total voltage $U = 18$ V is divided by the ratio 2:7. Calculate the voltages U_1 and U_2.

3. Ein Spannungsteiler mit zwei Widerständen $R_1 = 22$ Ω und $R_2 = 56$ Ω wird mit einer Spannungsquelle $U = 6$ V verbunden.
a) Berechnen Sie die Stromstärke und die Spannungen über den beiden Widerständen.
b) Ein Lastwiderstand $R_L = 56$ Ω ist parallel zum Widerstand R_1 angeschlossen. Berechnen Sie den Gesamtwiderstand für den angegebenen Belastungsfall.
c) Welche Spannung liegt am Lastwiderstand an?
d) Wie groß ist der Querstrom im Belastungsfall?

Spannungsteiler ▬ Voltage Divider

4. Der Stellbereich eines veränderbaren Widerstandes (Abb. 1) beträgt $l = 42$ cm. Durch den Schleifer wird der Gesamtwiderstand ($R_g = 2{,}7$ kΩ) in zwei Teilwiderstände R_1 und R_2 geteilt. Die Spannung U_2 wird zwischen dem rechten Anschluss und dem Schleiferkontakt abgegriffen. Berechnen Sie die Ausgangsspannungen U_2.

	a)	b)	c)	d)	e)	f)
l_1	0 cm	3 cm	15 cm	21 cm	35 cm	42 cm
U_2	10 V					

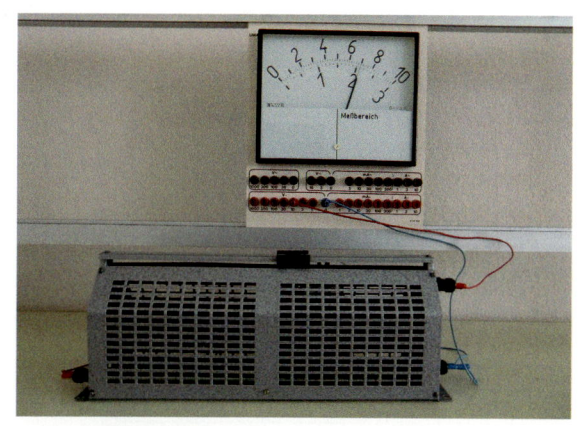

Abb. 1: Stellwiderstand

5. Berechnen Sie in der Schaltung in Abb. 2 bei geöffnetem Schalter S
a) die Teilspannungen über den Widerständen R_1 bis R_3,
b) den Widerstand R_2 und
c) das Spannungsverhältnis über R_1 und R_2.

Berechnen Sie bei geschlossenem Schalter S
d) die veränderte Stromstärke I,
e) die Spannungen U_1 und U_2 und
f) das Spannungsverhältnis über R_1 und R_2.

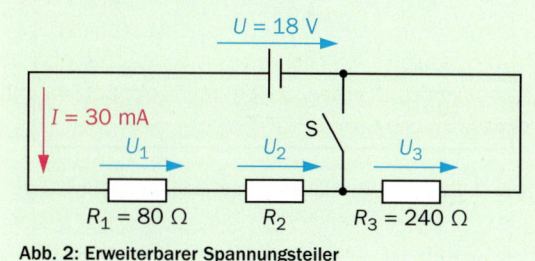

Abb. 2: Erweiterbarer Spannungsteiler

6. Ein Spannungsteiler besteht aus einem ohmschen Widerstand $R_1 = 5{,}1$ kΩ und einem Heißleiter R_2 mit dem Kaltwiderstand von $R_{2K} = 2{,}7$ kΩ. Durch den Anschluss an eine Spannungsquelle $U = 45$ V und die damit verbundene Eigenerwärmung sinkt dessen Widerstandswert auf $R_{2W} = 0{,}7$ kΩ. Berechnen Sie die Spannungen U_{2K} (kalt) und U_{2W} (warm).

7. Der Stellwiderstand in Abb. 3 hat einen Widerstandswert $R_g = 220$ Ω. Dieser Widerstand besitzt neben dem Anschluss S am einstellbaren Schleifer einen festen Mittelanschluss M. Zwischen diesen Kontakten S und M wird die Ausgangsspannung U_2 abgegriffen. Der Kontakt M wird als Bezugspotenzial festgelegt.
a) Berechnen Sie die Ausgangsspannungen U_2 für die eingestellten Widerstandswerte von R_2:
0 Ω; 55 Ω; 110 Ω; 130 Ω; 175 Ω; 220 Ω
b) Zeichnen Sie das Diagramm $U_2 = f(R_2)$.

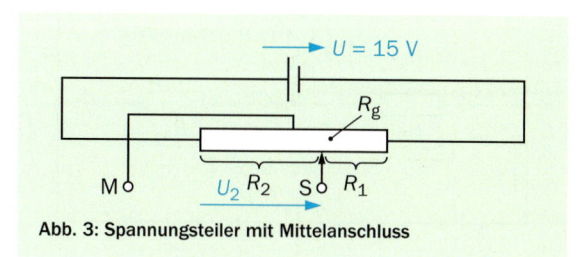

Abb. 3: Spannungsteiler mit Mittelanschluss

8. Berechnen Sie in der Schaltung in Abb. 4
a) die Spannungen zwischen den Anschlussklemmen A – B und B – C,
b) die Spannungsverhältnisse $U_g : U_1 : U_2 : U_3$ bei offenem Schalter und
c) die Spannung zwischen den Klemmen A – C bei geschlossenem Schalter S.

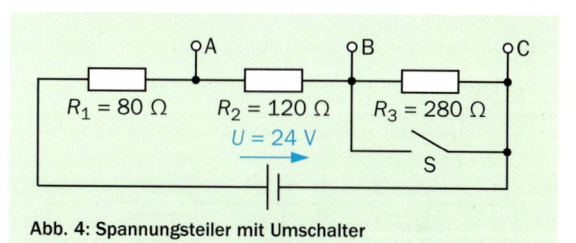

Abb. 4: Spannungsteiler mit Umschalter

9. In einer Spannungsteiler-Schaltung soll der Querstromfaktor $m \leq 5$ betragen. Die beiden Festwiderstände $R_1 = 140$ Ω und $R_2 = 80$ Ω werden an eine Spannungsquelle $U = 48$ V angeschlossen. Ein veränderbarer Lastwiderstand wird parallel zu R_2 geschaltet. Berechnen Sie die Grenzwerte für den Lastwiderstand R_L.

10. Berechnen Sie in der Schaltung in Abb. 5 die Ausgangsspannungen U_2 für die Schalterstellungen 1, 2 und 3.

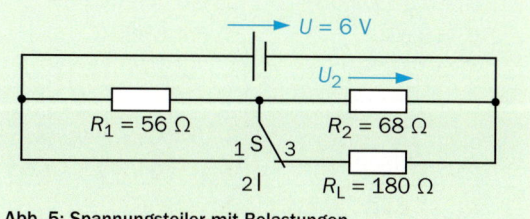

Abb. 5: Spannungsteiler mit Belastungen

2.12 Brückenschaltungen

Eine Brückenschaltung besteht aus zwei parallel geschalteten Spannungsteilern an einer gemeinsamen Spannungsquelle. Zwischen den Klemmen A und B befindet sich der Brückenzweig.

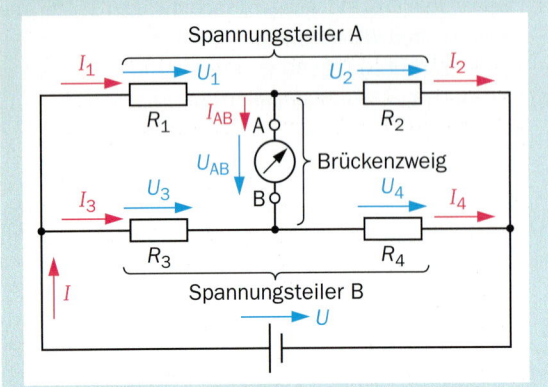

Fließt im Brückenzweig kein Strom, ist die **Brückenschaltung abgeglichen**.

$$\frac{R_1}{R_2} = \frac{R_3}{R_4} \qquad \frac{U_1}{U_2} = \frac{U_3}{U_4} \qquad I_{AB} = 0\ A \qquad U_{AB} = 0\ V$$

Beispiel

Berechnen Sie die fehlenden elektrischen Größen U_2, I_3, R_2 und U_{AB} in der abgebildeten Schaltung.

Geg.:

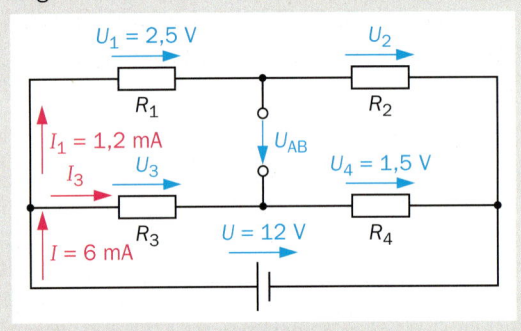

Ges.: a) U_2; b) I_3; c) R_2; d) U_{AB}

a) $U = U_1 + U_2$
$U_2 = U - U_1$
$U_2 = 12\ V - 2{,}5\ V$
$U_2 = 9{,}5\ V$

b) $I = I_1 + I_3$
$I_3 = I - I_1$
$I_3 = 6\ mA - 1{,}2\ mA$
$I_3 = 4{,}8\ mA$

c) $R_2 = \dfrac{U_2}{I_2}$
$R_2 = \dfrac{9{,}5\ V}{1{,}2\ mA}$
$R_2 = 7{,}9\ k\Omega$

d) $U = U_1 + U_{AB} + U_4$
$U_{AB} = U - U_1 - U_4$
$U_{AB} = 12\ V - 2{,}5 - 1{,}5\ V$
$U_{AB} = 8\ V$

Aufgaben

1. Die Widerstände $R_1 = 270\ \Omega$ und $R_2 = 56\ \Omega$ bilden den Spannungsteiler A. Für den Spannungsteiler B aus den Widerständen R_3 und R_4 ist nur $R_3 = 140\ \Omega$ bekannt. Die Brückenschaltung soll abgeglichen werden.
a) Skizzieren Sie die Schaltung.
b) Wie groß ist der zu verwendende Widerstand R_4?
c) Welchen Widerstandswert muss R_4 besitzen, wenn in der Schaltung R_1 gegen R_2 getauscht werden?

2. Berechnen Sie in der Brückenschaltung aus Abb. 1
a) die Spannungen über den Widerständen R_1 bis R_4,
b) die Brückenzweig-Spannung U_{AB},
c) die Stromstärken I, I_A, I_B und
d) den Gesamtwiderstand R_g.

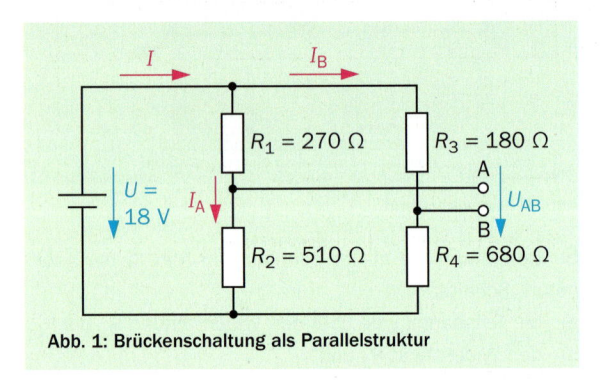

Abb. 1: Brückenschaltung als Parallelstruktur

3. Berechnen Sie für eine Brückenschaltung (Abb. 2) die kleinste und größte Brückenzweig-Spannung.

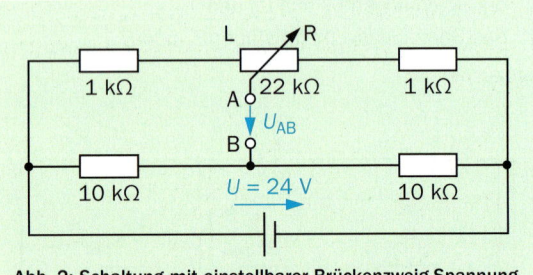

Abb. 2: Schaltung mit einstellbarer Brückenzweig-Spannung

4. In einer Brückenschaltung sind folgende Widerstände angeschlossen:
Spannungsteiler A: $R_1 = 270\ \Omega$ und $R_2 = 56\ \Omega$,
Spannungsteiler B: $R_3 = 140\ \Omega$ und $R_4 = 270\ \Omega$.
Die Gesamtspannung beträgt $U = 24\ V$. Berechnen Sie:
a) die Spannungen über den Widerständen R_1 und R_2,
b) die Spannungen über den Widerständen R_3 und R_4, sowie
c) die Brückenzweig-Spannung U_{AB}.

5. Calculate the voltage U_{AB} of the circuit in fig. 3.

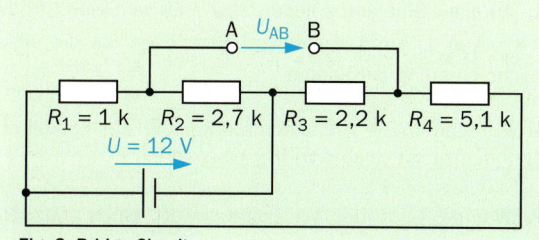

Fig. 3: Bridge Circuit
$R_1 = 1$ k, $R_2 = 2{,}7$ k, $R_3 = 2{,}2$ k, $R_4 = 5{,}1$ k, $U = 12$ V

6. Welchen Wert muss der Widerstand R_2 in der Schaltung in Abb. 4 besitzen, damit die Brückenschaltung abgeglichen ist?

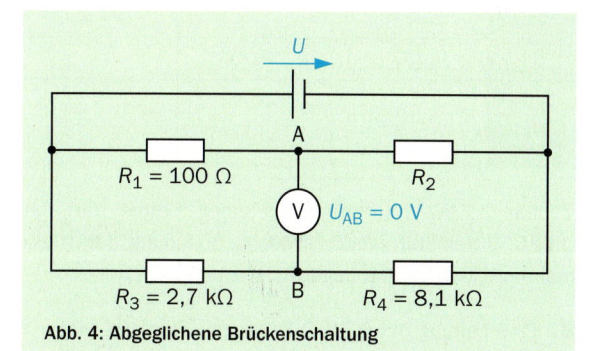

Abb. 4: Abgeglichene Brückenschaltung
$R_1 = 100$ Ω, $R_3 = 2{,}7$ kΩ, $R_4 = 8{,}1$ kΩ, $U_{AB} = 0$ V

7. In einer Brückenschaltung besitzen alle Widerstände mit $R = 270$ Ω den gleichen Wert. Wie groß ist der Gesamtwiderstand?

8. Die Schaltung in Abb. 5 stellt eine vereinfachte Schleifdraht-Messbrücke nach Wheatstone dar. Auf welches Längenverhältnis $l_1 : l_2$ des Widerstanddrahtes muss der Schleifer eingestellt werden, damit die Messbrücke abgeglichen ist?

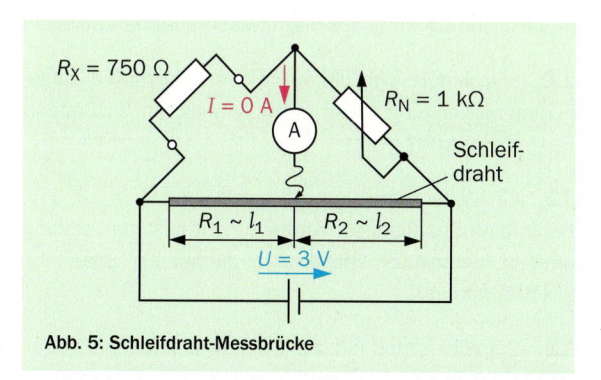

Abb. 5: Schleifdraht-Messbrücke
$R_X = 750$ Ω, $R_N = 1$ kΩ, $I = 0$ A, $U = 3$ V

9. Eine Widerstands-Messbrücke (Abb. 5) hat bei Abgleich den eingestellten Wert $R_N = 100$ Ω und am Schleifer das Widerstandsverhältnis $R_1/R_2 = 0{,}44$. Wie groß ist der auszumessende Widerstand R_X?

10. Die Widerstände $R_1 = 80$ Ω und $R_2 = 200$ Ω bilden in einer Brückenschaltung einen Spannungsteiler A. Der Spannungsteiler B wird durch eine Reihenschaltung der Widerstände $R_3 = 2$ kΩ und $R_4 = 5$ kΩ gebildet. Um welchen gleichen Widerstandswert müssen die Widerstände R_3 und R_4 erhöht werden, damit die Brückenschaltung abgeglichen ist?

11. Die Brückenschaltung in Abb. 6 wird an $U = 24$ V angeschlossen. Es sind gegeben: $U_1 = 5$ V, $U_4 = 3$ V, $I_1 = 2{,}4$ mA und $I_2 = 1{,}6$ mA. Berechnen Sie R_{AB} und R_3.

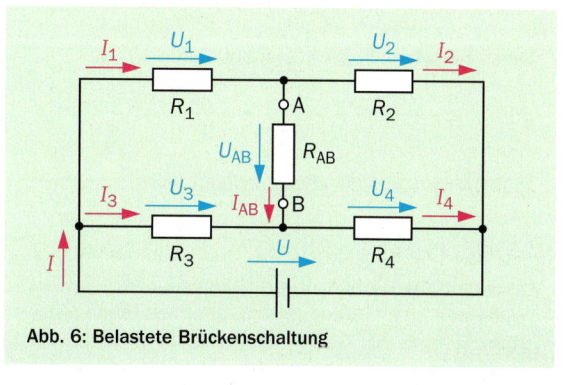

Abb. 6: Belastete Brückenschaltung

12. Für eine Temperaturmessung wird die Messbrücke mit einem Thermistor R_1 verwendet (Abb. 7). Die Schaltung liegt an $U = 24$ V. Bei 20 °C betragen die Widerstände: $R_{1K} = 5{,}7$ kΩ, $R_2 = 3{,}2$ kΩ, $R_3 = 2{,}2$ kΩ und $R_4 = 6{,}2$ kΩ.
a) Berechnen Sie die Spannung U_{AB} bei $\vartheta = 20$ °C.
b) Durch eine Erwärmung auf $\vartheta = 78$ °C verändert sich der Widerstand des Thermistors auf $R_{1W} = 0{,}95$ kΩ. Berechnen Sie die Brückenzweig-Spannung U_{AB}.

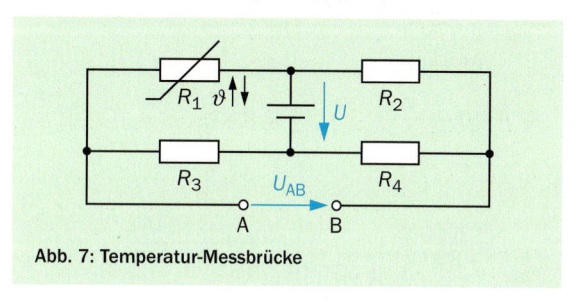

Abb. 7: Temperatur-Messbrücke

13. Um größere Veränderungen der Brückenzweig-Spannung zu erreichen, wird die Schaltung der Messbrücke (Abb. 7) verändert. Der ohmsche Widerstand R_4 wird durch einen mit R_1 typgleichen Thermistor ersetzt. Die Festwiderstände betragen $R_2 = R_3 = 2{,}2$ kΩ. Die Versorgungsspannung beträgt $U = 24$ V.
a) Berechnen Sie die Brückenzweig-Spannung U_{AB} bei 20 °C mit $R_1 = R_4 = 5{,}7$ kΩ.
b) Berechnen Sie die Brückenzweig-Spannung U_{AB} bei 78 °C mit $R_1 = R_4 = 0{,}95$ kΩ.

2.13 Elektrische Leistung

Die an einem Verbraucher umgesetzte elektrische Leistung P ist das Produkt aus der Spannung U über dem Verbraucher und der Stromstärke I, die durch den Verbraucher fließt.

$$P = U \cdot I$$

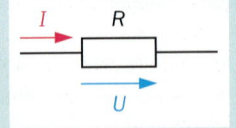

P: elektrische Leistung $[P] = V \cdot A = W$ (Watt)

Durch Einsetzen von $I = \dfrac{U}{R}$ ergibt sich:

$$P = U \cdot \dfrac{U}{R} \qquad P = \dfrac{U^2}{R}$$

Durch Einsetzen von $U = I \cdot R$ ergibt sich

$$P = I \cdot R \cdot I \qquad P = I^2 \cdot R$$

In Schaltungen mit mehreren Verbrauchern ist die Gesamtleistung gleich der Summe der Teilleistungen!

$$P_{ges} = P_1 + P_2 + \ldots + P_n$$

Beispiel

Ein Heizwiderstand mit den Bemessungsgrößen 2000 W/230 V dient zur Erwärmung des Wassers in einer Waschmaschine. Berechnen Sie a) die Stromstärke und b) den Widerstandswert!

Geg.: $P = 2000$ W; $U = 230$ V
Ges.: a) I
      b) R

a) $P = U \cdot I$
$I = \dfrac{P}{U}$
$I = \dfrac{2000 \text{ W}}{230 \text{ V}}$
$\underline{\underline{I = 8{,}7 \text{ A}}}$

b) $P = \dfrac{U^2}{R}$
$R = \dfrac{U^2}{P}$
$R = \dfrac{(230 \text{ V})^2}{2000 \text{ W}}$
$\underline{\underline{R = 26{,}45 \text{ }\Omega}}$

Aufgaben

1. Bei einer Spannung von 24 V wird an einem Widerstand eine Stromstärke von 1,5 A gemessen. Wie groß ist die elektrische Leistung des Widerstandes?

2. Ein 2200-W-Heizwiderstand liegt an einer Spannung von 230 V. Wie groß ist die Stromstärke?

3. An einer Glühlampe liegen 230 V. Es wird eine Stromstärke von 174 mA gemessen. Berechnen Sie die elektrische Leistung der Lampe.

4. Berechnen Sie die Stromstärke, die ein Lötkolben der Leistung 30 W an 230 V aufnimmt.

5. Wie groß ist der Widerstandswert eines Wasserkochers der Leistung 2400 W, wenn er an 230 V betrieben wird?

6. Berechnen Sie die fehlenden Werte:

	a)	b)	c)
U	12 V		24 V
I	0,833 A	100 mA	
P		0,5 W	0,48 W
R			

7. Ein 2,2-kΩ-Widerstand auf einer Platine darf mit 0,125 W belastet werden. Welche Spannung darf maximal am Widerstand anliegen?

8. Eine Leitung mit 0,75 Ω Leitungswiderstand wird mit einer Stromstärke von 14,5 A belastet. Welche Leistung wird in der Leitung umgesetzt?

9. Ein Heizwiderstand nimmt beim Anschluss an 400 V eine Leistung von 4500 W auf.
a) Wie hoch ist sein Widerstandswert?
b) Welche Leistung nimmt er an 230 V auf?

10. Der elektrische Anschluss eines Warmwasserspeichers mit den Bemessungswerten 230 V/2 kW liegt an einer um 5 % verringerten Spannung. Berechnen Sie die tatsächliche Leistung des Warmwasserspeichers.

11. Wie ändert sich die von einem Widerstand aufgenommene Leistung, wenn die Spannung am Widerstand vervierfacht wird?

12. Ein Widerstand liegt an einer Spannung von 3 V. Durch eine Spannungsänderung erhöht sich die Leistung um den Faktor 6,25. Wie hoch ist die aktuelle Spannung am Widerstand?

13. Ein Widerstand mit den Bemessungsdaten 220 Ω/ 0,250 W soll als Vorwiderstand für eine Lampe verwendet werden.
a) Zeichnen Sie die Schaltung.
b) Berechnen Sie die maximal zulässige Spannung am Widerstand.

Elektrische Leistung — Electric Power

14. Zwei Widerstände $R_1 = 220\ \Omega$, $R_2 = 430\ \Omega$ sind in Reihe an eine 12-V-Spannungsquelle angeschlossen.
a) Zeichnen Sie die Schaltung.
b) Berechnen Sie die Leistungsaufnahmen der Widerstände sowie die Gesamtleistung.

15. Zwei Widerstände 220 Ω, 430 Ω sollen parallel an eine 12-V-Spannungsquelle angeschlossen werden. Es stehen Widerstände mit einer zulässigen Bemessungsleistung von 1/8 W, 1/4 W, 1/2 W und 1 W zur Verfügung. Welche Leistung ist jeweils mindestens zu wählen?

16. Zwei Widerstände ($R_1 = 470\ \Omega$; $R_2 = 330\ \Omega$) können mit Hilfe eines Umschalters in Reihe und parallel betrieben werden. Die Versorgungsspannung beträgt 12 V.
a) Zeichnen Sie die Schaltung für beide Schalterstellungen.
b) Berechnen Sie für beide Schalterstellungen die Stromstärken durch die Widerstände.
c) Welche Teilleistungen und welche Gesamtleistung werden in den beiden Schalterstellungen umgesetzt?

17. Eine Leuchtdiode soll an einer 24-V-Spannungsquelle betrieben werden (Abb. 1).
a) Berechnen Sie den erforderlichen Vorwiderstand.
b) Für welche Leistung muss der Widerstand mindestens ausgelegt sein?

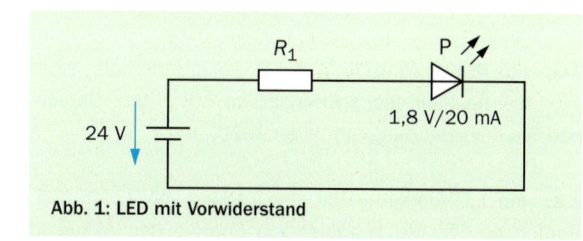

Abb. 1: LED mit Vorwiderstand

18. Eine Glühlampe 12 V/10 W soll an 24 V betrieben werden.
a) Zeichnen Sie die notwendige Schaltung.
b) Welchen Wert muss der Vorwiderstand haben?
c) Für welche Leistung muss der Vorwiderstand mindestens ausgelegt sein?

19. Ein Verbraucher nimmt bei einer Spannung von 230 V eine Leistung von 3 kW auf. In der Zuleitung zum Verbraucher befindet sich eine Verbindungsklemme, deren Widerstandswert sich durch äußere Einflüsse auf 2 Ω erhöht hat.
a) Berechnen Sie die Verlustleistung an der Schraubklemme.
b) Welche Leistung wird am Verbraucher und an der Verbindungsklemme zusammen umgesetzt?

20. Zwei Skalenlampen 6 V/0,48 W werden über einen Vorwiderstand an einer Spannung von 12 V betrieben (Abb. 2).
a) Berechnen Sie den erforderlichen Wert des Vorwiderstandes.
b) Für welche Leistung muss der Vorwiderstand mindestens ausgelegt sein?
c) Welchen Widerstandswert haben die Skalenlampen bei den angegebenen Betriebsdaten?
d) Beurteilen Sie die Schaltung für den Fall, dass eine der Skalenlampen durchbrennt. Ermitteln Sie hierzu die neuen Spannungs-, Stromstärke- und Leistungswerte der verbleibenden Lampe.

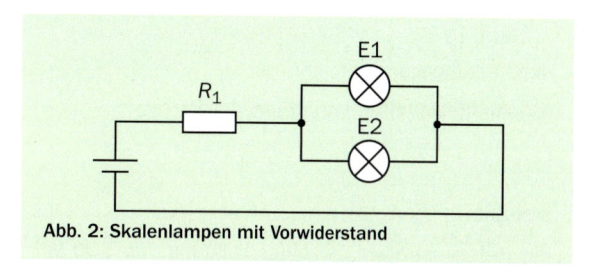

Abb. 2: Skalenlampen mit Vorwiderstand

21. Abb. 3 zeigt drei der sechs Schaltstufen einer Kochplatte (Siebentaktschaltung). Zwischen L1 und N liegen 230 V. Die Widerstandswerte betragen $R_1 = 176\ \Omega$, $R_2 = 151\ \Omega$ und $R_3 = 62\ \Omega$.
a) Zeichnen Sie die Schaltstufe 3 in aufgelöster Darstellung.
b) Berechnen Sie für Stufe 3 die Gesamtleistung.
c) Skizzieren Sie für Stufe 1 die vereinfachte Schaltung und berechnen Sie die Gesamtleistung.
d) Skizzieren Sie für Stufe 5 die vereinfachte Schaltung und berechnen Sie die Gesamtleistung.

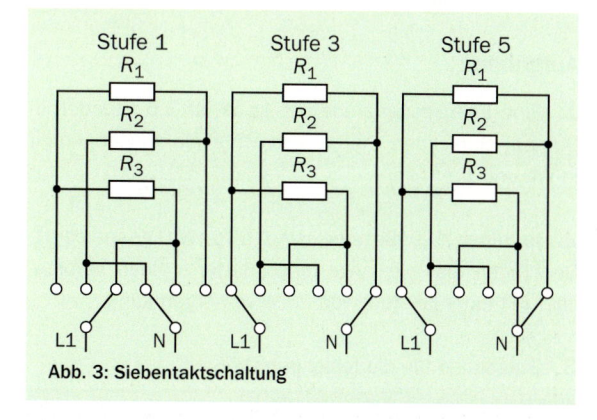

Abb. 3: Siebentaktschaltung

22. Ein Halogenbaustrahler (230 V/500 W) wird über eine 50 m lange Verlängerungsleitung (1,5 mm²; Cu) angeschlossen. Berechnen Sie die auf der Verlängerungsleitung anfallende Verlustleistung.

2.14 Elektrische Arbeit und Energie

Wird eine elektrische Leistung P über eine bestimmte Zeit t erbracht, so wird elektrische Arbeit W verrichtet bzw. elektrische Energie E umgesetzt ($W = E$).

$$W = P \cdot t \qquad W = U \cdot I \cdot t \qquad W = \frac{n}{c_Z}$$

$$K = W \cdot k$$

W: elektrische Arbeit $\quad [W] = V \cdot A \cdot s$
$\qquad\qquad\qquad\qquad\;\; [W] = 1\,Ws = 1\,J$ (Joule)
K: Gesamtenergiekosten
k: Tarif $\qquad\qquad\quad [k] = \frac{€}{kWh}$
n: Umdrehungen
c_Z: Zählerkonstante $\quad [c_Z] = \frac{1}{kWh}$

Beispiel

Ein Halogenstrahler mit einer Leistung von 500 W wird eine Nacht lang betrieben (14 Stunden).
a) Berechnen Sie die erbrachte elektrische Arbeit.
b) Wie hoch sind die Energiekosten, wenn der Tarif 22 ct pro kWh beträgt?

Geg.: $P = 500\,W$; $t = 14\,h$; $k = 22\,ct/kWh$
Ges.: a) W
      b) K

a) $W = P \cdot t$
   $W = 500\,W \cdot 14\,h$
   $W = 7000\,Wh$
   $W = 7\,kWh$

b) $K = W \cdot k$
   $K = 7\,kWh \cdot 22\,\frac{ct}{kWh}$
   $K = 154\,ct$
   $K = 1{,}54\,€$

Aufgaben

1. Eine Energiesparlampe mit 11 W ist 3,5 Stunden in Betrieb. Berechnen Sie die erbrachte elektrische Arbeit in Wh und J.

2. In einer 12-V-Batterie sind 900 Wh gespeichert. Berechnen Sie, wie lange diese Batterie einen Verbraucher mit einer Leistung von 25 W versorgen kann.

3. Berechnen Sie die fehlenden Größen!

	a)	b)	c)	d)
P	300 W		2,5 kW	
t	20 s	1 min		1200 s
W		300 Ws	13,75 kWh	2,5 kWh

4. Ein Warmluftgebläse verrichtet in 20 Minuten eine elektrische Arbeit von 400 Wh. Berechnen Sie die Leistung des Warmluftgebläses.

5. Durch eine Glühlampe fließt ein Strom der Stärke 0,26 A, wenn sie an eine Spannung von 230 V angeschlossen wird. Die Glühlampe ist 5,75 Stunden in Betrieb. Berechnen Sie die erbrachte elektrische Arbeit.

6. A current of 750 mA flows through a resistor. The applied voltage is 12 V. Which electric power is dissipated within five hours?

7. Für die elektrische Beheizung einer Weiche sind zehn Heizstäbe zu je 1500 W notwendig. Berechnen Sie die Heizkosten der Weiche, wenn die Heizung im Winter 31 volle Tage in Betrieb ist. Die Kilowattstunde kostet 14 ct.

8. Eine Glühlampe, die an einer 12-V-Spannungsquelle angeschlossen ist, wird von der Stromstärke 250 mA durchflossen. Berechnen Sie die in zwei Stunden erbrachte elektrische Arbeit in Wh und in J.

9. Ein Heizwiderstand von 70 Ω wird zwei Stunden lang an 230 V betrieben. Berechnen Sie die erbrachte elektrische Arbeit.

10. Ein Widerstand $R = 3\,k\Omega$ setzt innerhalb einer Stunde eine elektrische Energie von 690 J um. Berechnen Sie die Spannung am Widerstand.

11. Ein 1,2-V-Akku besitzt eine Ladung von 2200 mAh. Berechnen Sie die gespeicherte Energie des Akkus in Joule.

12. Die Beleuchtung eines Raumes besteht aus 12 Glühlampen zu je 60 W. Die benötigte elektrische Energie wird mit Hilfe eines Wechselstromzählers erfasst. Der Zähler hat eine Zählerkonstante c_Z von $375\,\frac{1}{kWh}$.
a) Berechnen Sie die benötigte elektrische Energie für eine Beleuchtungsdauer von sechs Stunden.
b) Wie viele Umdrehungen macht die Zählerscheibe in diesem Zeitraum?
c) Die Glühlampen sollen durch 11-W-Energiesparlampen ersetzt werden. Berechnen Sie die eingesparten Energiekosten eines Jahres. Gehen Sie hierbei von einer durchschnittlichen täglichen Betriebsdauer von 4 Stunden aus. Die Kosten für eine Kilowattstunde betragen 24 ct.

2.15 Wirkungsgrad

Als Wirkungsgrad η bezeichnet man das Verhältnis zwischen der abgeführten Leistung P_{ab} und der zugeführten Leistung P_{zu}.
Hierbei ist P_{ab} immer um die Verlustleistung P_v kleiner als P_{zu}.

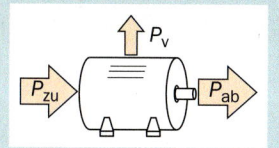

$$\eta = \frac{P_{ab}}{P_{zu}}$$

$$P_{zu} = P_{ab} + P_v$$

η: Wirkungsgrad (eta)

Der Wert des Wirkungsgrades η liegt zwischen 0 und 1 bzw. zwischen 0 % und 100 %.
Der Gesamtwirkungsgrad eines Systems ergibt sich aus der Multiplikation der Einzelwirkungsgrade.

$$\eta_g = \eta_1 \cdot \eta_2 \cdot \ldots \cdot \eta_n$$

Beispiel

Ein Gleichstrommotor mit einem Wirkungsgrad von 0,85 nimmt an einer Spannung von 120 V einen Strom der Stärke 36 A auf.
a) Berechnen Sie die aufgenommene elektrische Leistung.
b) Wie groß ist die abgegebene mechanische Leistung an der Welle?
c) Wie hoch ist die Verlustleistung?

Geg.: U = 120 V; I = 36 A; η = 0,85
Ges.: a) P_{zu};   b) P_{ab};   c) P_v

a) $P_{zu} = U \cdot I$
   P_{zu} = 120 V · 36 A
   P_{zu} = 4320 W

b) $P_{ab} = \eta \cdot P_{zu}$
   P_{ab} = 0,85 · 4320 W
   P_{ab} = 3672 W

c) $P_v = P_{zu} - P_{ab}$
   P_v = 4320 W – 3672 W
   P_v = 648 W

Aufgaben

1. Ein Elektromotor gibt eine mechanische Leistung von 2100 W ab. Er nimmt hierbei eine elektrische Leistung von 2400 W auf. Berechnen Sie den Wirkungsgrad des Motors.

2. Ein Transformator hat einen Wirkungsgrad von 0,95. Wie hoch ist die abgegebene Leistung bei einer zugeführten Leistung von 2 kW?

3. Ein Ringkerntransformator gibt eine Leistung von 200 W ab. Berechnen Sie die zugeführte Leistung bei einem Wirkungsgrad von 92 %.

4. Berechnen Sie den Gesamtwirkungsgrad eines Dieselaggregats. Der Motor hat einen Wirkungsgrad von 37 % und der des Generators beträgt 85 %.

5. The efficiency of a transformer is 0.74. Calculate the power loss if the output power is 15 W.

6. Im Sekundärkreis eines Transformators mit einer Ausgangsspannung von 5 V fließen bei angeschlossenem Verbraucher 150 mA. Eingangsseitig wird eine Spannung von 230 V und eine Stromstärke von 10,9 mA gemessen. Berechnen Sie den Wirkungsgrad des Transformators.

7. Abb. 1 zeigt das Blockschaltbild einer unterbrechungsfreien Stromversorgung (USV). Der Wirkungsgrad des Gleichrichters beträgt 0,98 und der des Wechselrichters 0,95. Berechnen Sie die auftretende Verlustleistung der USV, wenn diese im Betrieb 12 kW an die angeschlossenen Verbraucher abgibt.

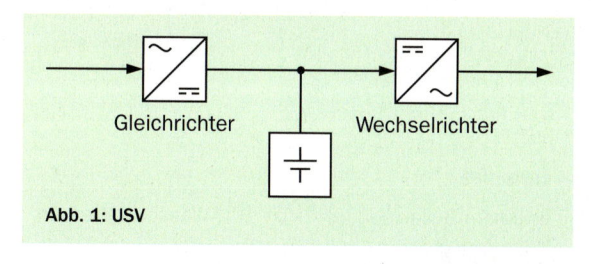

Abb. 1: USV

8. Die Nennstromstärke eines 12-V-Schaltnetzteils beträgt 3,5 A. Berechnen Sie die Stromstärke auf der Netzseite, wenn das Schaltnetzteil einen Wirkungsgrad von 0,85 hat.

9. Eine Pumpanlage besteht aus einer Drehkolbenpumpe und einem Elektromotor. Sie fördert 150 m³ Schmutzwasser pro Stunde über eine Höhendifferenz von 15 m. Die Pumpe hat hierbei einen Wirkungsgrad von 0,73 und der Elektromotor einen Wirkungsgrad von 0,85.
a) Berechnen Sie die dabei von der Pumpe abgegebene Leistung.
b) Wie hoch ist die abgegebene Leistung des Elektromotors?
c) Welche Leistung nimmt der Motor auf?
d) Wie hoch ist der Gesamtwirkungsgrad von Pumpe und Elektromotor?
e) Berechnen Sie die Gesamtverlustleistung.

2.16 Wärmemenge

Um einen Körper zu erwärmen, muss ihm eine Wärmemenge Q zugeführt werden. Diese ist abhängig von der Masse m, der spezifischen Wärmekapazität c des Materials und der Temperaturdifferenz $\Delta\vartheta$ des Körpers.

$$Q = m \cdot c \cdot \Delta\vartheta \qquad \Delta\vartheta = \vartheta_2 - \vartheta_1$$

Q: Wärmemenge $\qquad [Q] = 1\,\text{Ws} = 1\,\text{J}$ (Joule)
m: Masse $\qquad [m] = \text{kg}$
c: spezifische Wärmekapazität $\quad [c] = \dfrac{\text{kJ}}{\text{kg} \cdot \text{K}}$
$\Delta\vartheta$: Temperaturdifferenz
(Delta Theta) $\qquad [\Delta\vartheta] = \text{K}$
ϑ_1: Anfangstemperatur $\quad [\vartheta_1] = °\text{C}$ bzw. K
ϑ_2: Endtemperatur $\qquad [\vartheta_2] = °\text{C}$ bzw. K

Mischvorgänge

Durch Mischung zweier Stoffmengen/Flüssigkeiten mit $c_1 = c_2$ ergibt sich ein Gemisch mit einer Temperatur ϑ_m. Für den Mischvorgang gelten die folgenden Beziehungen:

$$m_m = m_1 + m_2$$

$$m_m \cdot \vartheta_m = m_1 \cdot \vartheta_1 + m_2 \cdot \vartheta_2$$

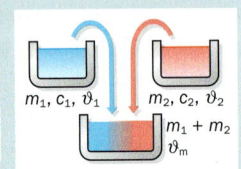

Spezifische Wärmekapazitäten ausgesuchter Materialien

Material	$c \left(\dfrac{\text{kJ}}{\text{kg} \cdot \text{K}}\right)$	Material	$c \left(\dfrac{\text{kJ}}{\text{kg} \cdot \text{K}}\right)$
Wasser	4,190	Eisen	0,466
Öl	2,090	Kupfer	0,390
Aluminium	0,899	Blei	0,130

Aufgaben

1. Das Wasser in einem 600 l umfassenden Speicher wird von 20 °C auf 80 °C erwärmt. Berechnen Sie die zugeführte Wärmemenge.

2. Fünf Liter Wasser werden mit der Wärmemenge 1508 kJ erhitzt. Berechnen Sie die Endtemperatur, wenn das Wasser zu Beginn eine Temperatur von 18 °C hatte.

3. Eine Flüssigkeit mit einer Masse von 2,5 kg wird von 24 °C auf 40 °C erwärmt. Hierfür sind 83,6 kJ notwendig. Um welche Flüssigkeit handelt es sich?

4. The heat's quantity of 486 kJ is absorbed by a block of copper with a mass of 20 kg. Determine the starting temperature if the copper is heated to 85 °C.

5. In einem Transformator befinden sich 0,135 t Öl. Berechnen Sie die aufgenommene Wärmemenge, wenn sich das Öl von 25 °C auf 90 °C erwärmt.

6. 10 l Wasser mit einer Temperatur von 80 °C werden mit 1,5 l Wasser (12 °C) gemischt. Berechnen Sie die Mischtemperatur.

7. In einer Badewanne befinden sich 80 l Wasser mit einer Temperatur von 55 °C. Wie viel kaltes Wasser (15 °C) muss hinzugefügt werden, damit sich eine Temperatur von 48 °C einstellt?

8. Ein Durchlauferhitzer wird innerhalb von 7 Minuten von 50 l Leitungswasser durchströmt. Hierbei wird das Wasser von 10 °C auf 45 °C erhitzt.
a) Berechnen Sie die zugeführte Wärmemenge.
b) Welcher elektrischen Arbeit entspricht dies ($\eta = 1$)?
c) Berechnen Sie die notwendige elektrische Leistung.

9. Ein 2-kW-Warmwasserspeicher soll 11 °C kaltes Leitungswasser auf 50 °C erwärmen. Berechnen Sie, wie lange es dauert, um fünf Liter zu erwärmen. Wärmeverluste sind nicht zu berücksichtigen.

Beispiel

In einem Boiler befinden sich 10 l Wasser mit einer Temperatur von 15 °C. Das Wasser wird auf 50 °C erhitzt.
a) Welche Wärmemenge wird dem Wasser zugeführt (ohne Wärmeverluste)?
b) Welche Temperatur stellt sich ein, wenn das Wasser aus dem Boiler mit 2 l Leitungswasser (15 °C) gemischt wird?

Geg.: $m_1 = 10\,\text{kg}$; $\vartheta_1 = 15\,°\text{C}$; $\vartheta_2 = 50\,°\text{C}$; $m_2 = 2\,\text{kg}$
Ges.: a) Q; b) ϑ_m

a) $\Delta\vartheta = \vartheta_2 - \vartheta_1 \qquad Q = m_1 \cdot c \cdot \Delta\vartheta$
$\Delta\vartheta = 50\,°\text{C} - 15\,°\text{C} \quad Q = 10\,\text{kg} \cdot 4{,}19\,\dfrac{\text{kJ}}{\text{kg} \cdot \text{K}} \cdot 35\,\text{K}$
$\underline{\underline{\Delta\vartheta = 35\,\text{K}}} \qquad \underline{\underline{Q = 1465{,}45\,\text{kJ}}}$

b) $m_m = m_1 + m_2 \qquad \vartheta_m = \dfrac{m_1 \cdot \vartheta_1 + m_2 \cdot \vartheta_2}{m_m}$
$m_m = 10\,\text{kg} + 2\,\text{kg} \quad \vartheta_m = \dfrac{10\,\text{kg} \cdot 50\,°\text{C} + 2\,\text{kg} \cdot 15\,°\text{C}}{12\,\text{kg}}$
$\underline{\underline{m_m = 12\,\text{kg}}} \qquad \underline{\underline{\vartheta_m = 44\,°\text{C}}}$

3 Spannungs- und Stromquellen

3.1 Innenwiderstand und Kennlinien

3.1.1 Innenwiderstand

Bei realen Spannungsquellen ist die Klemmenspannung von deren Belastung abhängig.

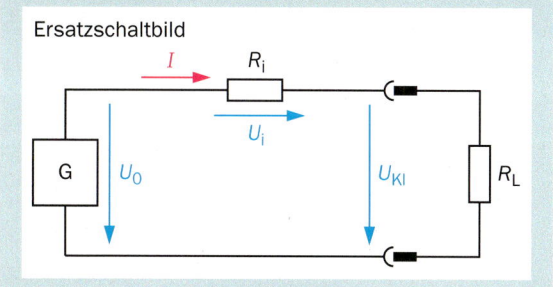

Ersatzschaltbild

$U_0 = U_i + U_{Kl}$

$I = \dfrac{U_0}{R_i + R_L}$

$I_K = \dfrac{U_0}{R_i}$

$U_{Kl} = U_0 - R_i \cdot I$

$R_i = \dfrac{U_i}{I}$

U_0: Leerlaufspannung $\quad [U_0] = V$
U_{Kl}: Klemmenspannung $\quad [U_{Kl}] = V$
R_i: Innenwiderstand $\quad [R_i] = \Omega$
R_L: Lastwiderstand $\quad [R_L] = \Omega$
I_K: Kurzschlussstrom $\quad [I_K] = A$

Beispiel

Die Spannungsversorgung eines Durchgangsprüfers besteht aus einer 4,5-V-Flachbatterie (3LR12). Die Leerlaufspannung der Zelle beträgt 4,8 V und der Innenwiderstand beträgt 810 mΩ. Bestimmen Sie

a) die Klemmenspannung bei einer Laststromstärke von 10 mA und
b) die rechnerisch mögliche Kurzschlussstromstärke.

Geg.: $U_0 = 4{,}8$ V; $R_i = 810$ mΩ; $I = 10$ mA
Ges.: a) U_{Kl}; b) I_K

a) $U_{Kl} = U_0 - R_i \cdot I$
$U_{Kl} = 4{,}8\ V - 0{,}81\ \Omega \cdot 0{,}01\ A$
$\underline{\underline{U_{Kl} = 4{,}79\ V}}$

b) $I_K = \dfrac{U_0}{R_i}$
$I_K = \dfrac{4{,}8\ V}{0{,}81\ \Omega}$
$\underline{\underline{I_K = 5{,}9\ A}}$

Aufgaben

1. In einer Telekommunikationsanlage wird ein 12-V-Blei-Akkumulator mit einer Leerlaufspannung $U_0 = 13{,}2$ V eingesetzt. Die Laststromstärke bei einem Netzausfall beträgt 1,4 A. Der Hersteller gibt in seinem Datenblatt eine Kurzschlussstromstärke von 305 A an.
Bestimmen Sie
a) den Innenwiderstand und
b) die Klemmenspannung der Spannungsquelle.

2. Die Herstellerdaten für eine 9-V-Primärzelle mit der IEC-Kennung 6LR61 lauten:
Nennspannung $U_N = 9$ V; Leerlaufspannung $U_0 = 9{,}6$ V; Innenwiderstand $R_i = 1700$ mΩ
a) Wie groß sind die Klemmenspannung U_0 bei einer Belastung mit 100 Ω und
b) die Kurzschlussstromstärke der Batterie?

3. A Lithium Polymer Battery with a nominal voltage of 3.7 V is used in an emergency power supply. The closed-circuit voltage (CCV) of the cell is 4.1 V. The discharge current is 1.2 A and the voltage drop is 0.15 V. Determine
a) the open-circuit voltage (OCV),
b) the internal resistance,
c) the short-circuit current and
d) the power.

4. Wird eine LR14-Zelle ($U_N = 1{,}5$ V) mit einem 3,0-Ω-Widerstand belastet, so sinkt die Klemmenspannung um 0,1 V auf den Nennwert. Der Innenwiderstand beträgt laut Herstellerangabe 160 mΩ. Welche Stromstärke muss die Energiequelle liefern und wie groß sind die Klemmen- und die Leerlaufspannung?

5. Liefert eine 1,4-V-Knopfzelle eine Laststromstärke von 40 mA, so sinkt die Zellenspannung von 1,5 V auf 1,2 V.
a) Ermitteln Sie den Innen- und den Lastwiderstand.
b) Wie groß ist die rechnerische Kurzschlussstromstärke?

6. Eine LED-Notbeleuchtung soll mit einer 6-V-Sekundärzelle als Ersatzspannungsquelle ausgerüstet werden. Die Leerlaufspannung liegt bei 6,5 V. Um den Notbetrieb nicht zu gefährden, darf die Klemmenspannung im Betrieb nur um 6 % sinken. Die Leuchtenelektronik hat in diesem Fall eine Leistungsaufnahme von 20 W. Berechnen Sie
a) den maximal zulässigen Innenwiderstand der Sekundärzelle und
b) die Leistungsaufnahme bei einem Innenwiderstand $R_i = 250$ mΩ.

3.1.2 Kennlinien

Bei elektrochemischen Spannungsquellen sind die elektrischen Kenngrößen nicht konstant und von vielen Faktoren abhängig. Die wichtigsten elektrischen Parameter können mit Hilfe von Herstellerkennlinien ermittelt werden.

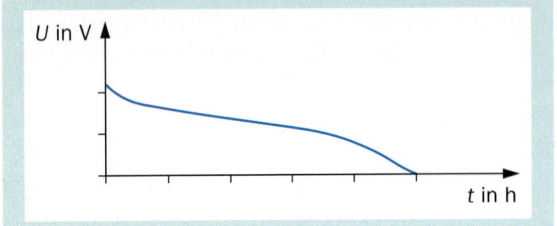

Beispiel

Die Entladekennlinie einer 1,5-V-Monozelle zeigt vier verschiedene Lastwiderstände.

a) Nach welcher Zeitdauer sinkt die Klemmenspannung bei allen vier Lastwiderständen auf 1,1 V?
b) Welche Leistung setzt ein 2,2-Ω-Widerstand am Anfang und am Ende der Zellenlebensdauer ($U_L = 0,8$ V) um?

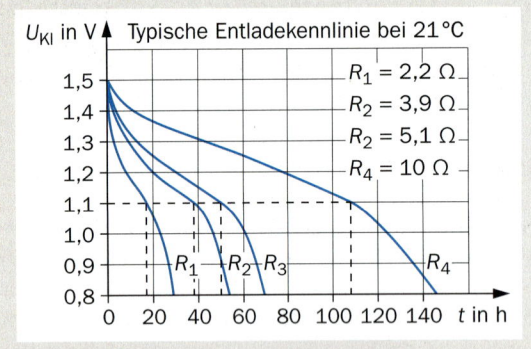

a) $t_{2,2\,\Omega} \approx 17$ h $t_{3,9\,\Omega} \approx 38$ h

$t_{5,1\,\Omega} \approx 50$ h $t_{10\,\Omega} \approx 108$ h

b) $P_{1,5\,V} = \dfrac{U_{Kl}^2}{R_L}$ $P_{0,8\,V} = \dfrac{U_{Kl}^2}{R_L}$

$P_{1,5\,V} = \dfrac{(1,5\,V)^2}{2,2\,\Omega}$ $P_{0,8\,V} = \dfrac{(0,8\,V)^2}{2,2\,\Omega}$

$P_{1,5\,V} = 1,0$ W $P_{0,8\,V} = 0,29$ W

Aufgaben

1. Eine 0,6-W-Lampe soll mit der LR20-Monozelle (Abb. oben) betrieben werden. Ermitteln Sie den Lampenwiderstand und bestimmen Sie die in diesem Widerstand umgesetzte Leistung zu Beginn und am Ende eines Batterielebenszyklus. Geben sie außerdem die voraussichtliche Lebensdauer der Spannungsquelle an.

2. The secondary cell of a burglar alarm system (Fig. 1) provides a power of four watts if the battery's terminal voltage on load is 4.1 V. Determine the current and the load resistance at room temperature. Which voltage does the cell provide if the temperature drops to 0°C and which current does flow?

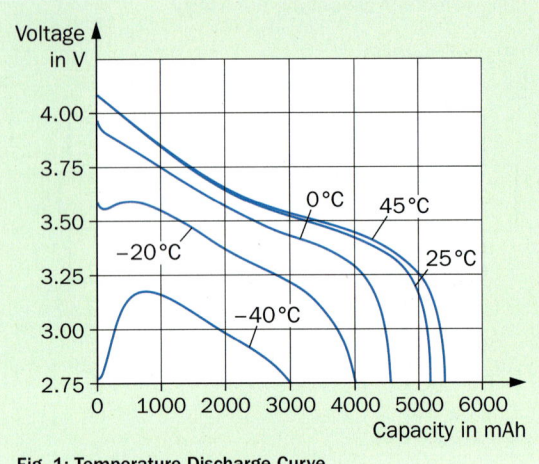

Fig. 1: Temperature Discharge Curve

3. Ein Lithium-Ionen-Akkumulator (Abb. 1) soll als Energiespeicher für eine Photovoltaikanlage dienen.
a) Auf welchen Wert sinkt die Kapazität des Akkumulators bei –20 °C?
b) Welchem Prozentsatz entspricht der Wert bezogen auf die Maximalkapazität?

4. Für einen netzunabhängigen Messaufbau wird eine konstante Leistungsabgabe einer Lithium-Eisensulfid-Zelle (Abb. 2) mit einer Nennspannung von 1,5 V gefordert. Die abzugebende Leistung beträgt 90 mW.
a) Wie lange kann die Primärzelle betrieben werden?
b) Wie viele Stunden kann eine Leistung von 29 mW entnommen werden?

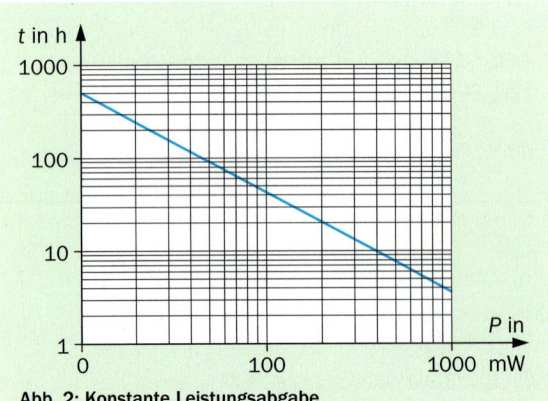

Abb. 2: Konstante Leistungsabgabe

3.2 Reihen- und Parallelschaltung

3.2.1 Reihenschaltung

Bei der Reihenschaltung von Spannungsquellen addieren sich die Spannungen und Innenwiderstände.

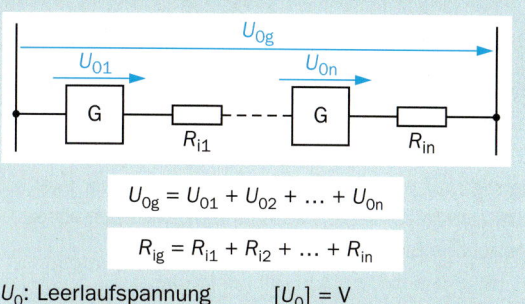

$$U_{0g} = U_{01} + U_{02} + \ldots + U_{0n}$$

$$R_{ig} = R_{i1} + R_{i2} + \ldots + R_{in}$$

U_0: Leerlaufspannung $[U_0] = V$
R_i: Innenwiderstand $[R_i] = \Omega$

Beispiel

In einem Multimeter werden vier LR6 Mignonbatterien mit einer Leerlaufspannung von 1,65 V in Reihe betrieben. Der Innenwiderstand einer Zelle beträgt 0,16 Ω. Berechnen Sie
a) die Gesamtleerlaufspannung und
b) den Innenwiderstand der Reihenschaltung.

Geg.: $n = 4$; $U_0 = 1,65$ V; $R_i = 0,16$ Ω
Ges.: a) U_{0g}
   b) R_{ig}

a) $U_{0g} = n \cdot U_{01}$ b) $R_{ig} = n \cdot R_i$
 $U_{0g} = 4 \cdot 1{,}65$ V $R_{ig} = 4 \cdot 0{,}16$ Ω
 $\underline{\underline{U_{0g} = 6{,}6\text{ V}}}$ $\underline{\underline{R_{ig} = 0{,}64\ \Omega}}$

Aufgaben

1. In einem Akku-Bohrschrauber befindet sich ein Li-Ion-Akkumulator mit 15 Zellen und einer Gesamtnennspannung von 14,4 V. Die Leerlaufspannung der Spannungsquelle beträgt nach einem vollständigen Ladezyklus 16,5 V. Der Innenwiderstand einer Akkuzelle beträgt 0,15 Ω. Bestimmen Sie die Leerlaufspannung einer Zelle und den Gesamtinnenwiderstand.

2. In einer Einbruchmeldeanlage (EMA) ist ein 12-V-Blei-Gel-Akku mit insgesamt sechs Zellen verbaut. Messtechnisch wurde eine Leerlaufspannung von 12,4 V ermittelt. Im Notstrombetrieb beträgt die Stromstärke 420 mA und die Klemmenspannung der Energieversorgung sinkt um 0,13 V. Bestimmen Sie
a) den Innenwiderstand der Zellen und
b) die Klemmenspannung, wenn das Modul in ein Gerät mit 600 mA Betriebsstromstärke eingebaut wird.

3. Die 12-V-Spannungsversorgung einer USV besteht aus 10 gleichen Zellen ($U_{01} = 1{,}28$ V, $R_{i1} = 9$ mΩ).
a) Ermitteln Sie die Klemmenspannung bei einer Stromstärke von 12 A.
b) Bestimmen Sie die Zeitdauer (Abb. 3), die bei einem Stromausfall überbrückt werden kann.
c) Geben Sie die Klemmenspannung der entladenen Energiequelle an.

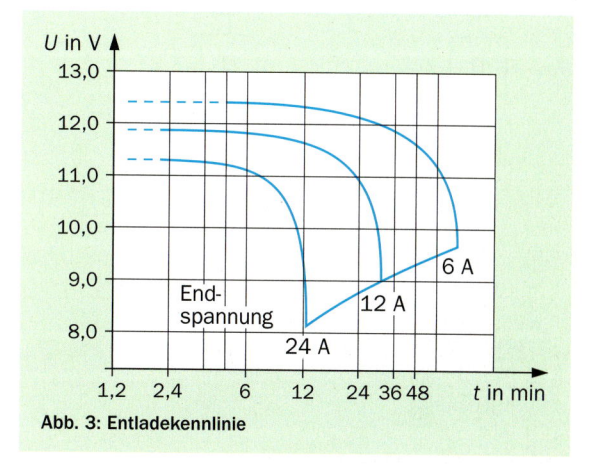

Abb. 3: Entladekennlinie

4. A voltage tester is powered by four IEC-LR14 batteries with an open circuit voltage (OCV) of 1.5 V.
a) Calculate the internal resistance and the total voltage if the voltage drop of one new battery is 0.09 V and the load current is 680 mA.
b) Determine the load current after 20 hours (Fig. 4).

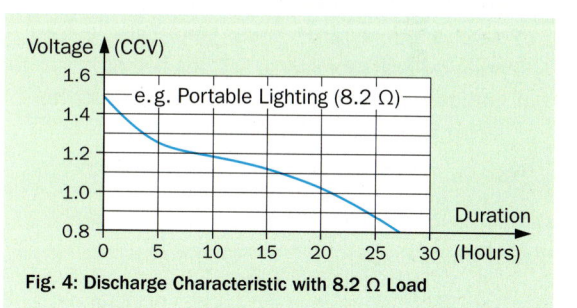

Fig. 4: Discharge Characteristic with 8.2 Ω Load

5. In einer Versuchsschaltung mit einem Lastwiderstand von 16 Ω soll eine Leistung von 9 W umgesetzt werden.
a) Wie viele Akkumulatoren mit einer Nennspannung von 1,2 V werden benötigt?
b) Bestimmen Sie die Klemmenspannung bei einem Innenwiderstand von 25 mΩ pro Zelle unter der Annahme, dass die Leerlaufspannung 1,4 V entspricht.
c) Ermitteln Sie die Stromstärke und die tatsächliche Leistung.

3.2.2 Parallelschaltung

Werden Spannungsquellen in Parallelschaltung betrieben, erhöht sich die abzugebende Stromstärke und somit die Kapazität. Die Klemmenspannung bleibt bei der Parallelschaltung konstant.

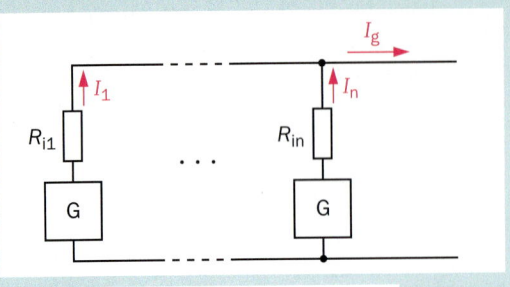

$$I_g = I_1 + I_2 + ... + I_n$$

$$\frac{1}{R_{ig}} = \frac{1}{R_{i1}} + \frac{1}{R_{i2}} + ... + \frac{1}{R_{in}}$$

$$C_g = C_1 + C_2 + ... + C_n$$

I: Stromstärke	$[I] = A$
R_i: Innenwiderstand	$[R_i] = \Omega$
C: Kapazität	$[C] = Ah$

Beispiel

In einem Elektrogerät befinden sich sechs LR14 Alkalinezellen mit einer Nennspannung von 1,5 V. Die Spannung einer Zelle im unbelasteten Zustand beträgt 1,58 V und der Innenwiderstand wird mit 150 mΩ angegeben.

a) Welchen Innenwiderstand hat die Schaltung?
b) Welche Stromstärke muss jede Zelle liefern, wenn die Laststromstärke 600 mA beträgt?
c) Ermitteln Sie die Gesamtkapazität, wenn der Hersteller für eine Zelle 7800 mAh angibt.

Geg.: $U_0 = 1{,}58$ V; $R_i = 150$ mΩ; $I_L = 600$ mA
Ges.: a) R_{ig}; b) I_1; c) R_L

a) $\frac{1}{R_{ig}} = \frac{1}{R_{i1}} + ... + \frac{1}{R_{i6}}$

$R_{ig} = \frac{R_i}{6}$

$R_{ig} = \frac{150 \text{ m}\Omega}{6}$

$\underline{R_{ig} = 25 \text{ m}\Omega}$

b) $I_1 = \frac{I_g}{n}$

$I_1 = \frac{600 \text{ mA}}{6}$

$\underline{I_1 = 100 \text{ mA}}$

c) $C_g = C_1 + ... + C_6$

$C_g = n \cdot C_1$

$C_g = 6 \cdot 7800$ mAh

$\underline{C_g = 46800 \text{ mAh}}$

Aufgaben

1. Eine Brandmeldeanlage (BMA) ist mit vier 6-V-Akkuzellen ausgestattet. Der Innenwiderstand und die Kapazität einer Zelle betragen 25 mΩ und 4,5 Ah.
Bestimmen Sie
a) den Gesamtinnenwiderstand und
b) die Kapazität der Parallelschaltung.

2. Sechs Metall-Hydrid-Akkumulatoren werden in Parallelschaltung betrieben, um einen 3-Ω-Widerstand mit Energie zu versorgen. Die Leerlaufspannung einer Zelle beträgt 1,3 V. In einem Versuchsaufbau wurde eine Kurzschlussstromstärke von 65 A für eine Zelle gemessen.
Berechnen Sie
a) den Innenwiderstand der Schaltung,
b) die Laststromstärke,
c) die Teilströme und
d) die Klemmenspannung.

3. An emergency lighting system needs new lithium ion batteries. The nominal voltage of one cell is 3.7 V, the nominal capacity is 2600 mAh and the maximum continuous discharge current is 5200 mA.
a) How many cells are needed if the energy has to last two hours and the load current is 7.8 A?
b) How long does the emergency lighting work if each cell has to provide 5.2 A?

4. Eine Berghütte soll für die Nutzung regenerativer Energien mit einem Zwischenspeicher aus Sekundärzellen ausgerüstet werden. Die erforderliche Nennspannung in Höhe von 300 V und eine Kapazität in Höhe von 40 Ah sind durch Reihen- und Parallelschaltung zu realisieren. Die elektrischen Daten für eine Zelle lauten $U_N = 3{,}7$ V, $C = 1130$ mAh.
a) Bestimmen Sie die erforderliche Zellenanzahl für die Reihenschaltung.
b) Geben Sie die Anzahl der benötigten parallel geschalteten Stränge an.

5. Die Spannungsversorgung einer Notbeleuchtung besteht aus zwölf parallel geschalteten Lithium-Polymer-Akkumulatoren mit einer Nennspannung von 1,2 V. Die Herstellerangaben für den Innenwiderstand und die Kapazität liegen bei $R = 40$ mΩ und $C = 1900$ mAh. Bei einer Belastung von $P = 9{,}7$ W sinkt die Klemmenspannung U_{Kl} auf 1,3 V. Berechnen Sie
a) die Teilströme I_1 bis I_{12},
b) den Gesamtinnenwiderstand R_{ig},
c) die Leerlaufspannung U_0,
d) den Lastwiderstand R_L,
e) die gesamte Kurzschlussstromstärke I_{Kg} und
f) die Kurzschlussstromstärke I_K einer Zelle.

3.3 Anpassung

Spannungsquelle und Lastwiderstand können auf drei Arten aneinander angepasst werden, so dass die maximale Spannung, Stromstärke oder Leistung entnommen werden kann.

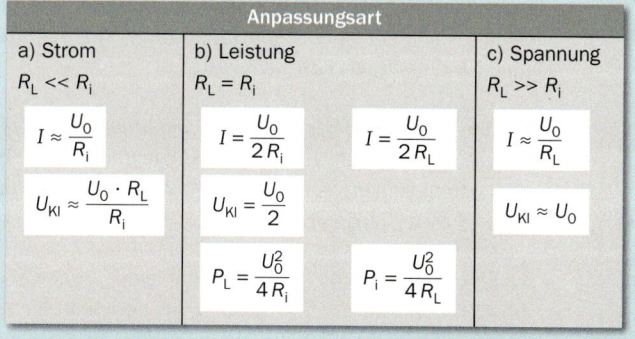

Anpassungsart

a) Strom
$R_L \ll R_i$

$$I \approx \frac{U_0}{R_i}$$

$$U_{Kl} \approx \frac{U_0 \cdot R_L}{R_i}$$

b) Leistung
$R_L = R_i$

$$I = \frac{U_0}{2R_i} \qquad I = \frac{U_0}{2R_L}$$

$$U_{Kl} = \frac{U_0}{2}$$

$$P_L = \frac{U_0^2}{4R_i} \qquad P_i = \frac{U_0^2}{4R_L}$$

c) Spannung
$R_L \gg R_i$

$$I \approx \frac{U_0}{R_L}$$

$$U_{Kl} \approx U_0$$

R_L: Lastwiderstand $\quad [R_L] = \Omega \quad$ P_L: Ausgangsleistung $\quad [P_L] = W$
R_i: Innenwiderstand $\quad [R_i] = \Omega \quad$ P_i: Verlustleistung $\quad [P_i] = W$

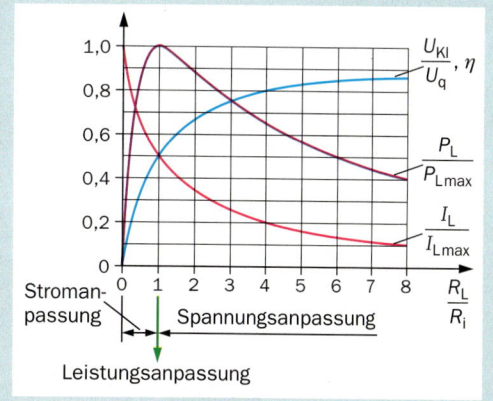

Beispiel

An einer 1,2-V-Spannungsquelle mit einem Innenwiderstand $R_i = 300$ mΩ liegt im unbelasteten Zustand eine Spannung von 1,4 V an. Der Lastwiderstand ist so auf die Energiequelle anzupassen, dass die maximale Leistung abgegeben wird. Berechnen Sie die Stromstärke und die abgegebene Leistung.

Geg.: $U_0 = 1{,}4$ V; $R_i = 300$ mΩ
Ges.: a) I
b) P_L

a) $I = \dfrac{U_0}{2R_i}$

$I = \dfrac{1{,}4 \text{ V}}{2 \cdot 0{,}3 \text{ Ω}}$

$I = 2{,}3$ A

b) $P_L = \dfrac{U_0^2}{4R_i}$

$P_L = \dfrac{(1{,}4 \text{ V})^2}{4 \cdot 0{,}3 \text{ Ω}}$

$P_L = 1{,}6$ W

Aufgaben

1. Für die Gleichspannungsquelle eines Schweißgerätes ist eine Leistungsanpassung durchzuführen. Die Leerlaufspannung des Elektrowerkzeugs beträgt 80 V und die Schweißstromstärke liegt bei 120 A. Bestimmen Sie
a) die Klemmenspannung im Schweißbetrieb,
b) den Innenwiderstand,
c) den Belastungswiderstand und
d) die Ausgangsleistung.

2. Während der Heizphase eines Wechselstromdurchlauferhitzers mit einer Bemessungsleistung von 3,5 kW sinkt die Spannung von 235 V auf 230 V. Bestimmen Sie die Stromaufnahme und den Innenwiderstand des Versorgungsnetzes. Welche Anpassungsart liegt vor?

3. Ein analoger Füllstandssensor (4 – 20 mA) soll an eine Kleinsteuerung angeschlossen werden. Damit das System zuverlässig arbeitet, muss eine Stromanpassung auf 4 mA vorgenommen werden. Der Eingangswiderstand der Steuerung beträgt 15 Ω und die Leerlaufspannung des Sensors 30 V.
a) Welchen Wert besitzt der Innenwiderstand des Sensors?
b) Wie groß ist die Klemmenspannung?

4. A battery charger has to provide a constant current of 300 mA. The open-circuit voltage is 1.4 V. Calculate the charger's resistance and the closed-circuit voltages for two secondary cells with an internal resistance $R_1 = 100$ mΩ and $R_2 = 300$ mΩ.

5. Ein 6-V-Akkumulator mit einer Kapazität von 7,2 Ah und einem Innenwiderstand von 80 mΩ soll geladen werden. Die Stromstärke des Ladegerätes liegt bei 2,5 A und die Leerlaufspannung beträgt 6,8 V.
a) Wie groß ist der Innenwiderstand des Ladegerätes?
b) Auf welchen Wert fällt die Klemmenspannung während des Ladevorgangs?
c) Wie lange dauert der Ladevorgang voraussichtlich?
d) Um welchen Anpassungsfall handelt es sich?

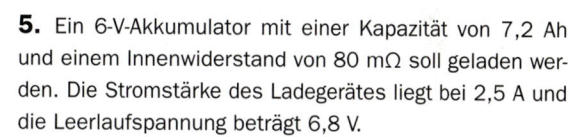

6. Der Hersteller einer leistungsangepassten Lötpistole mit Transformator gibt eine Bemessungsleistung von 125 W an. Sie entspricht der abgegebenen Wärmeleistung in der Lötspitze. Die Stromstärke wird mit 1,09 A angegeben. Ermitteln Sie
a) den Innenwiderstand R_i der Lötpistole,
b) die Leerlaufspannung U_0,
c) die Verlustleistung P_i der Spannungsquelle und
d) die Klemmenspannung U_{Kl}.

3.4 Photovoltaik

3.4.1 Solarzelle und Solarmodul

Solarzellen werden nach Möglichkeit im Punkt der maximalen Leistung MPP (Maximum Power Point) betrieben. P_{MPP} besitzt die Einheit W_P (Watt peak).

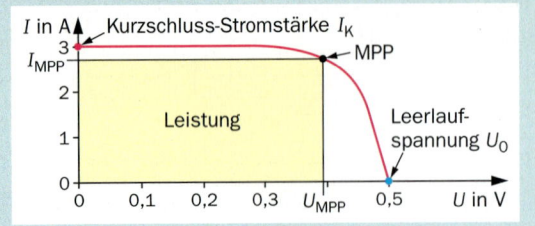

Verschaltung von Solarzellen in Solarmodulen:

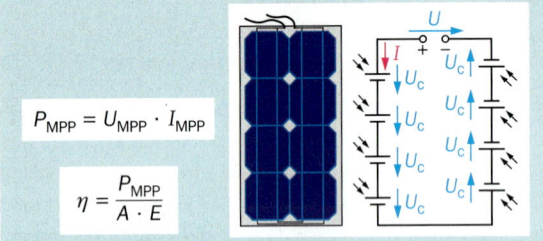

$$P_{MPP} = U_{MPP} \cdot I_{MPP}$$

$$\eta = \frac{P_{MPP}}{A \cdot E}$$

η:	Wirkungsgrad von Solarzelle oder -modul	
P_{MPP}:	Nennleistung	$[P_{MPP}] = W_P$
A:	Fläche der Zelle oder des Moduls	$[A] = m^2$
E:	Strahlungsintensität	$[E] = \frac{W}{m^2}$
U_{MPP}:	MPP-Spannung	$[U_{MPP}] = V$
I_{MPP}:	MPP-Strom	$[I_{MPP}] = A$
U_c:	Spannung pro Solarzelle	$[U_c] = V$

Beispiel

Ermitteln Sie mit Hilfe der gegebenen Kennlinie des oben abgebildeten Solarmoduls im MPP
a) die Gesamtspannung,
b) die Nennleistung des Moduls sowie
c) den Wirkungsgrad, wenn die Strahlungsintensität $E = 660$ W/m² und die wirksame Fläche des Moduls $A = 0{,}12$ m² betragen.

Geg.: $U_{MPP} = 0{,}39$ V; $I_{MPP} = 2{,}7$ A; $E = 660 \frac{W}{m^2}$; $A = 0{,}12$ m²; $n = 8$

Ges.: a) U; b) P; c) η

a) $U = n \cdot U_c$
$U = 8 \cdot 0{,}39$ V
$U = 3{,}12$ V

b) $P = U \cdot I_{MPP}$
$P = 3{,}12$ V $\cdot 2{,}7$ A
$P = 8{,}42$ W_P

c) $\eta = \frac{P_{MPP}}{A \cdot E}$

$\eta = \frac{8{,}42 \text{ W}}{0{,}12 \text{ m}^2 \cdot 660 \frac{W}{m^2}}$

$\eta = 10{,}6$ %

Aufgaben

1. Ein Solarmodul besteht aus 72 gleichen, in Reihe geschalteten Zellen. Berechnen Sie die Leistung des Moduls, wenn bei einer Stromstärke von 5,33 A die Spannung an einer Zelle 0,497 V beträgt.

2. Die wirksame Fläche eines Solarmoduls beträgt 1,46 m². Wie hoch ist der Wirkungsgrad, wenn bei einer Strahlungsintensität $E = 1000$ W/m² eine Leistung $P_{MPP} = 245$ W_P abgegeben wird?

3. Eine quadratische Solarzelle mit einer Seitenlänge von 156 mm wird mit $E = 1200$ W/m² bestrahlt. Ihr Wirkungsgrad beträgt 18,2 %. Berechnen Sie die Spannung bei einer Stromstärke von 9,1 A.

4. Mehrere baugleiche Solarzellen sind nach Abb. 1 verschaltet. Ermitteln Sie
a) die Gesamtspannung U der Schaltung und
b) die Gesamtleistung.

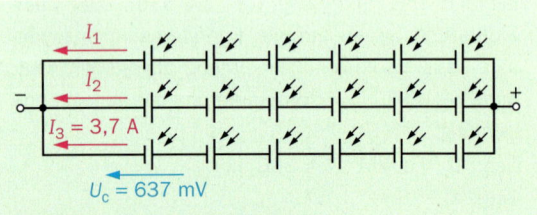

Abb. 1: Kombination von Solarzellen

5. 60 identische, in einem Modul in Reihe geschaltete Solarzellen mit einer Kennlinie nach Abb. 2 werden mit $E = 800$ W/m² bestrahlt. Der Modulwirkungsgrad beträgt $\eta = 13{,}6$ %. Ermitteln Sie
a) I_K; b) U_0; c) I_{MPP}; d) U_{MPP}; e) P_{MPP}; f) die Modulfläche A und
g) den Leistungsanstieg, wenn die Strahlung auf 1000 W/m² und der Wirkungsgrad um 1,8 % ansteigen.

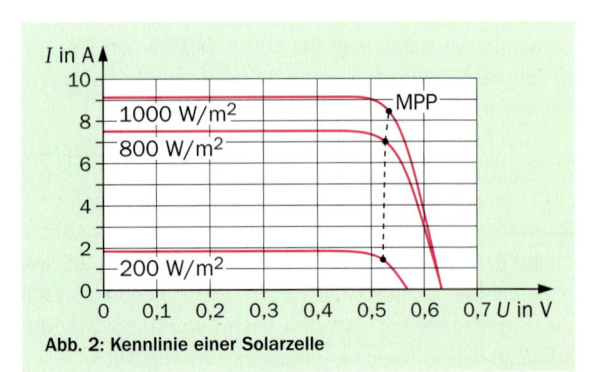

Abb. 2: Kennlinie einer Solarzelle

3.4.2 Photovoltaikanlagen

Einflussfaktoren auf die Energieausbeute von Photovoltaikanlagen:
- Stärke der Sonnenstrahlung am Aufstellort
- Leistungsdaten und Anzahl der verbauten Module
- Ausrichtung der Anlage zur Sonne

f_N in %	Ausrichtung									
	Süd			SüdOst / SüdWest						Ost / West
Dachneigung	0°	10°	20°	30°	40°	50°	60°	70°	80°	90°
0°	87	87	87	87	87	87	87	87	87	87
10°	93	93	93	92	92	91	90	89	88	86
20°	97	97	97	96	95	93	91	89	87	85
30°	100	99	99	97	96	94	91	88	85	82
40°	100	99	99	97	95	93	90	86	83	79
50°	98	97	96	93	93	90	87	83	79	75
60°	94	93	92	91	88	85	82	78	74	70
70°	88	87	86	85	82	79	76	72	68	70
80°	80	79	78	77	75	72	68	65	61	56
90°	69	69	69	67	65	63	60	56	53	48

Strahlungsintensität am Aufstellort $E = E_0 \cdot f_N$

Leistung der Gesamtanlage $P_{PV} = \eta \cdot E_0 \cdot f_N \cdot A_{PV}$

Finanzieller Ertrag (überschlägig) $Y = P_{PV} \cdot t \cdot T_{kWh}$

E: Strahlungsintensität $[E] = \frac{W}{m^2}$

E_0: Solarkonstante (in Deutschland: $E_0 \approx 1\ \frac{kW}{m^2}$)

f_N: Ausrichtungs- und Neigungsfaktor

P_{PV}: Leistung der Anlage $[P_{PV}] = kW$

A_{PV}: Gesamtfläche der Anlage $[A_{PV}] = m^2$

Y: finanzieller Ertrag $[Y] = €$

t: Bestrahlungsdauer $[t] = h$

T_{kWh}: Vergütungssatz $[T_{kWh}] = \frac{ct}{kWh}$

Beispiel

Eine PV-Anlage mit der Gesamtfläche $A = 51,2\ m^2$ besitzt einen Ausrichtungs- und Neigungsfaktor von 96 %. Der Wirkungsgrad der Module beträgt 0,12.
a) Berechnen Sie die Strahlungsintensität E,
b) die Anlagenleistung P_{PV} und
c) den finanziellen Ertrag bei einer Vergütung von 0,179 €/kWh nach 1000 h Volllastbetrieb.

Geg.: $A = 51,2\ m^2$; $f_N = 0,96$; $\eta = 0,12$;
$E_0 = 1\ \frac{kW}{m^2}$; $T_{kWh} = 17,9$ ct/kWh; $t = 1000$ h

Ges.: a) E; b) P_{PV}; c) Y

a) $E = E_0 \cdot f_N$; $E = 1\ \frac{kW}{m^2} \cdot 0,96$; $E = 960\ \frac{W}{m^2}$

b) $P_{PV} = \eta \cdot E_0 \cdot f_N \cdot A_{PV}$

$P_{PV} = 0,12 \cdot 1\ \frac{kW}{m^2} \cdot 0,96 \cdot 51,2\ m^2$; $P_{PV} = 5,9$ kW

c) $Y = P_{PV} \cdot t \cdot T_{kWh}$
$Y = 5,9$ kW $\cdot 1000$ h $\cdot 0,179\ \frac{€}{kWh}$; $Y = 1056\ €$

Aufgaben

1. Die wirksame Fläche einer Photovoltaikanlage beträgt 210 m². Die Ausrichtung der Module mit dem Wirkungsgrad $\eta = 13,3$ % ergibt einen Faktor $f_N = 87$ %. Wie groß ist die Leistung P_{PV} der Anlage?

2. Die Wechselrichter einer Freiflächen-Anlage liefern pro Jahr durchschnittlich 1260 h lang eine Leistung von 3 MW ans Netz. Welcher Ertrag ist überschlägig zu erwarten, wenn als Lebensdauer 25 Jahre angenommen wird und die Einspeisevergütung 14,475 ct/kWh beträgt?

3. Auf einer Dachfläche mit einer Neigung von 30° und einer Ausrichtung nach 50° Südost wird eine Anlage mit der Gesamtfläche von 64 m² und einem Modulwirkungsgrad von 12,6 % errichtet.
a) Wie groß ist die Leistung der Anlage?
b) Welcher Ertrag ist pro Sonnenstunde zu erwarten?

4. Berechnen Sie den Wirkungsgrad eines Solarmoduls mit folgendem Typenschild:

Maximalleistung P_{Max}	183,5 W_p	Zeilen pro Modul	60
Leerlaufspannung U_{OC}	34,6 V	Zelltyp	Monokristallin
Spannung bei Maximalleistung U_{MPP}	28,5 V	Zellabmessungen	156 mm x 156 mm
Kurzschlussstrom I_K	6,68 A	Vorderseite	4 mm gehärtetes Glas (EN 12150)
Strom bei Maximalleistung I_{MPP}	6,44 A		

5. An einen Wechselrichter ($\eta = 0,94$) mit zwei String-Eingängen beträgt die maximal zulässige Eingangsspannung 500 V und die maximal zulässige Stromstärke pro String 16 A.
a) Wie viele Solarmodule mit den oben genannten Kenndaten dürfen angeschlossen werden ($f_N = 0,92$)?
b) Wie hoch ist die Anlagenleistung?

6. Auf ein Dach mit den Maßen 9 m x 12 m, reine Ostausrichtung, Neigung 30°, soll eine Photovoltaikanlage mit möglichst großem Ertrag installiert werden. Die zu verwendenden Module (1650 mm x 990 mm) haben eine Leistung von 235 W_p. Die Einspeisevergütung wird mit 18,545 ct/kWh angesetzt.
a) Skizzieren Sie die Dachfläche und ermitteln Sie die maximal mögliche Anzahl an Modulen.
b) Berechnen Sie die maximale Einspeiseleistung, wenn ein Wechselrichter mit $\eta = 0,96$ verwendet wird.
c) Nach wie vielen Jahren mit durchschnittlich 1000 Betriebsstunden hat sich die Anlage abbezahlt, wenn die Investitionskosten 1400 €/kWp betragen?

4 Elektrisches und magnetisches Feld

4.1 Elektrische Feldstärke

Zwischen zwei elektrisch unterschiedlich geladenen parallelen Platten bildet sich ein homogenes elektrisches Feld aus. Darin ist die elektrische Feldstärke überall gleich groß, die Feldlinien verlaufen parallel. Die Feldstärke E ist der Quotient aus der Spannung U und dem Abstand d der beiden Platten.

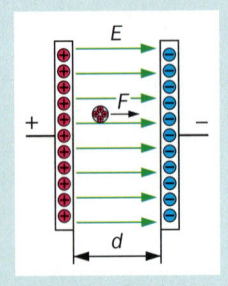

$$E = \frac{U}{d}$$

Auf eine Ladung Q in einem elektrischen Feld wirkt eine Kraft F. Die Größe der Kraft ist das Produkt aus der elektrischen Feldstärke und der Ladung.

$$F = E \cdot Q$$

E: elektr. Feldstärke $[E] = \frac{V}{m}$
U: Spannung $[U] = V$
d: Abstand $[d] = m$
F: Kraft $[F] = 1\frac{V}{m} \cdot C = 1\frac{Ws}{m} = 1 N$
Q: elektrische Ladung $[Q] = 1 As = 1 C$ (Coulomb)

Beispiel

Die beiden Platten eines Demonstrationsplattenkondensators haben einen Abstand von 25 mm. An diese beiden Platten wird eine Spannung von 6 kV angelegt.

a) Berechnen Sie die Feldstärke zwischen den beiden Platten.
b) Welche Kraft wirkt auf eine Ladung mit 0,2 nC, die sich zwischen den beiden Platten befindet?

Geg.: $U = 6$ kV; $d = 25$ mm; $Q = 0,2$ nC
Ges.: a) E
      b) F

a) $E = \frac{U}{d}$

$E = \frac{6 \text{ kV}}{25 \text{ mm}}$

$E = \frac{6 \cdot 10^3 \text{ V}}{25 \cdot 10^{-3} \text{ m}}$

$E = 240 \cdot 10^3 \frac{V}{m}$

$\underline{\underline{E = 240 \frac{kV}{m}}}$

b) $F = E \cdot Q$

$F = 240 \frac{kV}{m} \cdot 0,2$ nC

$F = 240 \cdot 10^3 \frac{V}{m} \cdot 0,2 \cdot 10^{-9}$ As

$F = 48 \cdot 10^{-6} \frac{V}{m} \cdot$ As

$\underline{\underline{F = 48 \text{ μN}}}$

Aufgaben

1. An zwei Metallplatten wird eine Spannung von 230 V angelegt. Berechnen Sie die Feldstärke für einen Plattenabstand von a) 3 cm, b) 5 mm und c) 2,5 mm.

2. Wie groß muss der Abstand zweier Metallplatten sein, damit bei einer Spannung von 12 V eine Feldstärke von 4000 V/m auftritt?

3. Eine 7 μm dicke Folie ist beidseitig mit einer Metallschicht überzogen. Berechnen Sie die angelegte Spannung bei einer Feldstärke von 2 MV/m an der Folie.

4. Eine Ladung von 300 nC befindet sich in einem elektrischen Feld der Stärke 20 kV/m. Berechnen Sie die Kraft auf die Ladung.

5. Auf eine Ladung von 0,36 nC wirkt in einem elektrischen Feld eine Kraft von 144 μN. Berechnen Sie die Feldstärke.

6. In einem elektrischen Feld der Stärke 50 kV/m wirkt auf einen Körper die Kraft von 0,75 mN. Berechnen Sie die Ladung des Körpers.

7. An electric charge of 0.33 nC is between two metal plates which have a distance of 7 mm. Because of the electric field strength a force of 236 μN influences the charge. What is the applied voltage?

8. Die Folie eines Folienkondensators ist 15 μm dick. Welche maximale Spannung darf an den Kondensator angelegt werden, wenn die Feldstärke maximal 2,4 kV pro Millimeter betragen darf?

9. Die Durchschlagsfestigkeit der Isolationsschicht eines Kondensators wird mit 625 V/μm angegeben. Ermitteln Sie die Mindestdicke der Isolationsschicht, wenn der Kondensator für maximale Spannungen von 60 V ausgelegt sein soll.

10. Auf ein Elektron in der Isolierschicht eines Kondensators wirkt eine Kraft von 32 pN. Die Isolierschicht ist 15 μm dick. Berechnen Sie die anliegende Spannung.

11. In dem 5 cm breiten Luftspalt zwischen zwei Metallplatten befindet sich ein Styroporkügelchen mit einer Masse von 9 mg. Bei einer Spannung von 40 kV schwebt das Kügelchen.

a) Zeichnen Sie den Versuchsaufbau.
b) Welche Ladung hat das Kügelchen? ($g = 9,81$ m/s^2)

4.2 Ladung und Kapazität von Kondensatoren

Kondensatoren sind in der Lage, elektrische Ladungen zu speichern. Der Betrag der gespeicherten Ladung Q hängt von der Kapazität C des Kondensators und der anliegenden Spannung U ab.

Die Kapazität eines Kondensators ist abhängig von der Fläche A, dem Abstand d der Kondensatorplatten sowie der Permittivität ε (Epsilon) des Isolierschichtmaterials (Dielektrikum) zwischen den beiden Kondensatorplatten.

$$Q = C \cdot U$$

$$E = \frac{1}{2} \cdot C \cdot U^2$$

$$C = \frac{\varepsilon \cdot A}{d} \qquad \varepsilon = \varepsilon_0 \cdot \varepsilon_r$$

Q: gespeicherte Ladung $\quad [Q] = C$
C: Kapazität $\quad [C] = 1\,\frac{As}{V} = 1\,F$ (Farad)
U: Spannung $\quad [U] = V$
E: gespeicherte Energie $\quad [E] = 1\,Ws = 1\,J$
A: Plattenfläche $\quad [A] = m^2$
d: Plattenabstand $\quad [d] = m$
ε: Permittivität $\quad [\varepsilon] = \frac{As}{Vm}$
ε_r: Permittivitätszahl
ε_0: elektr. Feldkonstante $\quad \varepsilon_0 = 8{,}85 \cdot 10^{-12}\,\frac{As}{Vm}$

Material	ε_r	Material	ε_r
Luft	1	Tantaloxid	26
Papier	4	Aluminiumoxid	9,6
Öl	2,2	Polypropylen	2,1
Keramik	2700	Polyester	3,3

Beispiel

Ein Plattenkondensator liegt an einer Spannung von 24 V. Zwischen den Platten befindet sich eine 0,2 mm dicke Papierschicht ($\varepsilon_r = 4$). Die Platten haben eine Fläche von 32 cm². Ermitteln Sie a) die Kapazität des Kondensators, b) die gespeicherte Ladung und c) die gespeicherte Energie.

Geg.: $U = 24\,V$; $A = 32\,cm^2$; $\varepsilon_r = 4$; $d = 0{,}2\,mm$
Ges.: a) C; b) Q; c) W

a) $C = \dfrac{\varepsilon_0 \cdot \varepsilon_r \cdot A}{d}$

$C = \dfrac{8{,}85 \cdot 10^{-12}\,\frac{As}{Vm} \cdot 4 \cdot 32 \cdot 10^{-4}\,m^2}{0{,}2 \cdot 10^{-3}\,m}$

$C = 566 \cdot 10^{-12}\,\frac{As}{V} \qquad \underline{\underline{C = 566\,pF}}$

b) $Q = C \cdot U$
$Q = 566\,pF \cdot 24\,V$
$\underline{\underline{Q = 13{,}6\,nC}}$

c) $W = \frac{1}{2} \cdot C \cdot U^2$
$W = \frac{1}{2} \cdot 566\,pF \cdot (24\,V)^2$
$\underline{\underline{W = 163\,nJ}}$

Aufgaben

1. Welche Ladung speichert ein Kondensator mit einer Kapazität von 2200 µF an einer Spannung von 12 V?

2. Ein Hochleistungskondensator speichert bei einer Spannung von 5 V eine Ladung von 2,35 C. Berechnen Sie die Kapazität des Kondensators.

3. A capacitor with a capacitance of 2200 µF stores a charge of 52.8 mC. Calculate a) the voltage applied to the capacitor and b) the stored energy.

4. Die zwei Metallplatten eines Experimentalkondensators haben eine Fläche von 400 cm² und sind 1 cm voneinander entfernt. Berechnen Sie die Kapazität ($\varepsilon_r = 1$).

5. Ein Kondensator mit Luft als Dielektrikum hat bei einer Plattenfläche von 6,5 dm² eine Kapazität von 90 pF. Berechnen Sie den Plattenabstand.

6. Ein Folienkondensator hat eine Kapazität von 33 nF. Die als Dielektrikum eingesetzte Folie besteht aus Polypropylen und ist 12 µm dick. Berechnen Sie die Fläche der Folie.

7. Ein Plattenkondensator mit einer Plattenfläche von 4 dm² hat eine Kapazität von 2,83 nF. Ermitteln Sie das Material des Dielektrikums, wenn die Platten einen Abstand von 0,5 mm haben.

8. Ein Kondensator der Kapazität 33 µF ist an 24 V angeschlossen. Um wie viel Prozent erhöht sich die gespeicherte Energie, wenn die Spannung verdoppelt wird?

9. Die Spannung an einem Kondensator wird um 40 % erhöht. Um wie viel Prozent steigt die gespeicherte Energie?

10. Ein Kondensator mit einer wirksamen Plattenfläche von 4 m² ist an eine Spannung von 18 V angeschlossen. Das Dielektrikum besteht aus Polyester und ist 10 µm dick. Berechnen Sie
a) die gespeicherte Ladung und
b) die gespeicherte Energie.

11. In einem Öltank befinden sich zwei quadratische Metallplatten mit einer Kantenlänge von 5 cm. Der Plattenabstand beträgt 0,5 cm. Berechnen Sie die Kapazität des Kondensators wenn
a) der Ölpegel unterhalb des Kondensators liegt und
b) der Ölpegel oberhalb des Kondensators liegt.

12. Ein Keramikkondensator der Kapazität $C = 220$ nF hat eine wirksame Fläche von 36,8 mm². Welche Fläche muss ein Folienkondensator der gleichen Kapazität haben, wenn als Isolierschicht eine 10 µm dicke Polypropylenfolie verwendet wird?

13. Ein Keramikkondensator mit der Kapazität 100 nF hat eine wirksame Fläche von 8,37 mm². Die maximal zulässige Spannung ist laut Hersteller mit 63 V angegeben. Berechnen Sie für diese Spannung
a) die gespeicherte Energie und
b) die elektrische Feldstärke.

14. Ein scheibenförmiger Keramikkondensator hat eine Kapazität von 2,2 nF.
a) Welchen Durchmesser hat der Kondensator, wenn die Scheibe eine Dicke von 1,5 mm hat?
b) Welche wirksame Fläche müsste ein Polyester-Folienkondensator gleicher Kapazität mit einer 20 µm dicken Folie haben?

15. Ein Plattenkondensator hat einen Plattenabstand von 1 mm. Als Dielektrikum wird Papier verwendet und die Plattenfläche ist 25 cm² groß. Der Kondensator wird mit 12 V aufgeladen.
a) Welche Kapazität hat der Kondensator?
b) Welche Ladungsmenge wird gespeichert?
c) Welchen Wert hat die Feldstärke?
d) Welche Spannung liegt an den Platten an, wenn der Kondensator von der Spannungsquelle getrennt und das Papier entfernt wird?
e) Welchen Wert hat nun die Feldstärke?

16. Ein Luftkondensator soll an einer Gleichspannung von 400 V betrieben werden. Die beiden kreisförmigen Platten haben einen Durchmesser von 10 cm. Welche maximale Kapazität lässt sich erzielen, wenn die Feldstärke einen Wert von 3 kV pro Millimeter nicht übersteigen darf?

17. Ein Kondensator der Kapazität $C = 4700$ µF wird 5,6 Sekunden lang gleichmäßig mit 20 mA geladen.
a) Berechnen Sie die Ladung des Kondensators.
b) Welchen Spannungswert besitzt der geladene Kondensator?

18. Ein Kondensator mit 330 µF wird 1,5 Sekunden lang mit 9 mA entladen. Berechnen Sie die Spannungsabnahme.

19. Zwischen zwei Metallplatten befindet sich eine 1 mm dicke Polypropylenfolie. Die Metallplatten werden mit 60 V aufgeladen. Hierbei speichert der Kondensator eine elektrische Ladung von 140 nC. Welche Ladung kann der Kondensator speichern, wenn die Polypropylenfolie durch eine Polyesterfolie der gleichen Dicke ersetzt wird?

20. Die kreisförmigen Platten $r = 12$ cm eines Experimentalkondensators haben einen Abstand von 2 mm. Der Kondensator wird mit 100 V aufgeladen. Nach dem Ladevorgang wird die Spannungsquelle vom Kondensator getrennt. Welche Spannung liegt an den Platten an, wenn der Plattenabstand verdoppelt wird?

21. Die einzelnen Platten des Kondensators aus Abb. 1 haben jeweils eine Fläche von 12 cm². Der Plattenabstand beträgt 1 mm. Zwischen den Platten befindet sich Luft. Berechnen Sie
a) die wirksame Plattenfläche und
b) die Kapazität des Kondensators.

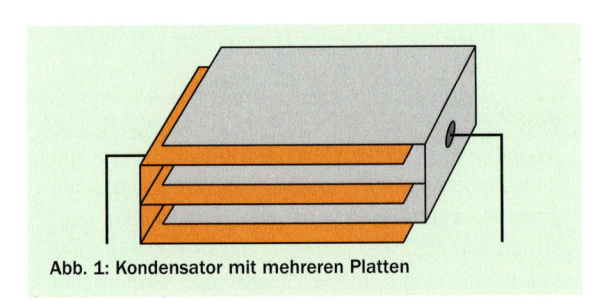

Abb. 1: Kondensator mit mehreren Platten

22. Ein Kondensator besteht aus insgesamt 18 parallelen Platten. Die einzelnen Platten haben jeweils eine Fläche von 141 mm². Sie werden durch eine 7 µm dicke Polyesterfolie voneinander getrennt. Berechnen Sie
a) die wirksame Plattenfläche und
b) die Kapazität des Kondensators.

23. Ein Drehkondensator besteht aus 20 festen und 19 drehbaren halbkreisförmigen Platten mit einem Radius von 3 cm. Die Platten haben einen Abstand von 1,5 mm. Berechnen Sie die maximale Kapazität des Kondensators.

4.3 Schaltung von Kondensatoren

Parallelschaltung

An parallel geschalteten Kondensatoren liegt die gleiche Spannung an. Die Einzelkapazitäten addieren sich zur Gesamtkapazität. Die Einzelladungen addieren sich ebenso zur Gesamtladung.

$$U_g = U_1 = U_2 = \ldots = U_n$$

$$C_g = C_1 + C_2 + \ldots + C_n$$

$$Q_g = Q_1 + Q_2 + \ldots + Q_n$$

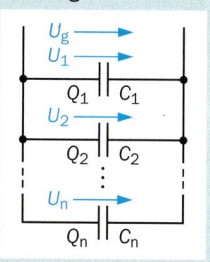

Reihenschaltung

Die Einzelspannungen in Reihe geschalteter Kondensatoren addieren sich zur Gesamtspannung. Die Ladung ist an allen Kondensatoren gleich.

$$U_g = U_1 + U_2 + \ldots + U_n$$

$$\frac{1}{C_g} = \frac{1}{C_1} + \frac{1}{C_2} + \ldots + \frac{1}{C_n}$$

$$Q_g = Q_1 = Q_2 = \ldots = Q_n$$

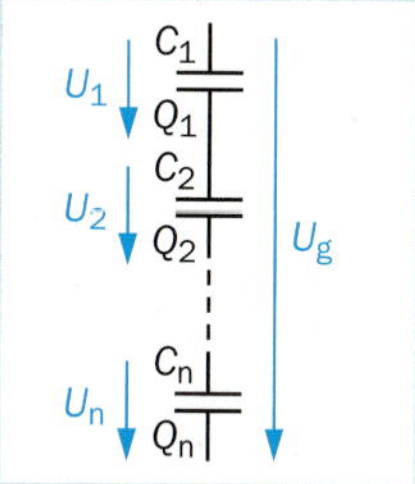

U: Spannung $\quad [U] = V$
C: Kapazität $\quad [C] = 1\,\frac{As}{V} = 1\,F$ (Farad)
Q: elektrische Ladung $\quad [Q] = 1\,As = 1\,C$ (Coulomb)

Beispiel

Zwei Kondensatoren mit den Kapazitäten 22 µF und 47 µF werden a) in Reihe und b) parallel an einer 12-V-Spannungsquelle betrieben. Berechnen Sie jeweils die Gesamtkapazität.

Geg.: $C_1 = 22\,µF$; $C_2 = 47\,µF$; $U_g = 12\,V$
Ges.: a) C_g (in Reihe); b) C_g (parallel)

a) $\frac{1}{C_g} = \frac{1}{C_1} + \frac{1}{C_2}$

$\frac{1}{C_g} = \frac{1}{22\,µF} + \frac{1}{47\,µF}$

$\frac{1}{C_g} = 66{,}73 \cdot 10^3\,\frac{1}{F}$

$C_g = 15\,µF$

b) $C_g = C_1 + C_2$

$C_g = 22\,µF + 47\,µF$

$C_g = 69\,µF$

Aufgaben

1. Ein Kondensator mit 33 pF wird mit einem 47-pF-Kondensator parallel geschaltet. Berechnen Sie die Gesamtkapazität.

2. Es soll eine Gesamtkapazität von 1,15 nF realisiert werden. Welche zweite Kapazität muss zu einem 680-pF-Kondensator parallel geschaltet werden, um dies zu erreichen?

3. Zwei Kondensatoren mit einer Kapazität von jeweils 2200 µF werden in Reihe geschaltet. Berechnen Sie die Gesamtkapazität.

4. Three capacitors of values $C_1 = 220\,pF$, $C_2 = 680\,pF$ and $C_3 = 1\,nF$ are connected in parallel.
a) Calculate the total capacitance.
b) Which charge do the capacitors store if the voltage drop is 5 V?

5. Drei Kondensatoren mit den Werten 220 nF, 2,2 µF und 470 nF werden parallel an eine 12-V-Spannungsquelle geschaltet. Berechnen Sie
a) die Gesamtkapazität der Schaltung und
b) die gespeicherte Gesamtladung.

6. Ein Kondensator mit 4,7 µF liegt an 12 V. Welche Kapazität muss ein zweiter Kondensator haben, der parallel geschaltet wird, damit eine Gesamtladung von 123,6 µC gespeichert werden kann?

7. Zwei Kondensatoren mit 2,2 µF und 6,8 µF werden in Reihe an eine 60-V-Spannungsquelle angeschlossen. Für welche Bemessungsspannung müssen die Kondensatoren jeweils ausgelegt sein?

8. Die Kondensatoren C_1, C_2 und C_3 (Abb. 2) haben jeweils eine Kapazität von 100 nF. An C_2 wird eine Spannung von 4,5 V gemessen.
a) Berechnen Sie die Gesamtkapazität der Schaltung.
b) Wie groß ist die Spannung U_g?
c) Wie groß ist die in C_1 gespeicherte Ladung?

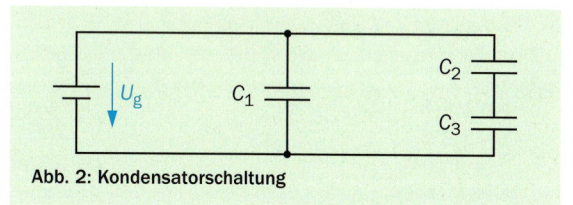

Abb. 2: Kondensatorschaltung

9. Drei Kondensatoren $C_1 = 100\,nF$, $C_2 = 10\,nF$ und $C_3 = 33\,nF$ sind in Reihe geschaltet. An C_1 wird eine Spannung von 1,5 V gemessen.
a) Berechnen Sie die Gesamtspannung.
b) Auf welchen Wert muss C_3 geändert werden, wenn die Gesamtspannung auf 24 V erhöht wird, und die Spannungen U_1 und U_2 sich nicht verändern sollen?

4.4 Schaltvorgänge bei Kondensatoren

Aufladevorgang

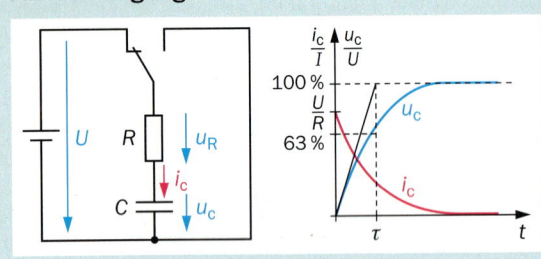

Die Dauer des Ladevorgangs wird durch den Widerstand R und die Kapazität C bestimmt. Nach der Zeitdauer τ beträgt die Kondensatorspannung 63 % der Endspannung. Die Zeitkonstante τ (Tau) ergibt sich aus dem Produkt aus R und C. Nach $5\,\tau$ ist der Kondensator aufgeladen (99,33 %).

$$u_c = U \cdot (1 - e^{-\frac{t}{\tau}}) \qquad i_c = I \cdot e^{-\frac{t}{\tau}}$$

τ: Zeitkonstante (Tau) $[\tau]$ = s
t: Zeit $[t]$ = s
e: Eulersche Zahl e = 2,718...

Entladevorgang

Die Dauer des Entladevorgangs wird ebenfalls durch den Widerstand R und die Kapazität C bestimmt. In der Zeitdauer τ entlädt sich der Kondensator um 63 %. Nach $5\,\tau$ ist der Kondensator entladen.

$$\tau = R \cdot C \qquad u_c = U \cdot e^{-\frac{t}{\tau}} \qquad -i_c = I \cdot e^{-\frac{t}{\tau}}$$

u_c: Kondensatorspannung
U: Versorgungsspannung bzw. Spannung zum Beginn des Entladevorgangs
i_c: Lade- bzw. Entladestrom des Kondensators
I: Lade- bzw. Entladestrom zum Zeitpunkt t = 0 s

Beispiel

Ein Kondensator mit der Kapazität C = 22 μF wird über den Widerstand R = 100 kΩ auf- bzw. entladen. Die Versorgungsspannung beträgt 24 V.

Berechnen Sie
a) die Kondensatorspannung fünf Sekunden nach dem Einschalten,
b) die Stromstärke fünf Sekunden nach dem Einschalten und
c) die Zeit nach der der Kondensator zur Hälfte entladen ist, wenn er über den gleichen Widerstand R entladen wird.

Geg.: C = 22 μF; R = 100 kΩ; U = 24 V; t = 5 s
Ges.: a) u_c nach 5 s
      b) i_c nach 5 s
      c) t bei u_c = 12 V

a) $\tau = R \cdot C$
τ = 100 kΩ · 22 μF
$\underline{\tau = 2{,}2\text{ s}}$

$u_c = U\,(1 - e^{-\frac{t}{\tau}})$
$u_c = 24\text{ V}\,(1 - e^{-\frac{5\text{ s}}{2{,}2\text{ s}}})$
$u_c = 24\text{ V}\,(1 - 0{,}103)$
$\underline{u_c = 21{,}5\text{ V}}$

b) $I = \dfrac{U}{R}$
$I = \dfrac{24\text{ V}}{100\text{ kΩ}}$
$\underline{I = 24\text{ mA}}$

$i_c = I \cdot e^{-\frac{t}{\tau}}$
$i_c = 24\text{ mA} \cdot e^{-\frac{5\text{ s}}{2{,}2\text{ s}}}$
$i_c = 24\text{ mA} \cdot 0{,}103$
$\underline{i_c = 2{,}5\text{ mA}}$

c) $\tau = R \cdot C$
τ = 100 kΩ · 22 μF
$\underline{\tau = 2{,}2\text{ s}}$

$u_c = U \cdot e^{-\frac{t}{\tau}}$
$\dfrac{u_c}{U} = e^{-\frac{t}{\tau}}$
$\ln\left(\dfrac{u_c}{U}\right) = -\dfrac{t}{\tau}$
$t = -\tau \cdot \ln\left(\dfrac{u_c}{U}\right)$
$t = -2{,}2\text{ s} \cdot \ln\left(\dfrac{12\text{ V}}{24\text{ V}}\right)$
$\underline{t = 1{,}52\text{ s}}$

Schaltvorgänge bei Kondensatoren — Switching Actions of Capacitors

Aufgaben

1. Ein Widerstand mit 2,2 kΩ und ein Kondensator mit 1 µF sind in Reihe geschaltet. Berechnen Sie die Zeitkonstante.

2. Nach welcher Zeit ist ein Kondensator mit 2200 µF über einen 680-Ω-Widerstand vollständig aufgeladen?

3. Welcher Widerstandswert ist notwendig, um einen Kondensator mit 330 nF innerhalb von 0,5 Sekunden auf 63 % der Versorgungsspannung zu laden?

4. Ein Kapazitätsmessgerät lädt über einen Widerstand von 10 MΩ einen Kondensator auf. Nach 1,8 ms hat die Kondensatorspannung 63 % des Endwertes erreicht. Wie groß ist die Kapazität des Kondensators?

5. Der Kondensator aus Abb. 1 wird über einen 820 Ω großen Widerstand an eine 5-V-Spannungsquelle angeschlossen. Berechnen Sie die Spannungswerte und die Stromstärken am Kondensator nach a) 0,5 τ und b) 2 τ.

Abb. 1: Elektrolytkondensator

6. After switching-off the supply voltage of 5 V the capacitor is discharged through a resistor with a value of 1.5 kΩ. What is the discharge current after 3 τ?

7. Wie groß darf der zu einem Kondensator C = 680 nF in Reihe geschaltete Widerstand maximal sein, damit der Kondensator innerhalb von 50 ms vollständig entladen wird?

8. Über einen Widerstand 4,7 kΩ wird ein Kondensator mit 150 nF an die Spannung 12 V angeschlossen. Berechnen Sie die Spannungs- und Stromwerte 1,4 ms nach dem Einschalten.

9. Ein Kondensator mit 470 µF wird an einer Spannung von 12 V vollständig aufgeladen und anschließend über einen 3,9 kΩ großen Widerstand entladen.
a) Nach welcher Zeit ist der Kondensator vollständig entladen?
b) Wie groß sind die Kondensatorspannung und die Kondensatorstromstärke nach 5,5 Sekunden?
c) Wie lange dauert es, den Kondensator auf 25 % der Ausgangsspannung zu entladen?

10. Die Entladestromstärke eines 330 µF großen Kondensators soll 30 mA nicht übersteigen. Die Ladespannung beträgt 12 V.
a) Wie groß muss der Entladewiderstand mindestens sein?
b) Wie lange dauert ein Entladevorgang mindestens?
c) Wie groß ist die Entladestromstärke nach 100 ms?
d) Nach welcher Zeit ist die Stromstärke auf ein Zehntel des Anfangsstromes abgesunken?

11. Die in Abb. 2 dargestellte Batterie liefert eine Spannung von 9 V.
a) Berechnen Sie, wie lange ein vollständiger Lade- bzw. Entladevorgang dauert.
b) Wie hoch ist die Kondensatorspannung 80 ms nach Ladebeginn?
c) Wie hoch ist 80 ms nach Beginn des Entladevorgangs die Stromstärke durch R_2?

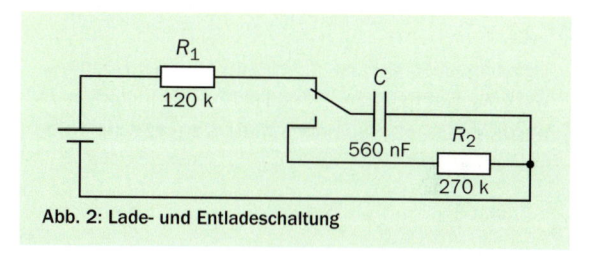

Abb. 2: Lade- und Entladeschaltung

12. Die Batterie der Schaltung in Abb. 3 liefert eine Spannung von 12 V.
a) Berechnen Sie die Lade- und Entladezeit des Kondensators.
b) Welche Spannung liegt 15 ms nach dem Beginn der Aufladung an R_1 an?
c) Der vollständig geladene Kondensator wird entladen. Berechnen Sie die Spannung an R_2 zum Zeitpunkt t = 30 ms nach dem Beginn der Entladung.
d) Nach welcher Zeit ist die Spannung an R_1 auf 4 V abgesunken?

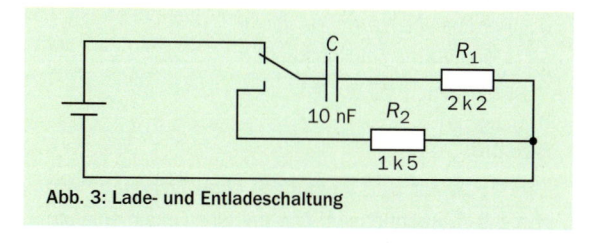

Abb. 3: Lade- und Entladeschaltung

13. Ein Kondensator mit einer Kapazität von 5,6 µF wurde über einen 82-kΩ-Widerstand an einer Spannungsquelle mit 7,2 V vollständig aufgeladen. Der Kondensator wird für zwei Sekunden über einen Widerstand von 520 kΩ entladen. Wie lange dauert es, um den teilentladenen Kondensator wieder vollständig aufzuladen?

4.5 Magnetische Feldgrößen

Wird ein elektrischer Leiter von einem Strom I durchflossen, entsteht durch die Durchflutung θ ein magnetischer Fluss Φ.

Durchflutungsgesetz $\quad \theta = I \cdot N$

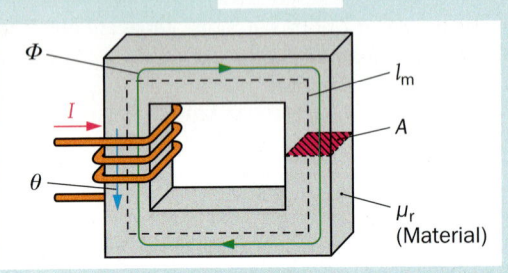

Der magnetische Fluss Φ wird durch den magnetischen Widerstand R_m beeinflusst.

$$\Phi = R_m \cdot \theta \qquad R_m = \mu \cdot \frac{l_m}{A} \qquad \mu = \mu_0 \cdot \mu_r$$

Der magnetische Fluss Φ, bezogen auf die Fläche A, wird als magnetische Flussdichte oder Induktion B bezeichnet. Diese beeinflusst die magnetische Feldstärke H.

$$B = \frac{\Phi}{A} \qquad B = \mu \cdot H \qquad H = \frac{\theta}{l_m}$$

I: Stromstärke $\qquad [I] = A$
N: Windungszahl
θ: Magnetische Durchflutung (Theta) $\qquad [\theta] = A$
l_m: Mittlere Feldlinienlänge $\qquad [l_m] = m$
A: Fläche $\qquad [A] = m^2$
Φ: Magnetischer Fluss (Phi) $\qquad [\Phi] = 1\,Vs = 1\,Wb$
R_m: Magnetischer Widerstand $\qquad [R_m] = \frac{Vs}{A}$
B: Magnetische Flussdichte $\qquad [B] = 1\,\frac{Vs}{m^2} = 1\,T$
H: Magnetische Feldstärke $\qquad [H] = \frac{A}{m}$
μ: Permeabilität $\qquad [\mu] = \frac{Vs}{Am}$
μ_r: Permeabilitätszahl, relative P.
μ_0: Magnetische Feldkonstante $\mu_0 = 1{,}257 \cdot 10^{-6}\,\frac{Vs}{Am}$

Beispiel

Eine Spule mit 500 Windungen ohne Eisenkern wird von 1,5 A durchflossen. Die mittlere Feldlinienlänge beträgt 60 mm. Welche magnetische Feldstärke entsteht?

Geg.: $l_m = 60$ mm; $N = 500$; $I = 1{,}5$ A
Ges.: H

$$H = \frac{I \cdot N}{l_m}; \qquad H = \frac{1{,}5\,A \cdot 500}{0{,}06\,m}; \qquad \underline{H = 12500\,\frac{A}{m}}$$

Aufgaben

1. Eine Relaisspule mit einem Widerstand von 65 Ω wird mit 6 V betrieben. Wie groß ist die magnetische Durchflutung, wenn die Spule 850 Windungen besitzt?

2. Durch die Erregerwicklung einer Gleichstrommaschine ($N = 2000$) fließt ein Strom der Stärke $I = 0{,}75$ A. Berechnen Sie die Durchflutung.

3. Die Auslösewicklung eines Motorschutzschalters besteht aus sieben Windungen, die im Kurzschlussfall von 265 A durchflossen werden. Welche Durchflutung tritt in diesem Fall auf?

4. A coil core ($A = 14$ cm²) has a flux density of $B = 1{,}25$ T. Calculate the magnetic flux.

5. Berechnen Sie für drei Laborspulen L_1, L_2, und L_3 die fehlenden magnetischen und elektrischen Größen.

	I in A	N	l_m in cm	A in cm²	B in T	Φ in Wb
L_1	0,25	400	30	4		
L_2		1000	60	6		$3 \cdot 10^{-4}$
L_3	0,8	6000		4	0,1	

6. Auf den ringförmigen Eisenkern ($\mu_r = 3500$) (Abb. 1) mit einer kreisförmigen Querschnittsfläche wird eine Spule aufgesetzt. Durch die 1000 Windungen fließt ein Strom der Stärke $I = 250$ mA. Berechnen Sie:

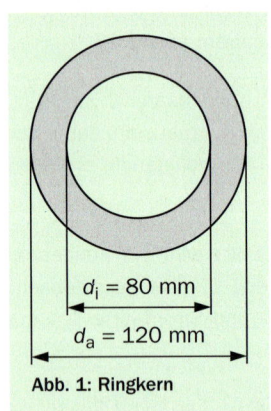

a) die Querschnittsfläche A des Eisenkerns,
b) die mittlere Feldlinienlänge l_m,
c) die Durchflutung θ,
d) den magnetischen Widerstand R_m,
e) den magnetischen Fluss Φ,
f) die magnetische Flussdichte B,
g) die magnetische Feldstärke H.

Abb. 1: Ringkern ($d_i = 80$ mm, $d_a = 120$ mm)

7. Wie groß ist die mittlere Feldlinienlänge einer Schützspule, wenn bei einer Durchflutung $\theta = 230$ A eine Feldstärke von 1000 A/m auftritt?

8. Ein Elektromagnet hat bei einer Querschnittsfläche des Kerns von $A = 16$ cm² einen magnetischen Fluss von $1{,}8 \cdot 10^{-4}$ Wb. Wie groß ist die magnetische Flussdichte?

9. Ein Ringkern aus einer Eisenlegierung mit einem Kernquerschnitt $A = 6$ cm^2 und dem mittleren Ringdurchmesser $d_m = 6$ cm trägt eine Spule mit der Windungszahl $N = 750$. Die relative Permeabilitätszahl beträgt $\mu_r = 3000$.
a) Berechnen Sie die mittlere Feldlinienlänge l_m.
b) Berechnen Sie den magnetischen Widerstand R_m.
c) Wie groß ist die magnetische Feldstärke H im Kern?
d) Welche Stromstärke muss in der Spule auftreten, damit die magnetischen Werte erreicht werden?

10. Im Diagramm (Abb. 2) sind die magnetischen Kennlinien verschiedener Materialien dargestellt. Bestimmen Sie für die ausgewählten Werkstoffe die fehlenden Werte.

Dynamoblech	a)	b)	c)	d)	e)
B in T	1,2		0,6		
H in A/m		500		1100	700
Grauguss	f)	g)	h)	i)	k)
B in T	0,2		0,3		0,5
H in A/m		500		1500	

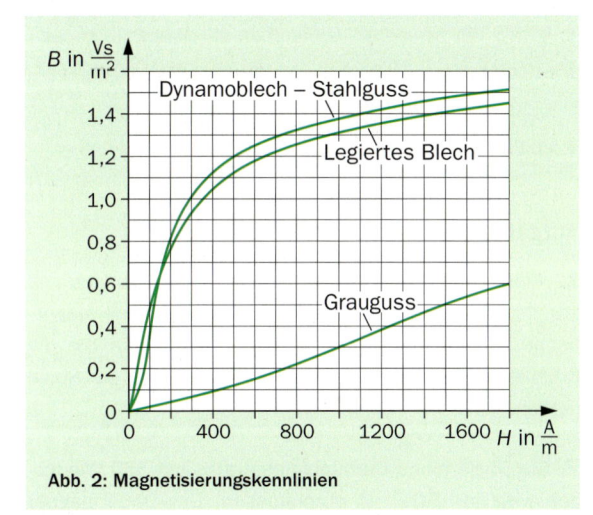

Abb. 2: Magnetisierungskennlinien

11. In einem Eisenkern aus Dynamoblech (Abb. 2) herrscht eine magnetische Durchflutung $\theta = 380$ A. Die mittlere Feldlinienlänge beträgt $l_m = 27$ cm. Der Kern besitzt eine Querschnittsfläche von $A = 4$ cm^2. Welchen Wert hat der magnetische Fluss?

12. Die 450 Windungen einer Luftspule werden von einem Strom mit der Stärke $I = 1,4$ A durchflossen. Eine einzelne Windung umfasst eine Fläche von $A = 4$ cm^2. Der magnetische Widerstand beträgt $R_m = 3,7 \cdot 10^8$ Vs/A.
a) Berechnen Sie die magnetische Durchflutung.
b) Wie groß ist der magnetische Fluss?
c) Welche magnetische Flussdichte herrscht im Spuleninneren?
d) Berechnen Sie die mittlere Feldlinienlänge.

13. Ein Eisenkern (Abb. 3) besteht aus Dynamoblech mit einer relativen Permeabilität von $\mu_r = 5000$. Für Testzwecke wird eine Spule $N = 250$ auf den Mittelschenkel aufgesetzt und von 0,25 A durchflossen. Der hier erzeugte magnetische Fluss teilt sich und tritt in jedem Außenschenkel mit halber Gesamtstärke auf.
Die Querschnitte betragen: $A_1 = A_2 = 5$ cm^2, $A_3 = 7,5$ cm^2, die mittleren Feldlinienlängen $l_{m1} = l_{m2} = 35$ cm und $l_{m3} = 11$ cm.
Berechnen Sie:
a) θ; b) Φ_1, Φ_2, Φ_3; c) B_1, B_2, B_3.

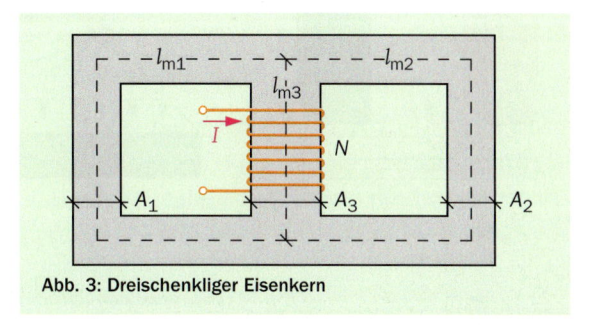

Abb. 3: Dreischenkliger Eisenkern

14. Ein Spulenkern aus legiertem Blech mit $\mu_r = 3800$ besitzt einen Luftspalt von 1 mm. Die mittlere Länge des Eisenkreises beträgt $l_m = 74,9$ cm. Die Querschnitte des Eisenkreises und des Luftspalts sind mit $A = 10$ cm^2 gleich groß. Welche Stromstärke muss in der aufgesetzten Spule mit 2500 Windungen auftreten, wenn im Luftspalt eine Induktion von $B = 1$ T herrschen soll?

15. Der Eisenkern aus Dynamoblech in der Abb. 4 besitzt eine Kerntiefe von 18 mm. Die relative Permeabilität beträgt $\mu_r = 4200$. Die 1000 Windungen der Spule werden von einer Stromstärke $I = 0,5$ A durchflossen.
Berechnen Sie:
a) l_m; b) A; c) $R_{m\,Fe}$; d) $R_{m\,L}$; e) $R_{m\,ges}$; f) θ; g) B; h) H_L.

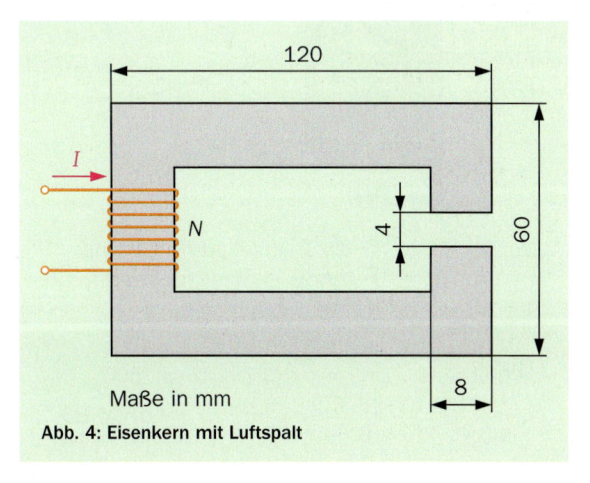

Maße in mm
Abb. 4: Eisenkern mit Luftspalt

4.6 Kraftwirkung im Magnetfeld

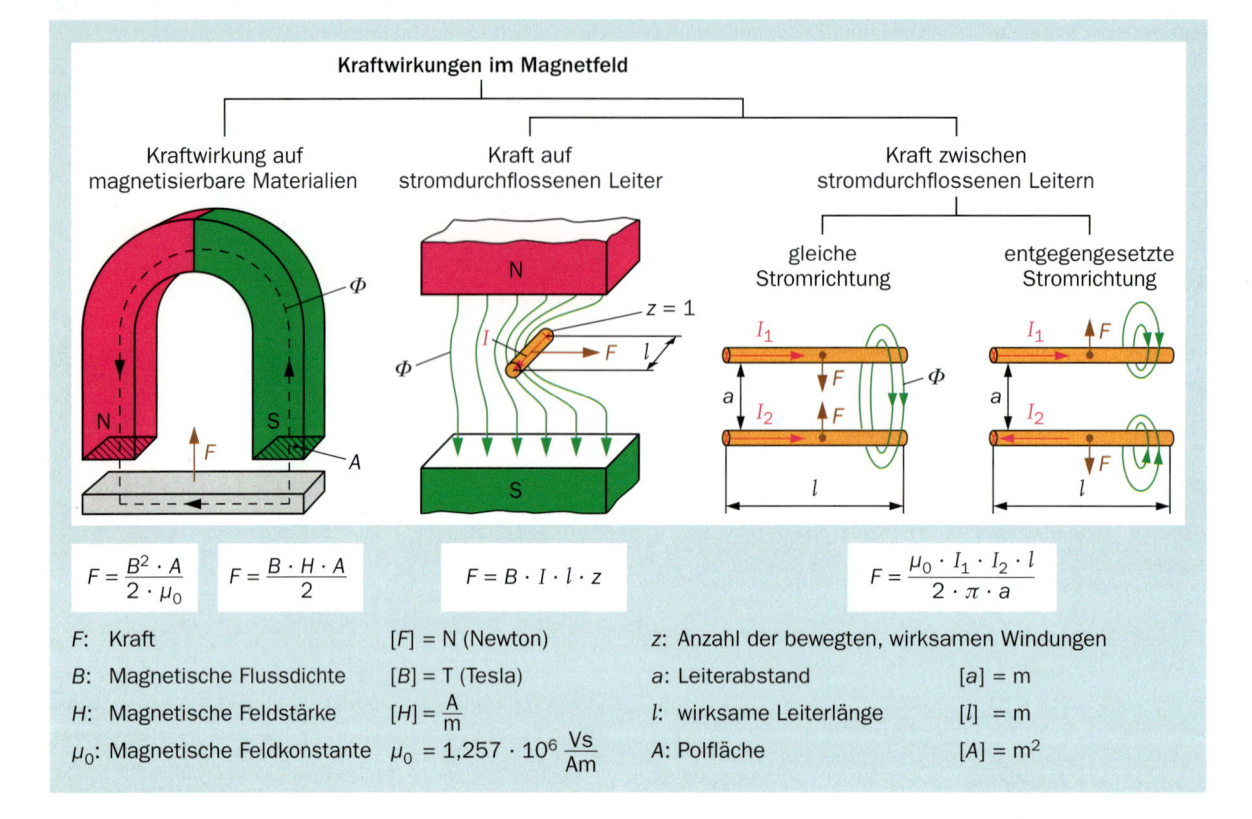

Kraftwirkungen im Magnetfeld

- Kraftwirkung auf magnetisierbare Materialien
- Kraft auf stromdurchflossenen Leiter
- Kraft zwischen stromdurchflossenen Leitern
  - gleiche Stromrichtung
  - entgegengesetzte Stromrichtung

$$F = \frac{B^2 \cdot A}{2 \cdot \mu_0} \qquad F = \frac{B \cdot H \cdot A}{2}$$

$$F = B \cdot I \cdot l \cdot z$$

$$F = \frac{\mu_0 \cdot I_1 \cdot I_2 \cdot l}{2 \cdot \pi \cdot a}$$

F: Kraft [F] = N (Newton)
B: Magnetische Flussdichte [B] = T (Tesla)
H: Magnetische Feldstärke $[H] = \frac{A}{m}$
μ_0: Magnetische Feldkonstante $\mu_0 = 1{,}257 \cdot 10^6 \frac{Vs}{Am}$

z: Anzahl der bewegten, wirksamen Windungen
a: Leiterabstand [a] = m
l: wirksame Leiterlänge [l] = m
A: Polfläche [A] = m²

Beispiel

Auf die Spule des abgebildeten Drehspulmesswerks mit 500 Windungen wird eine Kraft von 5 mN ausgeübt. Die 2 cm lange Drehspule bewegt sich in einem Magnetfeld mit der Flussdichte B = 1,3 T. Welche Stromstärke fließt durch das Messwerk?
Hinweis: Es wirken beide Spulenhälften gemeinsam.

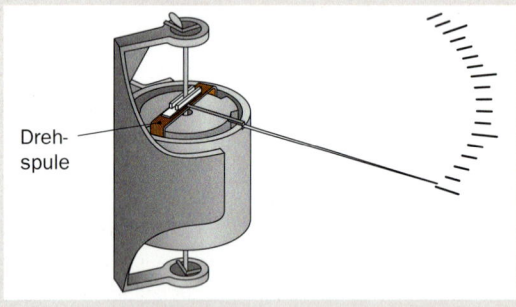

Geg.: F = 5 mN; l = 2 x 2 cm (doppelte Wirkung)
  B = 1,3 T; z = 500
Ges.: I

$$I = \frac{F}{B \cdot l \cdot z}; \qquad I = \frac{5 \text{ mN}}{1{,}3 \text{ T} \cdot 2 \cdot 2 \text{ cm} \cdot 500}$$

$$I = \frac{5 \cdot 10^{-3} \text{ N} \cdot \text{m}^2}{1{,}3 \text{ Vs} \cdot 2 \cdot 2 \cdot 10^{-2} \text{ m} \cdot 500}; \qquad \underline{\underline{I = 0{,}192 \text{ mA}}}$$

Aufgaben

1. Eine Lautsprecherspule besitzt 24 Windungen mit jeweils 6 cm Länge. Der Dauermagnet weist eine magnetische Flussdichte von 1,25 T auf. Berechnen Sie die Kraft auf die Membrane, wenn 120 mA durch die Spule fließen.

2. Die Spule eines Drehspulmesswerks mit 350 Windungen wird von 500 mA durchflossen. Der Dauermagnet weist eine Flussdichte von B = 1,22 T auf. Berechnen Sie die Auslenkkraft auf eine Wicklungshälfte, wenn der Spulenkörper 18 mm lang ist.

3. Auf eine stromdurchflossene Relaisspule mit runder Polfläche (d = 1,7 cm) wirkt auf den Klappanker eine Kraft von F = 17 N. Berechnen Sie a) die magnetische Flussdichte B und b) den magnetischen Fluss Φ.

4. The moveable armature of a contactor is pulled by two pole faces with an area A = 8 cm² each. Which force influences the armature if the flux density is B = 0.15 T?

5. Die Rückstellfeder eines Magnetventils muss eine Kraft von F = 12 N aufbringen. Der Zylinderdurchmesser beträgt d = 1,2 cm. Berechnen Sie a) B und b) Φ.

Kraftwirkung im Magnetfeld   Force in Magnetic Field

6. Berechnen Sie die Kraft, mit welcher der Kolben eines Magnetventils verschoben wird, wenn $B = 0,3$ T und der Kolbendurchmesser $d = 0,8$ cm betragen.

7. Um die Flussdichte an den Polflächen eines Dauermagneten mit insgesamt 24 cm² zu bestimmen, wird das aufgesetzte Joch mit einer Kraft $F = 87$ N abgezogen. Berechnen Sie die erforderliche Flussdichte.

8. Ein Permanentmagnet in Hufeisenform erzeugt an den beiden Polflächen mit jeweils 4 cm² eine Flussdichte von $B = 0,85$ T. Mit welcher Kraft wird ein Eisenteil von den beiden Polen festgehalten?

9. Die beiden Pole eines Elektromagneten mit den Einzelmaßen 25 mm x 30 mm halten ein Eisenstück fest. Der magnetische Fluss beträgt $\Phi = 67 \cdot 10^{-5}$ Wb. Welche Kraft wirkt auf das Eisenstück?

10. Das Magnetfeld eines Gleichstrommotors (Abb. 1) besitzt an den Polflächen (Breite: 45 mm; Länge: 180 mm) die magnetische Flussdichte $B = 1,4$ T. Die 40 Windungen der Drehspule werden dabei von einer Stromstärke $I = 1,7$ A durchflossen. Berechnen Sie:
a) die Kraft auf beide Spulenhälften,
b) den magnetischen Fluss und
c) die Feldstärke im Luftspalt.

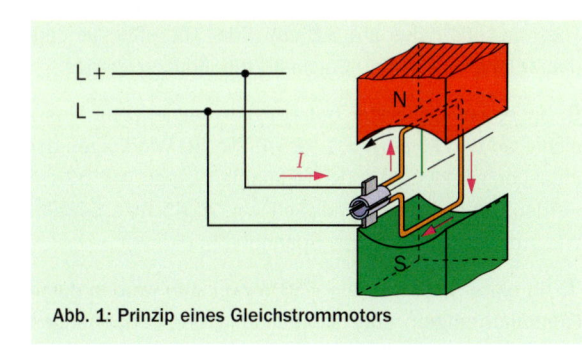

Abb. 1: Prinzip eines Gleichstrommotors

11. Die Rotorwicklung eines Gleichstrommotors (Abb. 1) wird von $I = 24$ A durchflossen. Auf einen Einzelleiter des Rotors mit der wirksamen Länge $l = 22$ cm soll eine Kraft $F = 8$ N wirken. Welche magnetische Flussdichte ist im Luftspalt nötig?

12. Berechnen Sie die Kraft, mit der eine bewegliche Spule ($z = 580$) aus einem 5 cm breiten Magnetfeld mit der magnetische Flussdichte $B = 0,65$ T ausgelenkt wird. Die Spulenstromstärke beträgt $I = 3,7$ A.

13. Ein elektrischer Hubmagnet soll mit seiner Hebeplatte ($d = 80$ cm) Eisenteile mit einer Kraft von $F = 1200$ N halten. Berechnen Sie die erforderliche magnetische Flussdichte.

14. Die magnetische Flussdichte im Luftspalt zwischen dem Stator und dem Rotor eines Motors (Abb. 2) beträgt $B = 0,72$ T.
a) Bestimmen Sie die Kraft auf einen 18 cm langen Leiter, wenn dieser von 20 A durchflossen wird.
b) Bestimmen Sie die Kraft für vier Pole mit jeweils 47 wirksamen Windungen.

Abb. 2: Gleichstrommotor

15. An der Außenseite eines Rotors (Abb. 2) soll eine Kraft von 80 N wirken. Die 37 Windungen mit einer wirksamen Länge von je 58 cm werden mit einer Stromstärke $I = 240$ A durchflossen. Welche magnetische Flussdichte ist in dem Luftspalt zwischen Rotor und Stator notwendig?

16. Zwei Leiter liegen auf einer Länge $l = 22$ m im Abstand von $a = 15$ cm parallel nebeneinander. Die Stromstärke in jedem Leiter beträgt $I = 62$ A. Welche Kraft wirkt zwischen den beiden Leitern?

17. Drei Sammelschienen sind durch jeweils sechs Keramikisolatoren im Abstand von 1200 mm an einer Wand befestigt. Der Abstand zwischen zwei Schienen beträgt 150 mm. Jeder Isolator weist eine Festigkeit von 40 kN auf. Berechnen Sie die Kraft, die im Kurzschlussfall zwischen zwei benachbarten Schienen bei $I = 1200$ A auftritt. Halten die Isolatoren diese Kraft aus?

18. Ein Sammelschienensystem ist für eine Bemessungsstromstärke $I = 630$ A ausgelegt. Im Kurzschlussfall kann sich die Stromstärke kurzzeitig auf das 12-fache erhöhen (Stoßkurzschlussstrom), um etwas später auf das Siebenfache abzusinken (Dauerkurzschlussstrom). Zwei vom Kurzschluss betroffene Schienen liegen auf einer Länge von $l = 3,3$ m in einem Abstand von 25 cm parallel auseinander. Berechnen Sie die Kraft
a) für die Bemessungsstromstärke,
b) für den Stoßkurzschlussstrom und
c) für den Dauerkurzschlussstrom.

4.7 Magnetische Induktion

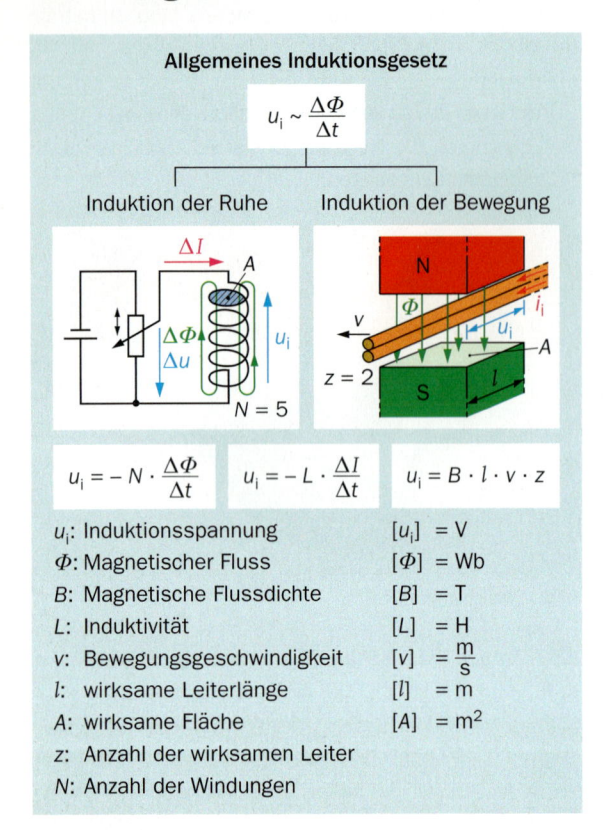

Allgemeines Induktionsgesetz

$$u_i \sim \frac{\Delta \Phi}{\Delta t}$$

Induktion der Ruhe | Induktion der Bewegung

$u_i = -N \cdot \dfrac{\Delta \Phi}{\Delta t}$ $\qquad$ $u_i = -L \cdot \dfrac{\Delta I}{\Delta t}$ $\qquad$ $u_i = B \cdot l \cdot v \cdot z$

u_i: Induktionsspannung $\qquad$ $[u_i] = V$
Φ: Magnetischer Fluss $\qquad$ $[\Phi] = Wb$
B: Magnetische Flussdichte $\qquad$ $[B] = T$
L: Induktivität $\qquad$ $[L] = H$
v: Bewegungsgeschwindigkeit $\qquad$ $[v] = \frac{m}{s}$
l: wirksame Leiterlänge $\qquad$ $[l] = m$
A: wirksame Fläche $\qquad$ $[A] = m^2$
z: Anzahl der wirksamen Leiter
N: Anzahl der Windungen

Beispiel

In einer Spule mit 1500 Windungen wird in 0,3 s der magnetische Fluss von 142 mWb auf 17 mWb verringert. Wie groß ist die induzierte Spannung?
Geg.: $N = 1500$; $\Phi_1 = 142$ mWb; $\Phi_2 = 17$ mWb
Ges.: u_i

$\Delta \Phi = \Phi_2 - \Phi_1$ $\qquad$ $u_i = -N \cdot \dfrac{\Delta \Phi}{\Delta t}$
$\Delta \Phi = 17$ mWb $- 142$ mWb $\qquad$ $u_i = -1500 \cdot \dfrac{-125 \text{ mWh}}{0,3 \text{ s}}$
$\Delta \Phi = -125$ mWb
$\qquad\qquad\qquad\qquad\qquad$ $u_i = 625$ V

Aufgaben

1. Für ein Experiment wird eine Spannung $u_i = 5000$ V benötigt. Die Spule erzeugt einen gleichmäßig ansteigenden magnetischen Fluss bis $\Phi = 42$ Wb. Nach einer Sekunde wird dieser Vorgang wiederholt. Wie viele Windungen muss die Spule besitzen?

2. Im Eisenkern ($A = 4$ cm^2) einer Spule ($N = 750$) ändert sich die magnetische Flussdichte innerhalb einer Viertelsekunde um 0,57 T. Berechnen Sie
a) die Änderung des magnetischen Flusses und
b) die Höhe der induzierten Spannung.

3. In einer Induktionsspule mit $N = 1250$ wird der ursprüngliche magnetische Fluss von $\Phi = 45$ mWb innerhalb von $t = 0,5$ s erhöht. Dabei wird eine gleichbleibende Spannung von -500 V erzeugt. Auf welche Stärke steigt der magnetische Fluss an?

4. Das Diagramm in Abb. 1 zeigt den zeitlichen Verlauf des magnetischen Flusses Φ in einer Spule mit 750 Windungen.
a) Berechnen Sie die Induktionsspannungen für die Zeitabschnitte ① bis ⑧.
b) Zeichnen Sie für die Zeitabschnitte ① bis ⑧ das Diagramm $u_i = f(t)$.

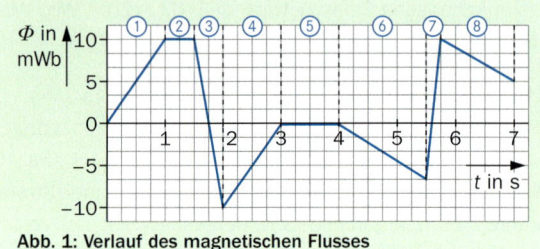

Abb. 1: Verlauf des magnetischen Flusses

5. A conductor is moved through a magnetic field with the magnetic flux $\Phi = 125$ mWb with a speed $v = 8$ m/s. The magnetic poles are 3.8 cm wide. The effective conductor length is 17 cm. Calculate the induced voltage.

6. In einem Generator beträgt die magnetische Flussdichte an den Polen $B = 1,285$ T. Die 30 Windungen der Induktionswicklung mit der wirksamen Länge von 52 cm werden mit der Geschwindigkeit $v = 20,45$ m/s bewegt. Wie groß ist die induzierte Spannung?

7. In einer Spule mit $N = 750$ Windungen werden durch Flussänderungen unterschiedlich große Spannungen induziert. Der zeitliche Verlauf ist in dem Diagramm der Abb. 2 dargestellt.
a) Berechnen Sie die Flussänderungen für die Zeitabschnitte ① bis ⑧.
b) Zeichnen Sie in einem Diagramm den Zeitverlauf des magnetischen Flusses.

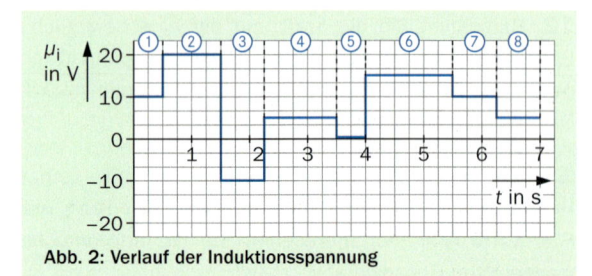

Abb. 2: Verlauf der Induktionsspannung

4.8 Induktivität

Die Induktivität L ist eine bauteilbezogene Größe der Spule. Sie wird durch die Windungszahl und den magnetischen Widerstand R_m festgelegt.

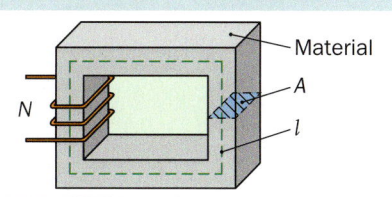

$$L = \frac{N^2}{R_m} \qquad L = \frac{\mu_0 \cdot \mu_r \cdot A \cdot N^2}{l_m}$$

Induktivität einer stromdurchflossenen Spule:

$$L = \frac{n \cdot \Phi}{I}$$

L: Induktivität $\quad [L] = 1\,\frac{Vs}{A} = 1\,H$ (Henry)

R_m: Magn. Widerstand $\quad [R_m] = \frac{A}{Vs}$

I: Spulenstrom $\quad [I] = A$

N: Windungszahl

μ_0: Magn. Feldkonstante $\quad \mu_0 = 1{,}257 \cdot 10^{-6}\,\frac{Vs}{Am}$

Beispiel

Eine Spule mit $N = 500$ wird mit einem Eisenkern aus Dynamoblech ($\mu_r = 3600$) versehen. Berechnen Sie die Induktivität L, wenn die Querschnittsfläche des Kerns $A = 7{,}2\,cm^2$ und die mittlere Feldlinienlänge $l_m = 38{,}5\,cm$ betragen.

Geg.: $N = 500$; $A = 7{,}2\,cm^2$; $l_m = 38{,}5\,cm$; $\mu_r = 3600$; $\mu_0 = 1{,}257 \cdot 10^{-6}\,\frac{Vs}{Am}$

Ges.: L

$$L = \frac{\mu_0 \cdot \mu_r \cdot A \cdot N^2}{l_m}$$

$$L = \frac{1{,}257 \cdot 10^{-6}\,Vs \cdot 3600 \cdot 7{,}2\,cm^2 \cdot 500^2}{A \cdot m \cdot 38{,}5\,cm}$$

$$L = \frac{1{,}257\,Vs \cdot 3600 \cdot 7{,}2\,cm^2 \cdot 250000}{10^6 \cdot A \cdot 100\,cm \cdot 38{,}5\,cm}$$

$$L = 2{,}12\,H$$

Aufgaben

1. Wie groß ist die Induktivität einer Spule mit $N = 54$ Windungen und einem magnetischen Widerstand $R_m = 43{,}5 \cdot 10^3$ A/Vs?

2. Wie viele Windungen sind nötig, um eine Spule mit einer Induktivität von $L = 5$ H bei einem magnetischen Widerstand von $R_m = 3125$ A/Vs herzustellen?

3. Die Luftspule aus Abb. 3 besitzt $N = 20$ Windungen. Der Innendurchmesser einer Windung beträgt $d = 2$ cm. Die mittlere Länge der Feldlinien beträgt $l_m = 24$ cm. Für den Spulenträger gilt $\mu_r = 1$. Berechnen Sie die Induktivität der Spule.

Abb. 3: Luftspule

4. Wie groß ist die Induktivität einer Spule, wenn 270 Windungen von einer Stromstärke $I = 2{,}3$ A durchflossen werden und ein magnetischer Fluss von $\Phi = 26$ mWb erzeugt wird?

5. Eine Entstörspule des Frequenzumrichters (Abb. 4) soll eine Induktivität von $L = 60$ mH besitzen. Der magnetische Widerstand beträgt $R_m = 11{,}25 \cdot 10^3$ A/Vs. Wie viele Windungen sind notwendig?

Abb. 4: Entstörspulen eines Frequenzumrichters

6. The inductivity of a motor winding is $L = 8$ H. The number of windings is $N = 480$. What is the reluctance?

7. Für ein Labor soll eine Spule mit einstellbaren Induktivitäten hergestellt werden. Der magnetische Widerstand bleibt unverändert. Berechnen Sie die fehlenden Angaben in der Tabelle.

	a)	b)	c)	d)	e)
N	200				
R_m in $\frac{A}{Vs}$					
L in H	0,25	0,5	1	1,5	2

8. Wie groß ist die magnetische Flussdichte im Eisenkern einer Spule ($L = 850$ mH), wenn die 230 Windungen von einer Stromstärke $I = 275$ mA durchflossen werden?

4.9 Schaltungen von Induktivitäten

Reihenschaltung von Induktivitäten:

$$L_g = L_1 + L_2 + \ldots + L_n$$

Parallelschaltung von Induktivitäten:

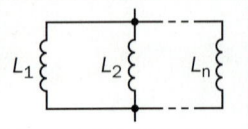

$$\frac{1}{L_g} = \frac{1}{L_1} + \frac{1}{L_2} + \ldots + \frac{1}{L_n}$$

Für zwei parallele Induktivitäten gilt:

$$L_g = \frac{L_1 \cdot L_2}{L_1 + L_2}$$

Beispiel

Durch zwei parallel geschaltete Spulen soll eine Gesamtinduktivität $L_g = 0{,}07$ H entstehen. Berechnen Sie die Induktivität L_2, wenn $L_1 = 0{,}12$ H beträgt.

Geg.: $L_1 = 0{,}12$ H; $L_g = 0{,}07$ H

Ges.: L_2

$$\frac{1}{L_g} = \frac{1}{L_1} + \frac{1}{L_2}; \qquad \frac{1}{L_2} = \frac{1}{L_g} - \frac{1}{L_1}$$

$$\frac{1}{L_2} = \frac{1}{70 \text{ mH}} - \frac{1}{120 \text{ mH}}$$

$$\frac{1}{L_2} = \frac{50}{8400 \text{ mH}}$$

$$\underline{\underline{L_2 = 168 \text{ mH}}}$$

Aufgaben

1. Zwei Spulen $L_1 = 33$ mH und $L_2 = 52$ mH sind in Reihe geschaltet. Berechnen Sie die Gesamtinduktivität.

2. Berechnen Sie für die Reihen- bzw. Parallelschaltung zweier Spulen die fehlenden Größen.

Reihenschaltung	a)	b)	c)	d)
L_1 in H	1,05	0,87		2,09
L_2 in H	0,067		0,045	
L_g in H		0,123	0,23	3,27

Parallelschaltung	a)	b)	c)	d)
L_1 in H	3,27	($L_1 = L_2$)	0,87	1,05
L_2 in H	2,09	($L_2 = L_1$)	0,123	
L_g in H		0,06		0,045

3. Die Induktivität einer Spule soll durch eine Reihenschaltung von Windungen von $L_1 = 510$ mH auf $L_2 = 700$ mH erhöht werden. Das Kernmaterial hat den magnetischen Widerstand $R_m = 8{,}33 \cdot 10^{-3}$ A/Vs.

Berechnen Sie a) N_1 und b) die Differenz der Windungen.

4. What is the total inductance L_g of three inductances connected in parallel: $L_1 = 0.16$ H, $L_2 = 50$ mH and $L_3 = 0.065$ H?

5. Drei Spulen sind als Gruppe entsprechend der Abb. 1 geschaltet. Durch die veränderbare Induktivität L_3 soll die Gesamtinduktivität zwischen 5 mH und 8 mH einstellbar sein. Berechnen Sie den Einstellbereich von L_3.

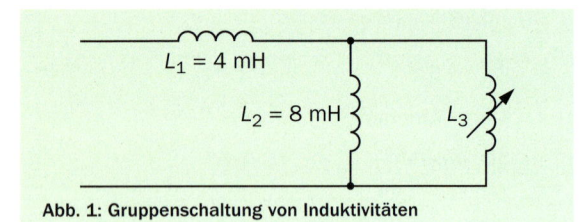

Abb. 1: Gruppenschaltung von Induktivitäten

6. Zwei Spulen befinden sich auf einem Eisenkern. Die Induktivitäten betragen $L_1 = 1{,}3$ H und $L_2 = 0{,}8$ H. Berechnen Sie die Gesamtinduktivität L_g der beiden in Reihe geschalteten Spulen.

7. Zwei Spulen mit $N_1 = 1500$ und $N_2 = 500$ werden auf einen Eisenkern geschoben und von gleicher Stromstärke durchflossen. Der Eisenkern mit $\mu_r = 2300$ besitzt bei einer Querschnittsfläche $A = 2{,}25$ cm^2 den mittleren Umfang von 46 cm.

Berechnen Sie a) L_1, b) L_2 und c) L_g

8. Drei Spulen mit einer Induktivität von je 1 H sollen zu unterschiedlichen Gruppenschaltungen kombiniert werden.
a) Skizzieren Sie alle Spulenkombinationen, die unterschiedliche Gesamtinduktivitäten bewirken.
b) Wie groß ist die Gesamtinduktion für die jeweilige Schaltung?

9. Bestimmen Sie für die Schaltung in Abb. 2 die unbekannte Induktivität L_4, wenn $L_g = 1$ H beträgt.

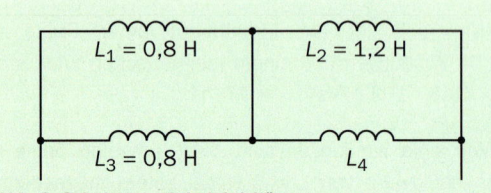

Abb. 2: Schaltung mit Induktivitäten

4.10 Schaltvorgänge bei Induktivitäten

Einschaltvorgang

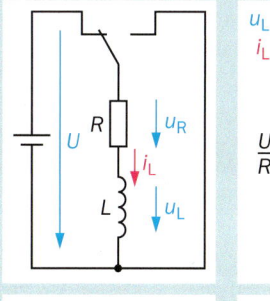

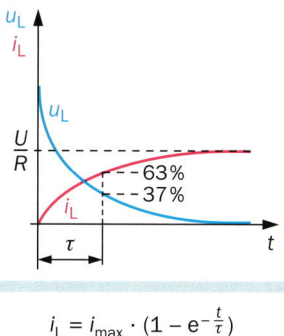

$$u_L = U \cdot e^{-\frac{t}{\tau}}$$

$$i_L = i_{max} \cdot (1 - e^{-\frac{t}{\tau}})$$

Beim Einschaltvorgang beträgt nach der Zeit $t = \tau$ die Stromstärke 63% des Maximalstroms. Die Spannung ist dabei auf 37% zurückgegangen.

Nach $5\,\tau$ ist der Induktionsvorgang abgeschlossen.

Ausschaltvorgang

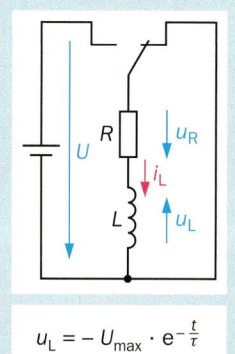

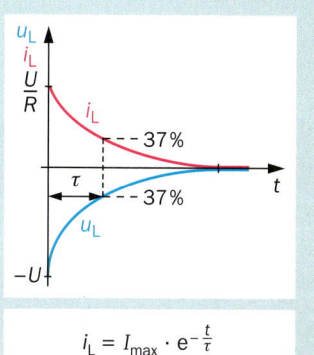

$$u_L = -U_{max} \cdot e^{-\frac{t}{\tau}}$$

$$i_L = I_{max} \cdot e^{-\frac{t}{\tau}}$$

Beim Ausschaltvorgang betragen nach $t = \tau$ die Stromstärke und Spannung noch 37% der Maximalwerte.

$$\tau = \frac{L}{R} \qquad U_{max} = R \cdot I_{max}$$

u_L: Spannung über der Induktivität $[u_L] = V$
U: Spannung für den Beginn der Induktion $[U] = V$
i_L: Spulenstromstärke $[i_L] = A$
e: Eulersche Zahl (Basis der Exponentialfunktion) $e = 2{,}71828$

R: Widerstand $[R] = \Omega$
L: Induktivität $[L] = H$
τ: Zeitkonstante (Tau) $[\tau] = s$

Beispiel

Eine Spule mit $L = 1\,H$ wird an eine Gleichspannung $U = 24\,V$ angeschlossen. Der Widerstand für den Einschaltvorgang beträgt $R_1 = 500\,\Omega$. Das magnetische Feld wird beim Abschalten über einen Widerstand $R_2 = 2\,k\Omega$ abgebaut.

a) Berechnen Sie die maximale Stromstärke für den Einschaltvorgang.
b) Wie lange dauert der Vorgang bis zum vollständigen Aufbau des Magnetfeldes?
c) Wie groß ist die Spulenspannung 1 ms nach Beginn des Ausschaltvorgangs?

Geg.: $U = 24\,V$; $L = 1\,H$; $R_1 = 500\,\Omega$; $R_2 = 2\,k\Omega$
$t_2 = 1\,ms$
Ges.: a) I_{max} (Zuschalten); b) t_E; c) u_L bei t_2

a) $I_{max} = \dfrac{U}{R_1}$

$I_{max} = \dfrac{24\,V}{500\,\Omega}$

$\underline{I_{max} = 48\,mA}$

b) $t_E \approx 5 \cdot \tau_E$

$t_E \approx 5 \cdot \dfrac{L}{R_1}$

$t_E \approx 5 \cdot \dfrac{1\,H}{500\,\Omega}$

$\underline{t_E \approx 10\,ms}$

c) $U_{max} = R_2 \cdot I_{max}$

$U_{max} = 2\,k\Omega \cdot 48\,mA$

$\underline{U_{max} = 96\,V}$

$u_L = -U_{max} \cdot e^{-R_2 \frac{t_2}{L}}$

$u_L = -96\,V \cdot e^{-2\,k\Omega \cdot \frac{1\,ms}{1\,H}}$

$\underline{u_L = -13\,V}$

Aufgaben

1. Eine Spule mit den Induktivität $L = 250\,mH$ wird über einen Widerstand $R = 750\,\Omega$ an eine Gleichspannungsquelle $U = 50\,V$ angeschlossen. Der Abbau des Magnetfeldes wird über denselben Widerstand realisiert. Berechnen Sie für den Ein- und den Ausschaltvorgang
a) die Zeitkonstante,
b) die maximale Spannung,
c) die maximale Stromstärke und
d) die Stromstärke, 3 ms nach Anschluss der Spule an die Spannungsquelle.

2. Wie lange dauert der Magnetfeld-Aufbau einer Spule mit einer Induktivität $L = 30\,mH$, wenn sie über einen Widerstand $R = 3{,}5\,k\Omega$ an eine Spannung $U = 12\,V$ angeschlossen wird?

3. Zur Erzeugung hoher Induktionsspannungen wird eine Spule mit $N = 15000$ und einem magnetischen Widerstand $R_m = 1{,}25 \cdot 10^8\,A/Vs$ in Reihe mit einem Widerstand $R_1 = 22\,\Omega$ an eine Spannung $U = 9\,V$ angeschlossen.
a) Wie groß ist die Induktivität der Spule?
b) Wie groß ist die maximale Stromstärke?
c) Welchen Wert muss der Widerstand für den Ausschaltvorgang besitzen, wenn eine Spannung von 500 V entstehen soll?

4. Die Induktionsspannung beim Abschalten einer Spule soll das 20-fache der angelegten Spannung $U = 1{,}5$ V betragen. Der Begrenzungswiderstand für den Einschaltvorgang beträgt $R = 56\ \Omega$. Die Spule hat eine Induktivität $L = 12$ mH.
a) Nach welcher Zeit ist das Magnetfeld vollständig aufgebaut?
b) Wie groß muss der Begrenzungswiderstand für den Ausschaltvorgang sein?

5. What is the maximum value of a resistor connected in series to a coil $L = 340$ mH, to ensure that the magnetic field vanishes within 50 ms?

6. Die Batterie der Schaltung in Abb. 1 liefert eine Spannung von 9 V.
a) Berechnen Sie die Zeiten für den vollständigen Auf- und Abbau des magnetischen Feldes der Spule.
b) Welche Stromstärke fließt 15 ms nach Beginn des Feldaufbaus?
c) Das magnetische Feld wird abgebaut. Berechnen Sie die Stromstärke durch R_2 nach 20 ms.
d) Nach welcher Zeit ist die Spannung an R_2 auf 4 V abgesunken?

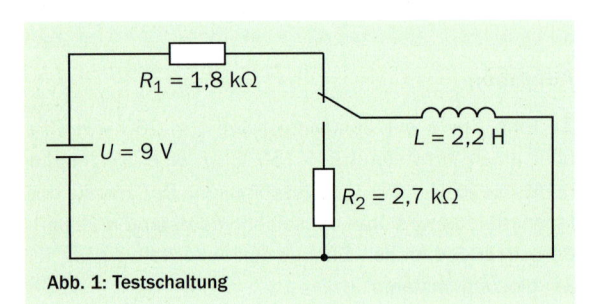

Abb. 1: Testschaltung

7. Eine Spule mit der Induktivität $L = 158$ mH wird in Reihe mit einem 82-kΩ-Widerstand an eine Gleichspannungsquelle mit $U = 6$ V angeschlossen. Das vollständig aufgebaute Magnetfeld wird anschließend für zwei Sekunden über einen Widerstand von $R = 520$ kΩ teilweise abgebaut. Wie lange dauert es, um das magnetische Feld wieder in der ursprünglichen Stärke aufzubauen?

8. In einer Spule mit $L = 3{,}2$ H ist 25 ms nach dem Anschluss an eine 12-V-Spannungsquelle das magnetische Feld vollständig aufgebaut.
a) Berechnen Sie die Zeitkonstante τ.
b) Wie groß ist der Begrenzungswiderstand?
c) Wie groß ist die Stromstärke nach 25 ms?
d) Berechnen Sie die Spulenspannung nach 10 ms.
e) Welchen Wert hat die Spannung über dem Begrenzungswiderstand nach 5 ms?

9. Gegeben ist die Schaltung in Abb. 2. Berechnen Sie
a) die Zeitkonstante τ_E für den Einschaltvorgang,
b) die Maximalstromstärke,
c) die Spannung u_L, 10 ms nach dem Zuschalten,
d) die maximale Spannung beim Ausschaltvorgang und
e) die Spannung u_{R2}, 10 ms nach dem Abschalten.

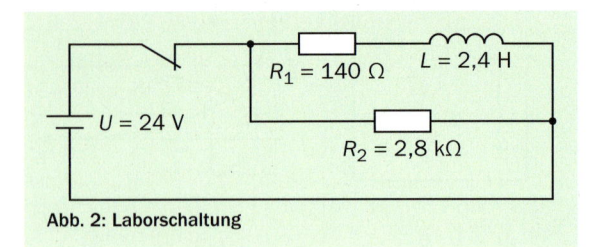

Abb. 2: Laborschaltung

10. Mit einem Funkeninduktor (Abb. 3) sollen hohe Spannungen erzeugt werden. Das Gerät ist an eine Spannungsquelle $U = 12$ V angeschlossen und besitzt eine Stromaufnahme von $I = 2$ A. Die Durchschlagfeldstärke für Luft beträgt $E = 3 \cdot 10^6$ V/m. Die Induktivität des Gerätes wird mit $L = 5{,}5$ H festgelegt.
a) Berechnen Sie die nötige Durchschlagspannung für einen Elektrodenabstand von 5 cm.
b) Wie groß ist der Eingangswiderstand des Gerätes?
c) Welche Zeit wird benötigt, um das magnetische Feld in voller Höhe auszubilden?
d) Welchen Widerstandswert muss die Funkenstrecke mindestens besitzen?

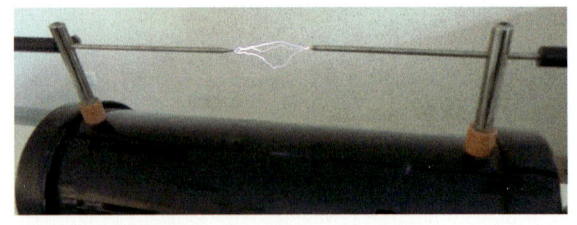

Abb. 3: Funkeninduktor

11. Berechnen Sie alle Maximalwerte der Selbstinduktionsspannungen $u_{L\,max}$ beim Umschalten des Schalters S2 in der Schaltung von Abb. 4. Das Magnetfeld wird durch den Anschluss der verschiedenen Spannungsquellen über den Schalter S1 in den Stellungen 1...3 aufgebaut.

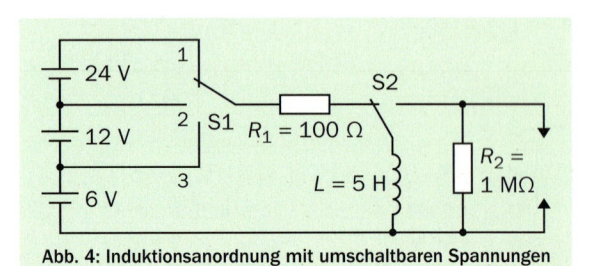

Abb. 4: Induktionsanordnung mit umschaltbaren Spannungen

5 Grundlagen der Wechselstromtechnik

5.1 Kennwerte sinusförmiger Wechselgrößen

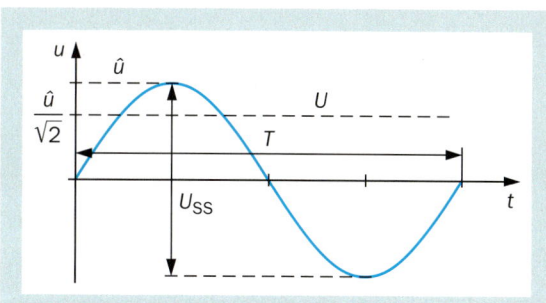

Der Verlauf sinusförmiger Wechselgrößen wiederholt sich periodisch. Je kürzer die Periodendauer ist, desto höher ist die Frequenz der Wechselgröße.

Der Effektivwert einer sinusförmigen Wechselgröße ist um den Faktor $\sqrt{2}$ niedriger als der Scheitelwert.

$$f = \frac{1}{T}$$
$$u_{SS} = 2 \cdot \hat{u}$$
$$i_{SS} = 2 \cdot \hat{i}$$
$$U = \frac{\hat{u}}{\sqrt{2}}$$
$$I = \frac{\hat{i}}{\sqrt{2}}$$

- f: Frequenz $\quad [f] = \frac{1}{s}$
- T: Periodendauer $\quad [T] = s$
- u_{SS}, i_{SS}: Spitze-Spitze-Wert $\quad [u_{SS}] = V; [i_{SS}] = A$
- $\hat{u}, \hat{i}$: Scheitelwert, Amplitude $\quad [\hat{u}] = V; [\hat{i}] = A$
- U, I: Effektivwert der Wechselgröße, auch U_{eff}, I_{eff} $\quad [U] = V; [I] = A$

Beispiel

Eine sinusförmige Wechselspannung mit dem Scheitelwert $\hat{u} = 34$ V besitzt eine Frequenz $f = 120$ Hz. Berechnen Sie

a) den Effektivwert U,
b) den Spitze-Spitze-Wert u_{SS} und
c) die Periodendauer T.

Geg.: $\hat{u} = 34$ V; $f = 120$ Hz
Ges.: a) U; b) u_{SS}; c) T

a) $U = \frac{\hat{u}}{\sqrt{2}}$
$U = \frac{34\ V}{\sqrt{2}}$
$\underline{\underline{U = 24\ V}}$

b) $u_{SS} = 2 \cdot \hat{u}$
$u_{SS} = 2 \cdot 34$ V
$\underline{\underline{u_{SS} = 68\ V}}$

c) $T = \frac{1}{f}$
$T = \frac{1}{120\ Hz}$
$\underline{\underline{T = 8{,}3\ ms}}$

Aufgaben

1. Berechnen Sie für das europäische (230 V/50 Hz) und das amerikanische (120 V/60 Hz) Stromnetz
a) den Scheitelwert und
b) die Periodendauer der Spannung.

2. Berechnen Sie die Periodendauern folgender Frequenzen:
a) 1 Hz
b) 100 Hz
c) $16\frac{2}{3}$ Hz
d) 333 Hz
e) 22 kHz
f) 625 kHz
g) 1 MHz
h) 4,7 MHz
i) 1 GHz

3. Calculate the amplitude of the following root-mean-square values:
a) 1 mV
b) 33 mA
c) 50 mA
d) 3,5 V
e) 16 A
f) 325 kV

4. Ein Kondensator ist für eine maximale Spannung von 63 V ausgelegt. Ist es zulässig, den Kondensator an einer sinusförmigen Wechselspannung mit $U = 42$ V zu betreiben?

5. Ein PC-Oszillogramm (Abb. 5) zeigt den Verlauf der Spannung und des Stroms an einem ohmschen Widerstand. Folgende Einstellungen wurden vorgenommen:
Spannung U (vertikal, blau): 1 V pro Teilung,
Stromstärke I (vertikal, rot): 100 mA pro Teilung,
Zeit t (horizontal): 5 ms pro Teilung.
a) Welche Periodendauer besitzen Spannung und Strom?
b) Berechnen Sie die Frequenz.
c) Wie hoch sind die Amplituden der Spannung und der Stromstärke?
d) Geben Sie die Effektivwerte der beiden Größen an.
e) Welche Leistung wird am Widerstand effektiv umgesetzt?

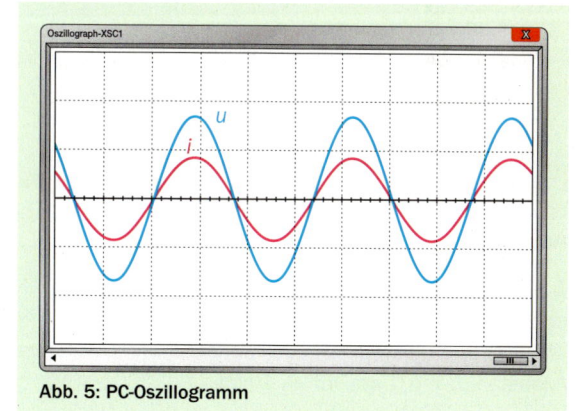

Abb. 5: PC-Oszillogramm

6. An einem ohmschen Widerstand wird eine Effektivleistung $P = 120$ mW umgesetzt.
a) Berechnen Sie den Scheitelwert der Spannung, wenn der Scheitelwert der Stromstärke 48 mA beträgt.
b) Welchen Wert besitzt der Widerstand?

5.2 Kreisfrequenz und Momentanwert sinusförmiger Wechselgrößen

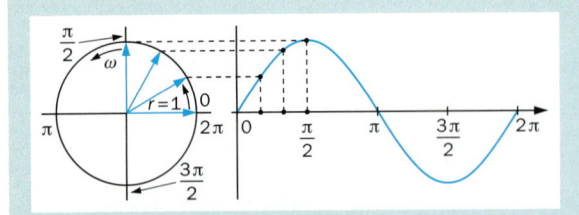

Ein Zeiger, der mit der Frequenz f rotiert, besitzt die Winkelgeschwindigkeit ω. Im Einheitskreis ($r = 1$) entspricht eine Umdrehung dem Wert 2π. Durch die Rotation entsteht im Liniendiagramm eine Sinuskurve.

$$\omega = 2 \cdot \pi \cdot f \qquad \omega = \frac{2 \cdot \pi}{T}$$

ω: Winkelgeschwindigkeit, auch Kreisfrequenz (Omega) $\qquad [\omega] = \frac{1}{s}$
f: Frequenz $\qquad [f] = Hz$
T: Periodendauer $\qquad [T] = s$
$T_i \triangleq 360°_{deg} \triangleq 2\pi_{rad}$

Der Momentanwert u bzw. i einer Wechselspannung ergibt sich aus der Höhe des Zeigers zum jeweiligen Zeitpunkt.

$$u = \hat{u} \cdot \sin \alpha \qquad u = \hat{u} \cdot \sin(\omega \cdot t) \qquad t = \frac{\alpha}{360° \cdot f}$$
$$i = \hat{i} \cdot \sin \alpha \qquad i = \hat{i} \cdot \sin(\omega \cdot t)$$

u, i: Momentanwert, Augenblickswert
$\hat{u}, \hat{i}$: Scheitelwert, Amplitude
α: Phasenwinkel (Alpha)
t: Zeit ab dem ersten Nulldurchgang bei $\alpha = 0°$

Beispiel

Ein sinusförmiger Wechselstrom mit dem Scheitelwert $\hat{i} = 120$ mA hat eine Frequenz von 200 Hz. Berechnen Sie
a) den Momentanwert i bei $\alpha = 60°$,
b) die Kreisfrequenz ω und
c) den Zeitpunkt t bei $\alpha = 60°$.
Geg.: $\hat{i} = 120$ mA; $f = 200$ Hz; $\alpha = 60°$
Ges.: a) i; b) ω; c) t

a) $i = \hat{i} \cdot \sin \alpha$
  $i = 120$ mA $\cdot \sin 60°$
  $\underline{\underline{i = 104 \text{ mA}}}$

b) $\omega = 2 \cdot \pi \cdot f$
  $\omega = 2 \cdot \pi \cdot 200$ Hz
  $\underline{\underline{\omega = 1257 \frac{1}{s}}}$

c) $t = \frac{\alpha}{360° \cdot f}$
  $t = \frac{60°}{360° \cdot 200 \text{ Hz}}$
  $\underline{\underline{t = 833 \text{ μs}}}$

Aufgaben

1. Berechnen Sie die Momentanwerte einer Wechselspannung mit der Amplitude $\hat{u} = 15$ V von 0° bis 360° in 15°-Schritten. Zeichnen Sie den Verlauf in ein Diagramm (Maßstab: 5 V $\triangleq$ 1 cm, 45° $\triangleq$ 1 cm).

2. Eine Wechselgröße besitzt die Frequenz $f = 50$ Hz. Wie hoch sind a) die Winkelgeschwindigkeit ω und b) die Periodendauer T?

3. Wie hoch sind bei einer Spannung mit $\hat{u} = 28,3$ kV und $T = 16,67$ ms a) u bei 245°, b) f und c) ω?

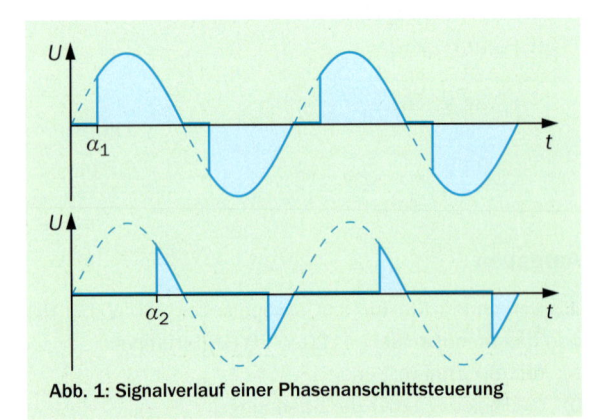

4. Wie hoch ist der Scheitelwert einer Wechselspannung, die bei $\alpha = 18°$ einen Wert von 37,08 V aufweist?

5. Welchen Momentanwert besitzt eine 50-Hz-Wechselspannung mit dem Effektivwert $U = 230$ V zum Zeitpunkt $t = 16$ ms nach dem ersten Nulldurchgang?

6. Ein Wechselstrom mit der Amplitude $\hat{i} = 540$ mA besitzt die Frequenz $f = 2$ kHz.
a) Berechnen Sie ω.
b) Wie lange dauert es, bis der Strom den Wert $i = 300$ mA erreicht hat?
c) Wie groß ist der Phasenwinkel α in diesem Moment?

7. Eine Phasenanschnittsteuerung (Abb. 1) soll eine Wechselspannung bei einer Höhe von 65 % des Maximalwertes vor bzw. nach dem Scheitelpunkt durchschalten. Bestimmen Sie die Zündwinkel α_1 und α_2.

Abb. 1: Signalverlauf einer Phasenanschnittsteuerung

6 Informationstechnik

6.1 Zahlensysteme

6.1.1 Aufbau von Zahlen

In der Informationstechnik werden verschiedene Zahlensysteme zur Darstellung von Zahlenwerten verwendet.

[File Registers Screenshot mit Spalten: Address, Symbol Name, Decimal ①, Binary ②, Hex ③]

Address	Symbol Name	Decimal	Binary	Hex
000	INDF	-	--------	--
001	TMR0	0	00000000	0x00
002	PCL	26	00011010	0x1A
003	STATUS	28	00011100	0x1C
004	FSR	0	00000000	0x00
005	PORTA	0	00000000	0x00
006	PORTB	3	00000011	0x03
007	PORTC	0	00000000	0x00
008	PORTD	0	00000000	0x00
009	PORTE	0	00000000	0x00

Die Anzahl der verfügbaren Ziffern wird als Basis bezeichnet. Die drei gebräuchlichsten Zahlensysteme sind Dezimal- ①, Dual- ② und Hexadezimal-Zahlensysteme ③.

Dezimalzahlensystem

Das Dezimalzahlensystem umfasst die Ziffern 0 bis 9. Die Basis ist 10.

Zeichenvorrat	Basis	Kennzeichnung
0, 1, 2, 3, 4, 5, 6, 7, 8, 9	10	Index 10 oder D (dezimal)

Beispiel: $528{,}15_{10}$

Beispiel	5	2	8	,	1	5
Stelle	3.	2.	1.		1.	2.
Wertigkeit	10^2	10^1	10^0		10^{-1}	10^{-2}
Potenzwert	$5 \cdot 10^2$	$2 \cdot 10^1$	$8 \cdot 10^0$		$1 \cdot 10^{-1}$	$5 \cdot 10^{-2}$

Dualzahlensystem

Das Dualzahlensystem umfasst die Ziffern 0 und 1. Die Basis ist 2.

Zeichenvorrat	Basis	Kennzeichnung
0, 1	2	Index 2 oder B (binär)

Beispiel: $101{,}11_2$

Beispiel	1	0	1	,	1	1
Stelle	3.	2.	1.		1.	2.
Wertigkeit	2^2	2^1	2^0		2^{-1}	2^{-2}
Potenzwert	$1 \cdot 2^2$	$0 \cdot 2^1$	$1 \cdot 2^0$		$1 \cdot 2^{-1}$	$1 \cdot 2^{-2}$

Hexadezimalzahlensystem

Das Hexadezimalzahlensystem umfasst die Ziffern 0 bis 9 und zusätzlich noch A, B, C, D, E und F. Die Basis ist 16.

Zeichenvorrat	Basis	Kennzeichnung
0, 1, 2, 3, 4, 5, 6, 7, 8, 9 A, B, C, D, E, F	16	Index 16 oder H (hexadezimal)

Beispiel: $FEA{,}91_{16}$

Beispiel	F	E	A	,	9	1
Stelle	3.	2.	1.		1.	2.
Wertigkeit	16^2	16^1	16^0		16^{-1}	16^{-2}
Potenzwert	$15 \cdot 16^2$	$14 \cdot 16^1$	$10 \cdot 16^0$		$9 \cdot 16^{-1}$	$1 \cdot 16^{-2}$

Vergleich der drei Zahlensysteme

Dezimal	Dual	Hexa-dezimal	Dezimal	Dual	Hexa-dezimal
0	0000	0	8	1000	8
1	0001	1	9	1001	9
2	0010	2	10	1010	A
3	0011	3	11	1011	B
4	0100	4	12	1100	C
5	0101	5	13	1101	D
6	0110	6	14	1110	E
7	0111	7	15	1111	F

Aufgaben

1. A number system has only the digits 0 and 1. Which number system is it?

2. Welche Wertigkeit besitzt die dritte Ziffer links vom Komma in einem Zahlensystem mit einem Zeichenvorrat von sechzehn Ziffern?

3. Welche Wertigkeit hat die vierte Nachkommastelle eines dualen Zahlensystems?

4. Die dritte Nachkommastelle einer Zahl hat die Ziffer C. Berechnen Sie a) den Stellenwert und b) den Potenzwert.

5. Abb. 2 zeigt die Ressourcen eines PCs. Welchen Potenzwert hat die Ziffer B in der letzten Zeile?

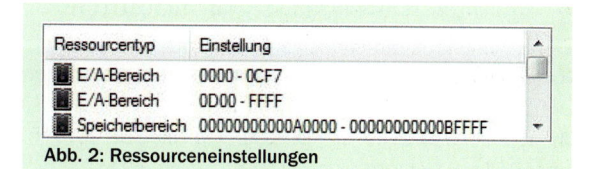

Ressourcentyp	Einstellung
E/A-Bereich	0000 - 0CF7
E/A-Bereich	0D00 - FFFF
Speicherbereich	00000000000A0000 - 00000000000BFFFF

Abb. 2: Ressourceneinstellungen

6.1.2 Umwandlung von Zahlen

1. Dezimalzahl in Dualzahl
Beispiel: 25_D

$25 : 2 = 12$ Rest 1
$12 : 2 = 6$ Rest 0
$6 : 2 = 3$ Rest 0
$3 : 2 = 1$ Rest 1
$1 : 2 = 0$ Rest 1

Leserichtung

$25_D = 11001_B$

2. Dezimalzahl in Hexadezimalzahl
Beispiel: 7770_D

$7770 : 16 = 485$ Rest A
$485 : 16 = 30$ Rest 5
$30 : 16 = 1$ Rest E
$1 : 16 = 0$ Rest 1

Leserichtung

$7770_D = 1E5A_H$

3. Dualzahl in Dezimalzahl
Beispiel: 10110_B

$10110_B = 1 \cdot 2^4 + 0 \cdot 2^3 + 1 \cdot 2^2 + 1 \cdot 2^1 + 0 \cdot 2^0{}_D$
$10110_B = 16 + 0 + 4 + 2 + 0_D$
$10110_B = 22_D$

4. Hexadezimalzahl in Dezimalzahl
Beispiel: $AC45_H$

$AC45_H = 10 \cdot 16^3 + 12 \cdot 16^2 + 4 \cdot 16^1 + 5 \cdot 16^0{}_D$
$AC45_H = 40960 + 3072 + 64 + 5_D$
$AC45_H = 44101_D$

5. Dualzahl in Hexadezimalzahl
1. Dualzahl von rechts nach links in Vierer-Gruppen einteilen.
2. Jeder Vierer-Gruppe wird eine Hexadezimalstelle zugeordnet.

$\underbrace{1011}_{B} \; \underbrace{1001}_{9} \; \underbrace{1111}_{F}$

$1011\;1001\;1111_B = B9F_H$

6. Hexadezimalzahl in Dualzahl
Jeder Hexadezimalstelle wird die entsprechende Dualzahl als Vierer-Gruppe zugeordnet.

$\underbrace{3}_{0011} \; \underbrace{D}_{1101}$

$3D_H = 111101_B$

Beispiel

Berechnen Sie die Summe $A3_H + 1101_B$, indem Sie beide Summanden in Dezimalzahlen umwandeln.

$A3_H = 10 \cdot 16^1 + 3 \cdot 16^0$
$A3_H = 160 + 3$
$A3_H = 163$

$1101_B = 1 \cdot 2^3 + 1 \cdot 2^2 + 0 \cdot 2^1 + 1 \cdot 2^0$
$1101_B = 8 + 4 + 1$
$1101_B = 13$

$163 + 13 = 176$

Aufgaben

1. Wandeln Sie die Dualzahlen in Dezimalzahlen um.
a) 1100   b) 1111   c) 101101
d) 11110000   e) 11000011   f) 10101011
g) 11001100   h) 11111111   i) 10101010

2. Wandeln Sie die Hexadezimalzahlen in Dezimalzahlen um.
a) A1   b) 2F   c) 101   d) 3DE
e) 1011   f) 20BF   g) ACDC   h) 4231E

3. Wandeln Sie die Dualzahlen in Hexadezimalzahlen um.
a) 1000   b) 1010   c) 111
d) 1101   e) 10010011   f) 11100011
g) 11111000   h) 1010101   i) 1110101011

4. Convert the hexadecimal numbers to binary numbers.
a) A3   b) 12   c) 55   d) B9
e) 120   f) FE3   g) C921   h) 1111
i) ABCD   j) 5221   k) 459AE   l) 2BEC

5. Formen Sie die Dezimalzahlen in Dualzahlen um.
a) 8   b) 34   c) 255
d) 123   e) 500   f) 1023
g) 2151   h) 64000   i) 65530

6. Wandeln Sie die Dezimalzahlen in Hexadezimalzahlen um.
a) 12   b) 101   c) 940   d) 2825
e) 500   f) 999   g) 2221   h) 10000
i) 6700   j) 43981   k) 60000   l) 61596

7. Berechnen Sie x.
$5500_D = 2BC_H + 100110001_B + x + DAC_H$

6.1.3 Rechnen mit Dualzahlen

Addition und Subtraktion

Werden bei der Addition von Dualzahlen zwei Einsen addiert, so wird an der entsprechenden Stelle eine Null und ein Übertrag in die nächste Stelle geschrieben.

Bei der Subtraktion wird entsprechend eine Eins von der nächst höheren Stelle entliehen.

Addition	Subtraktion
0 + 0 = 0	0 − 0 = 0
0 + 1 = 1	10 − 1 = 1
1 + 0 = 1	1 − 0 = 1
1 + 1 = 10	1 − 1 = 0

```
   110            10110
+ 1100          − 1100
    1                1
-------          -------
 10010            1010
```

Multiplikation und Division

Multiplikation	Division
0 · 0 = 0	0 : 0 = undefiniert
0 · 1 = 0	0 : 1 = 0
1 · 0 = 0	1 : 0 = undefiniert
1 · 1 = 1	1 : 1 = 1

Beispiel

Berechnen Sie
a) die Summe der Dualzahlen 11010 und 1001,
b) die Differenz der Dualzahlen 11010 und 1101,
c) das Produkt von 1011 und 101 und
d) den Quotient aus 101101 : 101.

```
a)   11010        b)   11011
   + 1001           − 1101
       1              111
    -------          ------
    10011            1110
```

```
c)   1011 · 101         d) 101101 : 101 = 1001
     101100              − 101
   +   0000                01
   +  1011                − 0
     --------              10
     110111               − 0
                          101
                        − 101
                          0
```

Aufgaben

1. Berechnen Sie die Summen folgender Dualzahlen.
a) 101 + 10
b) 1011 + 1001
c) 1001 + 111
d) 1111 + 10001
e) 1101 + 1111
f) 101101 + 1110011

2. Berechnen Sie die Summen.
a) 110101 + 1010 + 11000
b) 11001 + 1101 + 10010
c) 101,001 + 10111,01 + 110,101

3. Zwei Sensoren codieren die Dezimalwerte 100 und 52 binär. Ein Mikrocontroller addiert nun diese beiden binären Werte. Zur Kontrolle des Vorgangs sollen Sie die beiden Werte ebenfalls binär darstellen und anschließend binär addieren.

4. Calculate the differences.
a) 110 − 10
b) 1101 − 11
c) 1011 − 1001
d) 101101 − 10111
e) 1011 − 101 − 10
f) 11001 − 10 − 1001

5. Berechnen Sie:
a) 1100 + 101 − 11
b) 11010 + 10011 − 11001
c) 1111 + 101 − 110
d) 110 − 1111 + 1101

6. Berechnen Sie die Differenzen der Zählerwerte eines Mikrocontrollers (Abb. 1).
a) zaehler1 und zaehler2
b) zaehler2 und zaehler3

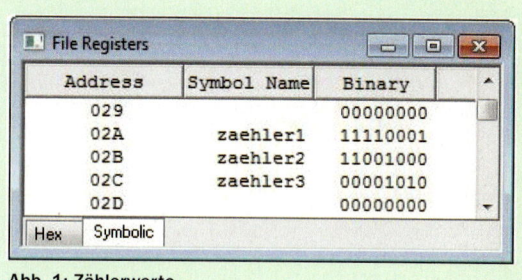

Abb. 1: Zählerwerte

7. Berechnen Sie die Produkte.
a) 110 · 10
b) 1101 · 11
c) 1011 · 101
d) 1111 · 110
e) 110011 · 1001
f) 10101 · 1101

8. Berechnen Sie die Quotienten.
a) 1100 : 10
b) 1100 : 100
c) 1101 : 1101
d) 101010 : 111
e) 1000000 : 110
f) 11011 : 10

6.2 Logikschaltungen

6.2.1 Logische Grundfunktionen

Funktion	Gatter	Funktionsgleichung	Funktionstabelle/ Wahrheitstabelle	Zeitablaufdiagramm
UND (AND) Konjunktion:	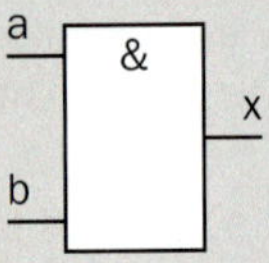 a & x / b	$x = a \wedge b$ bzw. $x = a \cdot b$ $x = ab$	b a x 0 0 0 0 1 0 1 0 0 1 1 1	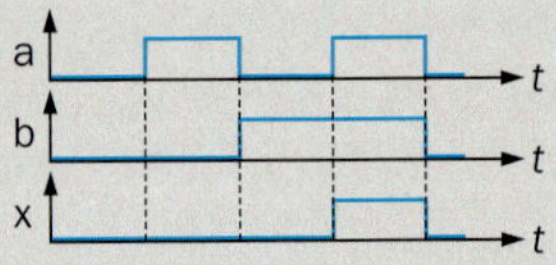
ODER (OR) Disjunktion:	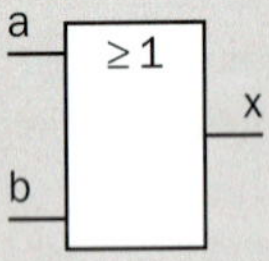 a ≥1 x / b	$x = a \vee b$ bzw. $x = a + b$	b a x 0 0 0 0 1 1 1 0 1 1 1 1	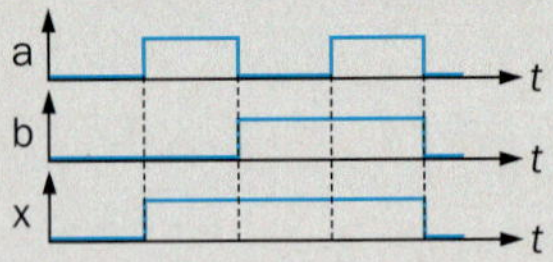
NICHT (NOT) Negation:	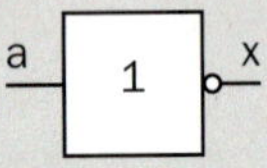 a 1 x	$x = \overline{a}$	a x 0 1 1 0	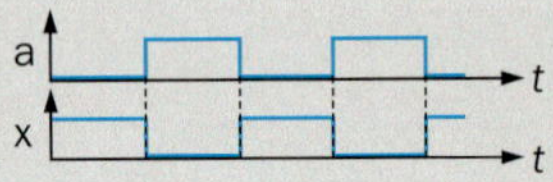

In der Schaltalgebra werden binäre Signale mit Hilfe von logischen Funktionen verknüpft. Zu den logischen Grundfunktionen gehören die UND-, ODER- und NICHT-Verknüpfung. Bei der Kombination verschiedener Gatter ist darauf zu achten, dass **UND vor ODER** gilt.

Dies ist vergleichbar mit der Rechenregel Punktrechnung vor Strichrechnung. Soll eine ODER-Verknüpfung vor einer UND-Verknüpfung ausgeführt werden, so ist dies innerhalb der Funktionsgleichung mittels Klammersetzung zu kennzeichnen, z. B. $x = (a \vee b) \wedge c$.

Beispiel

Gegeben ist die nebenstehende Schaltung aus logischen Gattern.
a) Stellen Sie die Funktionstabelle auf.
b) Wie lautet die Funktionsgleichung?

b) $z = \overline{a} \wedge (b \vee c)$

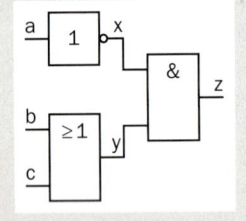

a)
c	b	a	x	y	z
0	0	0	1	0	0
0	0	1	0	0	0
0	1	0	1	1	1
0	1	1	0	1	0
1	0	0	1	1	1
1	0	1	0	1	0
1	1	0	1	1	1
1	1	1	0	1	0

Aufgaben

1. Gegeben ist die Funktionsgleichung $x = a \wedge b \wedge c$.
a) Zeichnen Sie die logische Schaltung.
b) Erstellen Sie die Funktionstabelle.

2. An OR element with four inputs is given.
a) Draw the element.
b) Determine the function equation.

3. Erstellen Sie für die in Abb. 1 dargestellten logischen Schaltungen die Wahrheitstabellen und Funktionsgleichungen.

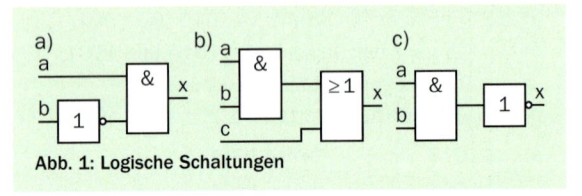

Abb. 1: Logische Schaltungen

4. Ermitteln Sie für die nebenstehende Lampenschaltung (Abb. 2)
a) die äquivalente Funktionsgleichung,
b) die Wahrheitstabelle und
c) die logische Schaltung.

5. Eine logische Schaltung soll am Ausgang immer dann eine logische 1 liefern, wenn die beiden Eingangssignale gleich 0 sind. Wie lautet die Funktionsgleichung?

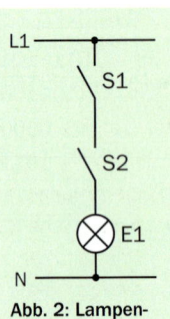

Abb. 2: Lampenschaltung

6.2.2 Normalformen

Disjunktive Normalform (DNF)
1. In allen Zeilen mit x = 1 werden die Eingangsvariablen mit UND verknüpft ①.
2. Ist eine Variable 0, so wird diese negiert.
3. Alle so entstandenen UND-Verknüpfungen werden mit ODER verbunden ②.

b	a	x	
0	0	0	
0	1	1	→ (a∧b̄)
1	0	0	①
1	1	1	→ (a∧b)

x = (a∧b̄)∨(a∧b) ②

Konjunktive Normalform (KNF)
1. In allen Zeilen mit x = 0 werden die Eingangsvariablen mit ODER verknüpft ③.
2. Ist eine Variable 1, so wird diese negiert.
3. Alle so entstandenen ODER-Verknüpfungen werden mit UND verbunden ④.

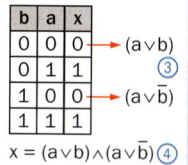

b	a	x	
0	0	0	→ (a∨b)
0	1	1	③
1	0	0	→ (a∨b̄)
1	1	1	

x = (a∨b)∧(a∨b̄) ④

Beispiel
Eine logische Schaltung soll die beiden Eingangsvariablen a und b miteinander vergleichen. Sind die Signale der beiden Eingangssignale unterschiedlich, so wird der Ausgang gleich 1.
a) Erstellen Sie die Wahrheitstabelle.
b) Wie lautet die Funktionsgleichung in disjunktiver Normalform?
c) Wie lautet die Funktionsgleichung in konjunktiver Normalform?
d) Zeichnen Sie die Schaltung der disjunktiven Normalform.

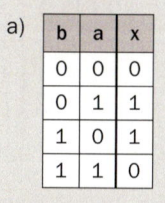

a)

b	a	x
0	0	0
0	1	1
1	0	1
1	1	0

b) x = (a ∧ b̄) ∨ (ā ∧ b)
c) x = (a ∨ b) ∧ (ā ∨ b̄)
d)

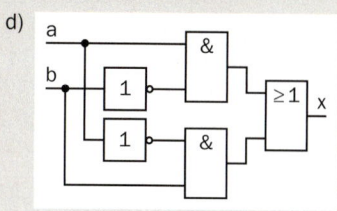

Aufgaben

1. Gegeben ist die nebenstehende Funktionstabelle. Erstellen Sie
a) die disjunktive Normalform,
b) die logische Schaltung der disjunktiven Normalform,
c) die konjunktive Normalform und
d) die logische Schaltung der konjunktiven Normalform.

b	a	x
0	0	1
0	1	0
1	0	0
1	1	1

2. Gegeben ist die nebenstehende logische Schaltung.
a) Erstellen Sie die Wahrheitstabelle.
b) Wie lautet die Funktionsgleichung?

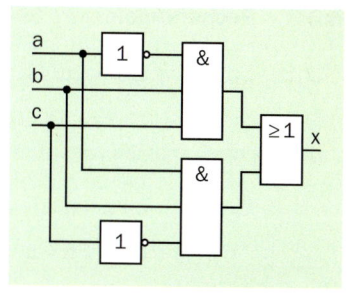

3. Gegeben ist die Ansteuerung einer Lampe.
a) Wie lautet die entsprechende Funktionsgleichung?
b) Erstellen Sie die passende Funktionstabelle.
c) Zeichnen Sie die entsprechende logische Schaltung.

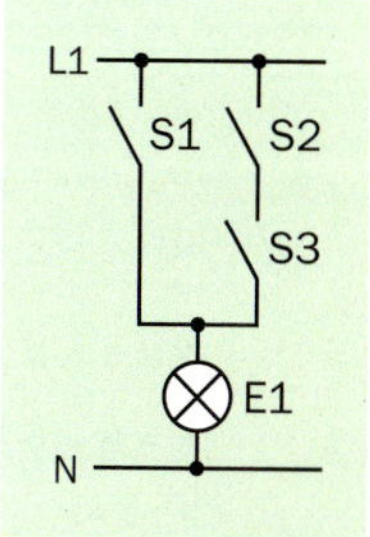

4. Erstellen Sie für folgende Schützansteuerung
a) die Funktionsgleichung
b) die Funktionstabelle und
c) die logische Schaltung.

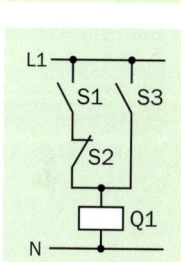

5. In einem Betrieb können drei Maschinen mit den Bemessungsleistungen P1 = 4 kW, P2 = 5 kW und P3 = 8 kW an ein Netz zugeschaltet werden. Wird die dem Netz entnommene Leistung größer als 10 kW, so soll eine Warnleuchte dies signalisieren. Übersteigt die entnommene Leistung 12,5 kW, so soll dies zusätzlich durch ein Horn signalisiert werden. Wenn eine Maschine eingeschaltet ist (z.B. M1 = 1) erfolgt eine Meldung. (Die Warnleuchte und das Horn werden über eine logische 1 aktiviert).
a) Erstellen Sie die Wahrheitstabelle mit den Eingangsgrößen M1 – M3.
b) Stellen Sie die Funktionsgleichungen auf.
c) Zeichnen Sie die logischen Schaltungen.

6. In einem Kraftwerk sind vier Kühlpumpen gleichzeitig im Betrieb. Jede der Pumpen wird durch einen Sensor überwacht, der einen Ausfall über eine logische 0 signalisiert. Fällt z.B. die Pumpe 2 aus, so meldet der Sensor 2 eine logische 0 (S2 = 0). Beim Ausfall von mindestens einer Pumpe soll eine Warnleuchte angesteuert werden (W = 1). Beim Ausfall von zwei und mehr Pumpen soll ein Horn die Störung signalisieren (H = 1).
a) Erstellen Sie die Funktionstabelle mit den Eingangsgrößen S1 – S4 und den Ausgangsgrößen W und H.
b) Stellen Sie die Funktionsgleichungen für W und H auf.
c) Zeichnen Sie die logischen Schaltungen.

6.2.3 Rechenregeln

Kommutativgesetz (Vertauschungsgesetz)
Innerhalb einer UND- bzw. ODER-Verknüpfung dürfen die Eingangsvariablen vertauscht werden.

$$x = a \wedge b = b \wedge a$$
$$x = a \vee b = b \vee a$$

Assoziativgesetz (Verbindungsgesetz)
Innerhalb einer UND- bzw. ODER-Verknüpfung können die Eingangsvariablen durch Klammersetzung verbunden werden.

$$x = a \wedge b \wedge c = a \wedge (b \wedge c) = (a \wedge b) \wedge c$$
$$x = a \vee b \vee c = a \vee (b \vee c) = (a \vee b) \vee c$$

Distributivgesetz (Verteilungsgesetz)
Dieses Gesetz ermöglicht die Umformung und Auflösung von Funktionsgleichungen.

$$x = (a \wedge b) \vee (a \wedge c) \qquad x = a \wedge (b \vee c)$$
$$x = (a \vee b) \wedge (a \vee c) \qquad x = a \vee (b \wedge c)$$

Kürzungsregeln

$x = a \wedge 0 \rightarrow x = 0$	$x = a \vee 0 \rightarrow x = a$
$x = a \wedge 1 \rightarrow x = a$	$x = a \vee 1 \rightarrow x = 1$
$x = a \wedge a \rightarrow x = a$	$x = a \vee a \rightarrow x = a$
$x = a \wedge \overline{a} \rightarrow x = 0$	$x = a \vee \overline{a} \rightarrow x = 1$

Beispiel
Gegeben ist die Funktionsgleichung
$x = (\overline{a} \wedge b \wedge c) \vee (\overline{a} \wedge \overline{b} \wedge c)$.

a) Verbinden Sie durch Anwendung des Kommutativ- und Assoziativgesetzes $\overline{a} \wedge c$.
b) Klammern Sie durch das Distributivgesetz $\overline{a} \wedge c$ aus.
c) Kürzen Sie die Gleichung so weit wie möglich.

a) $x = (\overline{a} \wedge c \wedge b) \vee (\overline{a} \wedge c \wedge \overline{b})$
   $x = ((\overline{a} \wedge c) \wedge b) \vee ((\overline{a} \wedge c) \wedge \overline{b})$

b) $x = (\overline{a} \wedge c) \wedge (b \vee \overline{b})$

c) $x = (\overline{a} \wedge c) \wedge 1$
   $x = \overline{a} \wedge c$

Aufgaben

1. Berechnen Sie x.
a) $x = a \vee 1$ b) $x = b \wedge 0$ c) $x = S1 \vee \overline{S1}$
d) $x = c \wedge \overline{c}$ e) $x = a \vee b \vee 1$ f) $x = a \wedge \overline{a} \vee 1$
g) $x = a \wedge 1$ h) $x = (z \vee \overline{z}) \wedge 0$ i) $x = S \vee \overline{S} \wedge 0$

2. Kürzen Sie die Gleichungen so weit wie möglich.
a) $x = a \vee b \vee 0 \vee b$ b) $x = a \wedge b \wedge 1 \wedge \overline{a}$
c) $x = a \vee 1 \wedge 0$ d) $x = b \vee (\overline{b} \wedge 0)$
e) $x = (a \wedge b) \vee (a \wedge b)$ f) $x = (a \vee c) \wedge (\overline{a} \vee a)$
g) $x = (b \wedge a) \vee \overline{a}$ h) $x = (a \vee c) \wedge (a \vee \overline{c})$

3. Gegeben ist folgende Schaltung. 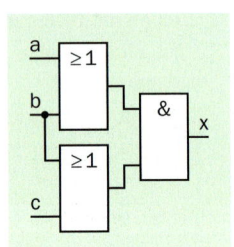
a) Erstellen Sie die Funktionsgleichung.
b) Vereinfachen Sie diese Gleichung.
c) Zeichnen Sie die Schaltung der verkürzten Form.

4. The function equation $x = (a \wedge b) \vee \overline{a}$ is given.
a) Draw the logic function.
b) Write the truth table.
c) Simplify the function equation.
d) Draw the new logic function.

5. Es liegt die nebenstehende Wahrheitstabelle vor.
a) Erstellen Sie die Funktionsgleichung in konjunktiver Normalform.
b) Zeichnen Sie die Schaltung.
c) Vereinfachen Sie die Gleichung mit Hilfe des Distributivgesetzes.
d) Zeichnen Sie die logische Schaltung der vereinfachten Form.

c	b	a	x
0	0	0	1
0	0	1	1
0	1	0	1
0	1	1	1
1	0	0	1
1	0	1	1
1	1	0	0
1	1	1	0

6. In den technischen Unterlagen eines Gerätes finden Sie folgenden Schaltplan.
a) Erstellen Sie die Funktionsgleichung und die Funktionstabelle.
b) Vereinfachen Sie die Funktionsgleichung mit Hilfe des Distributivgesetzes und der Kürzungsregeln.
c) Zeichnen Sie die vereinfachte Schaltung.

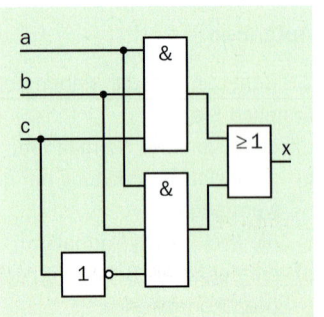

6.2.4 NAND- und NOR-Funktionen

NAND (NOT AND)

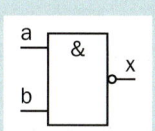

$x = \overline{a \wedge b}$

b	a	x
0	0	1
0	1	1
1	0	1
1	1	0

NOR (NOT OR)

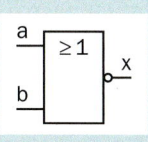

$x = \overline{a \vee b}$

b	a	x
0	0	1
0	1	0
1	0	0
1	1	0

Der durchgezogene Negationsstrich bindet den Term wie eine Klammer.

De Morgansche Gesetze

Durch die Trennung des Negationsstriches über einer UND-Verknüpfung wird aus der UND- eine ODER-Verknüpfung.

$x = \overline{a \wedge b} \quad x = \overline{a} \vee \overline{b}$

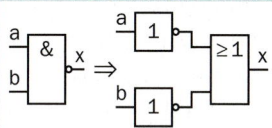

Durch eine Trennung des Negationsstriches über einer ODER-Verknüpfung wird aus der ODER- eine UND-Verknüpfung.

$x = \overline{a \vee b} \quad x = \overline{a} \wedge \overline{b}$

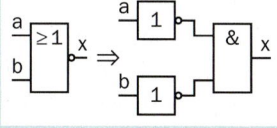

Beispiel

Stellen Sie für die nebenstehende Schaltung aus NOR-Gattern die Funktionsgleichung auf und vereinfachen Sie diese mit Hilfe der De Morganschen Gesetze.

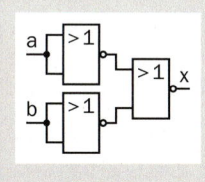

$x = \overline{\overline{(a \vee a)} \vee \overline{(b \vee b)}}$

$x = \overline{\overline{(a \wedge a)} \vee \overline{(b \wedge b)}}$

$x = \overline{\overline{a} \vee \overline{b}}$

$x = \overline{\overline{a}} \wedge \overline{\overline{b}}$

$x = a \wedge b$

Aufgaben

1. Erstellen Sie für die Funktionsgleichung $x = \overline{a \vee b \vee c}$
a) die Wahrheitstabelle und b) die Schaltung.

2. Draw the logic functions of the following equations. 🇬🇧
a) $x = \overline{a \wedge b \wedge c}$ b) $x = \overline{\overline{a} \vee b}$
c) $x = E1 \vee \overline{E2 \vee E3}$ d) $x = \overline{\overline{a \wedge b} \wedge \overline{c \wedge d}}$

3. Stellen Sie die Funktionsgleichungen der Schaltungen aus Abb. 1 auf.

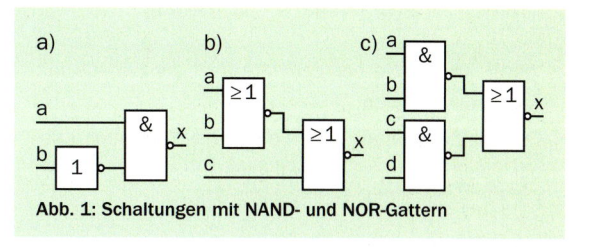

Abb. 1: Schaltungen mit NAND- und NOR-Gattern

4. Gegeben ist die folgende Schaltung.
a) Erstellen Sie die Funktionstabelle.
b) Wie lautet die Funktionsgleichung?
c) Vereinfachen Sie die Funktionsgleichung.

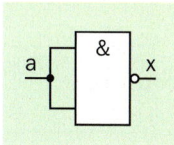

5. Vereinfachen Sie die Funktionsgleichungen so weit wie möglich.
a) $x = \overline{\overline{a \wedge \overline{b}}}$ b) $x = \overline{a \wedge \overline{b} \wedge c}$
c) $x = \overline{\overline{\overline{S1} \vee \overline{S2}}}$ d) $x = a \wedge \overline{\overline{a} \vee b}$
e) $A = E1 \wedge \overline{E2 \vee E1}$ f) $x = \overline{(a \vee b) \vee \overline{(a \vee b)}}$

6. Die folgende Schaltung ist zu analysieren.
a) Wie lautet die Funktionsgleichung?
b) Stellen Sie die Wahrheitstabelle auf.
c) Vereinfachen Sie die Funktionsgleichung mit Hilfe der De Morganschen Gesetze.

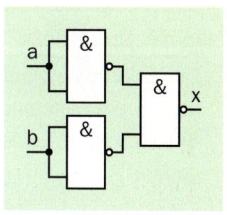

7. Wie kann in einer logischen Schaltung ein NOT-Gatter durch a) ein NOR-Gatter oder b) ein NAND-Gatter ersetzt werden?

8. Eine logische Schaltung soll zwei Eingangsvariablen miteinander vergleichen. Sind die Variablen gleich, so wird eine logische 1 ausgegeben.
a) Erstellen Sie die Wahrheitstabelle.
b) Wie lautet die Funktionsgleichung in disjunktiver Normalform?
c) Realisieren Sie die Schaltung ausschließlich mit NAND-Gattern.

6.3 Speicherkapazitäten

Speicherkapazitäten und Datenübertragungsraten werden in Bit oder Byte angegeben. Hierbei ist ein Bit die kleinste Speichereinheit. Ein Byte setzt sich aus acht Bit zusammen.

$$1 \text{ Byte} = 8 \text{ Bit} \quad (1 \text{ B} = 8 \text{ b})$$

Wegen der Größe der Zahlen erfolgt die Angabe mit Einheitenvorsätzen.

Obwohl die Binärvorsätze ein Standard der International Electrotechnical Commission (IEC) sind, werden häufig die Dezimalvorsätze verwendet.

Dezimalvorsätze

Symbol	Name	Faktor	Beispiel
k	Kilo	10^3	1 kB = 1000 Bytes
M	Mega	10^6	1 MB = 1 · 10^6 Bytes
G	Giga	10^9	1 GB = 1 · 10^9 Bytes
T	Tera	10^{12}	1 TB = 1 · 10^{12} Bytes
P	Peta	10^{15}	1 PB = 1 · 10^{15} Bytes

Binärvorsätze

Symbol	Name	Faktor	Beispiel
Ki	Kibi	2^{10}	1 KiB = 1024 Bytes
Mi	Mebi	2^{20}	1 MiB = 1 · 2^{20} Bytes
Gi	Gibi	2^{30}	1 GiB = 1 · 2^{30} Bytes
Ti	Tebi	2^{40}	1 TiB = 1 · 2^{40} Bytes
Pi	Pebi	2^{50}	1 PiB = 1 · 2^{50} Bytes

Die Übertragungsrate gibt die übertragene Datenmenge pro Zeiteinheit an. Sie wird häufig in Bit pro Sekunde (bit/s; b/s; bps = bits per second) angegeben.

Beispiel

Ein PC zeigt bei den Eigenschaften einer Festplatte eine Speicherkapazität von 500.000.000.000 Bytes an. Geben Sie die Speicherkapazität mit einem geeigneten a) Binärvorsatz und b) Dezimalvorsatz an.

a) $500.000.000.000 \text{ B} = \dfrac{500.000.000.000 \text{ GiB}}{2^{30}}$

$\underline{\underline{= 465{,}661 \text{ GiB}}}$

b) $500.000.000.000 \text{ B} = \dfrac{500.000.000.000 \text{ GB}}{10^9}$

$\underline{\underline{= 500 \text{ GB}}}$

Aufgaben

1. Der nichtflüchtige Datenspeicher eines Mikrocontrollers umfasst 2048 Bit. Wie vielen Bytes entspricht dies?

2. A microcontroller has a 368 bytes RAM. How many bits does the RAM contain?

3. Die Register einer Speicherbank sind jeweils ein Byte groß. Die Register sind von 100_H bis $17F_H$ durchnummeriert. Geben Sie die Größe der Speicherbank a) in Byte und b) in Bit an.

4. Rechnen Sie folgende Speicherkapazitäten in Werte mit Binärvorsätzen um.
a) 32 kB   b) 1 GB   c) 1,44 MB
d) 512 MB   e) 2 TB   f) 5 PB

5. Rechnen Sie in Werte mit Dezimalvorsätzen um.
a) 7,45 GiB b) 61 MiB   c) 698,5 GiB
d) 3,64 TiB e) 62,5 KiB f) 4,44 PiB

6. Ein USB-Speicherstick hat laut Hersteller eine Speicherkapazität von 32 GB. Ein PC zeigt die Kapazität mit Binärvorsätzen an. Berechnen Sie die angezeigte Speicherkapazität.

7. Ein USB-Speicherstick mit 64 GB kann mit einer Geschwindigkeit von 30 MByte pro Sekunde gelesen und mit 18 MByte pro Sekunde beschrieben werden.
a) Berechnen Sie, wie lange es dauert, eine Datei mit 500 MB auf dem Stick zu sichern.
b) Wie lange dauert es, alle Daten vom Stick zu lesen, wenn er zu 90 % belegt ist?
c) Wie lange dauert eine Datensicherung mit 50 GiB Datenvolumen?

8. Ein Nutzer lädt ein Datenpaket von 120 MB aus einem Online-Speicher auf seinen PC. Der Ladevorgang dauert 2 Minuten und 40 Sekunden.
a) Berechnen Sie die Downloadrate in bps.
b) Wie lange dauert der Upload dieses Paketes mit 1,2 kbps?

9. Die Übertragungsrate einer WLAN-Verbindung ist mit 54 MBit pro Sekunde angegeben. Der tatsächliche Nutzdatendurchsatz liegt bei ca. 50 % der Übertragungsrate. Berechnen Sie, wie viele Byte Nutzdaten pro Sekunde übertragen werden können.

10. Fast Ethernet hat eine Bruttoübertragungsrate von 100 MBit pro Sekunde. Die Nettoübertragungsrate (Nutzdatenübertragungsrate) beträgt 94 % der Bruttoübertragungsrate. Wie lange dauert es, eine Datei mit 750 MB zu übertragen?

Sachwortverzeichnis — Index

1. Kirchhoffsches Gesetz
Kirchhoff's current law (KCL) 51

2. Kirchhoffsches Gesetz
Kirchhoff's voltage law (KVL) 47

A

Addition
addition 5

Addition von Dualzahlen
addition of binary numbers 93

Amplitude
amplitude 89

Ankathete
adjacent side 13

Anpassung
matching 71

Arbeit
work 32, 64

Arkusfunktionen
reciprocol functions 13

Assoziativgesetz
associative law 96

B

Belasteter Spannungsteiler
voltage divider with load 58

Berührungsspannung
touch voltage 56

Beschleunigung
acceleration 30

Bewegung, geradlinige
motion, constant 28

Bewegung, gleichförmige
motion, rectilineal 8

Bewegung, kreisförmige
motion, circular 29

Binärvorsätze
binary prefixes 98

Bit
bit 98

Bogenmaß
radian 15, 29

Brüche
fractions 7

Brückenschaltung
bridge circuit 60

Brückenzweig
circuit branch 60

Byte
byte 98

C

Celsius
celsius 33

Cosinus
cosinus 13

D

De Morgansche Gesetze
De Morgan's laws 97

Dezimalzahlensystem
decimal number 91

Dichte
density 26

Dielektrikum
dielectric 75

Disjunktive Normalform
disjunctive normal form 95

Distributivgesetz
distributive law 96

Division
division 5

Drehmoment
torque 31

Drehspulmesswerk
permanent-magnet moving coil 53, 82

Dreieck
triangle 13, 16, 17

Dreieckfläche
area of a triangle 23

Dreieckprisma
triangular prism 25

Dreisatz
rule of three 9

Dualzahlensystem
binary numbers 91, 93

Durchflutungsgesetz
Ampere's law 80

Durchmesser
diameter 25

Durchschlagspannung
breakdown voltage 88

E

Effektivwert
root-mean-square value (r.m.s. value) 89

Einheitenvorsätze
unit prefixes 20

elektrische Arbeit
electric work 64

elektrische Feldkonstante
vacuum permittivity 75

elektrische Feldstärke
electric field strength 74

elektrische Leistung
electric power 62

elektrische Leitfähigkeit
electrical conductivity 41

elektrisches Feld
electric field 74

Elementarladung
  elementary charge 34

Energie
  energy 64

Entladevorgang
  discharge 78

Erdungswiderstand
  earthing resistance 51

Eulersche Zahl
  Euler's number 78, 87

Exponent
  exponent 18, 19

F

Fahrenheit
  Fahrenheit 33

Feldkonstante, magnetische
  vacuum permeability 80, 82, 85

Feldlinienlänge
  magnetic field line length 80, 81

Feldstärke, elektrische
  electric field strength 74

Feldstärke, magnetische
  magnetic field strength 80, 82

Flächenberechnung
  area calculation 23

Fotovoltaik-Anlage
  photovoltaic system 24

Fotowiderstand (LDR)
  light dependent resistor 44

Frequenz
  frequency 89

Funktionen
  functions 11

Funktionsgleichung
  functional equation 94

Funktionstabelle
  function table 94

G

Gatter
  element 94

Gegenkathete
  opposite 13

Gemischte Schaltungen
  mixed circuits 54

geradlinige Bewegung
  rectilineal motion 28

Gesamtkapazität
  total capacitance 77

Gesamtwirkungsgrad
  total efficiency 65

Geschwindigkeit
  velocity 28, 29

gespeicherte Ladung
  stored charge 75

gleichförmige Bewegungen
  constant motions 8

Gradmaß
  degree 15, 29

Grafische Ermittlung
  problem solving by drawing 49

Grundrechenarten
  basic arithmetics 5

Gruppenschaltung
  group circuit 55

H

Hebel
  lever 31

Heißleiter (NTC)
  negative temperature coefficient thermistor 44, 50

Hexadezimalzahlensystem
  hexadecimal system 91

Hypotenuse
  hypotenuse 13, 16

I

Induktion
  induction 80

Induktion der Bewegung
  motional e.m.f. 84

Induktion der Ruhe
  induced e.m.f. 84

Induktionsgesetz
  Faraday's law 84

Induktionsspannung
  induced voltage 84

Induktivität
  inductance 84, 85

Innenwiderstand
  internal resistance 67, 69, 70, 71

K

Kaltleiter (PTC)
  positive temperature coefficient thermistor 44

Kapazität
  capacitance 70, 75, 77

Kathete
  cathetus 16

Kelvin
  Kelvin 33

Kirchhoffsche Gesetze
  Kirchhoff's laws 47, 51

Klammern
  brackets 6

Klemmenspannung
  terminal voltage 67

Kommutativgesetz
commutative law 96

Kondensatorspannung
voltage across a capacitor 78

Konjunktive Normalform
conjunctive normal form 95

Koordinatensystem
coordinate system 11

Kraft
force 30

Kraftwirkung
force 82

Kreisfläche
area of a circle 23

Kreisförmige Bewegung
circular motion 29

Kreisfrequenz
angular frequency 90

Kreisumfang
circumference 22

Kurzschlussstrom
short-circuit current 67

L

Ladevorgang
charging process 78

Ladung
electric charge 34, 74

Ladung von Kondensatoren
charge of capacitors 75

Lastwiderstand
load resistor 71

LDR
LDR 44

Leerlaufdrehzahl
no-load speed 29

Leerlaufspannung
open-circuit voltage 67, 69

Leistung
power 32, 62, 68

Leitermaterial
conductor material 41

Leiterquerschnitt
conductor cross-section 41

Leiterwiderstand
conductor resistance 41

Leitungslänge
length of a cable 41

Leitwert
conductance 37

Logarithmen
logarithms 19

Logische Grundfunktionen
basic logic functions 94

M

Magnetische Feldkonstante
vacuum permeability 80, 82, 85

Magnetische Feldstärke
magnetic field strength 80, 82

Magnetische Flussdichte
magnetic flux density 80, 82, 84

Magnetische Induktion
magnetic induction 84

Magnetischer Fluss
magnetic flux 80, 84

Magnetischer Widerstand
reluctance 80, 85

Masse
mass 26

Momentanwert sinusförmiger Wechselgrößen
instantaneous value of sinusoidal functions 90

MPP
Maximum Power Point 72

Multiplikation
multiplication 5

N

NAND-Gatter
NAND gate 97

Nichtlineare Widerstände
non-linear resistors 44

NICHT Negation
NOT 94

NOR
NOR 97

Normalformen
normal forms 95

NOT
NOT 97

NTC
NTC 44

O

ODER Disjunktion
OR disjunction 94

Ohmsches Gesetz
Ohm's law 39

P

Parallelschaltung
parallel connection 69, 70

Periodendauer
cycle time 29, 89

Permeabilität
permeability 80

Permittivitätszahl
vacuum permittivity 75

Phasenwinkel
phase difference 90

Photovoltaik
  photovoltaics 72
Photovoltaikanlagen
  photovoltaic systems 73
Potenzen
  power 18
potenzielle Energie
  potential energy 32
Prozentrechnung
  percentage calculation 10
Pt1000
  Pt1000 57
PTC
  PTC 44

Q

Quader
  cuboid 25
Querschnittsfläche
  cross-sectional area 24
Querstromfaktor
  value of cross current 58

R

R-2R-Netzwerk
  R-2R resistor ladder network 56
Radikant
  radicant 18
Radius
  radius 22
Radizieren
  roof extraction 18
Rechengesetze
  calculation rules 5
Rechenregeln
  calculation rules 96
Rechnen mit Drehmomenten
  torque calculations 31

Rechnen mit Dualzahlen
  calculations with binary numbers 93
Rechnen mit Kräften
  calculations with forces 30
Rechteckfläche
  rectangular area 23
Reihenschaltung
  series connection 69
Runden auf praktikable Werte
  reasonable rounding 21

S

Sammelschiene
  busbar 83
Schaltung von Kondensatoren
  capacitor networks 77
Scheitelwert
  peak value 89
Sinus
  sinus 13
sinusförmige Wechselgrößen
  sinusoidal functions 89
Solarzellen
  solar cells 24, 72
Sonnenstrahlung
  solar radiation 73
Spannung
  voltage 34, 71
Spannungsquellen
  voltage sources 67, 68, 69, 70
Spannungsteiler
  voltage divider 58
Speicherkapazitäten
  memory capacities 98

spezifischer Widerstand
  resistivity 41
spezifische Wärmekapazität
  specific heat capacity 66
Spitze-Spitze-Wert
  peak-to-peak value 89
Strahlungsintensität
  intensity of radiation 72, 73
Strecke
  distance 28
Stromdichte
  current density 36
Stromquellen
  current sources 67
Stromstärke
  current 35
Subtraktion
  subtraction 5
Summierschaltung
  summing unit 56

T

Tangens
  tangent 13
Tau
  Tau 78
Temperatur
  temperature 33
Temperaturabhängigkeit von Widerständen
  temperature dependence of resistors 43
Temperaturkoeffizient
  temperature coefficient 43
Temperaturmaßstäbe
  temperature scales 33
Thermistor
  thermistor 53, 57, 61

Sachwortverzeichnis Index

Toleranz
 tolerance 37

Transformatorkern
 transformer core 26, 27

trigonometrische Funktionen
 trigonometrical functions 13

U

Übertragungsrate
 transfer rate, bandwidth 98

Umdrehungsfrequenz
 frequency 29

Unbelasteter Spannungsteiler
 voltage divider without load 58

UND Konjunktion
 AND conjunction 94

V

Varistor (VDR)
 varistor (VDR) 44, 50

Vektor
 vector 30

Verbindungsgesetz
 basic operations 96

Verlustleistung
 power loss 65, 71

Vertauschungsgesetz
 commutative property 96

Verteilungsgesetz
 distributive property 96

W

Wahrheitstabelle
 truth table 94

Wärmemenge
 quantity of heat 66

Weg-Zeit-Diagramm
 position-time chart 28

Wheatstone Brücke
 Wheatstone bridge 61

Widerstand
 resistance 37

Widerstandsgeraden
 load line 49

Winkelfunktionen
 trigonometric functions 13

Winkelgeschwindigkeit
 angular frequency 29, 90

Winkelmaße
 angular measures 15

Wirkungsgrad
 efficiency 65

Wurzel
 roof 18

Z

Zahlen
 numbers 6

Zahlensysteme
 number systems 91

Zehnerpotenz
 power of ten 18

Zeitkonstante (Tau)
 time constant (Tau) 78, 87

Zoll
 inch 22, 24

Zylinder
 cylinder 25

Bildquellenverzeichnis

Kroll, Sebastian, Regensburg: 9.2, 29.2, 31.2;

Lankes, Volker, Cham: 15.6, 29.2, 34.1, 35.2, 38 (beide), 40.2, 41.3, 42.2, 106.1;

Simon, Ulrich, Dresden: 22 (beide), 24.3, 26 (beide), 27 (beide), 48.3, 51.4, 59.1, 83.2, 85 (beide), 88.3;

Walter, Christoph, Pommern: 79.1, 91 (beide), 93.1

→ **Weitere Produkte aus unserem Elektrotechnik-Programm:**

Elektrotechnik Schülerbuch
Lernfelder 1–4
Best-Nr. **221532**

Elektrotechnik Aufträge
Lernfelder 1–4
Best-Nr. **221533**

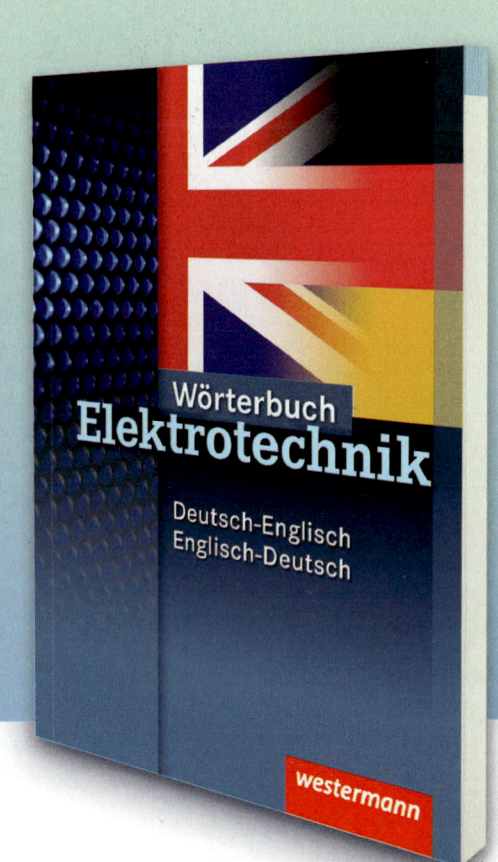

Wörterbuch Elektrotechnik
Deutsch-Englisch
Englisch-Deutsch
Best-Nr. **222505**